D1683827

Frauen

Ziele, Wünsche, Sehnsuchtsorte

© Lebensart-Verlag Döbeln
1. Auflage 2021
Alle Rechte vorbehalten
Idee, Texte, Satz: Elke Börner
Fotos: Elke Börner/Bildnachweise
Lektorat: Dr. Sylva Sternkopf
www.landleben-creativ.de
ISBN: 978-3-942773-14-0

Warum es lohnt, weiterzulesen

Ich möchte Frauen und ihre Projekte sichtbar machen. Das Buch „Frauen – Ziele, Wünsche, Sehnsuchtsorte" ist auf meinen Reisen und nach unzähligen Interviews entstanden. Immer wieder traf ich auf Frauen, deren Kraft, Mut und Kreativität mich begeisterten und faszinierten. So beschloss ich im „Pandemie-Jahr" 2020 ein besonderes Buch herauszubringen – eines, das anderen Frauen Mut machen und sie inspirieren soll. Das spontane Feedback war unglaublich gut, so dass schon bald feststand: Das Frauenbuch wird herausgebracht.

Wozu ich gerade jetzt dieses Thema aufgreife? Frauen müssen immer noch mehr und intensiver um die Verwirklichung ihrer Ziele und Wünsche kämpfen. Vermeintlich herrscht Gleichberechtigung. Doch subtil, so die Aussage vieler interviewter Protagonistinnen, besteht immer noch ein Ungleichgewicht zwischen den Geschlechtern. Natürlich hat sich Frau im Laufe der vergangenen Jahrzehnte einen komfortablen Status erobern können. Doch schaut man genauer hin und befragt berufstätige und vor allem selbstständige Frauen, so wird klar: Eine Mehrfachbelastung der Frauen sowie soziale und familiäre Verpflichtungen machen deren Fortkommen oftmals schwierig. Zudem gelangen sie trotz guter Ausbildung in Hierarchien weitaus seltener die Karriereleiter hinauf. Sie bleiben stecken, erledigen Fleißaufgaben und geben irgendwann auf. Sehr oft mündet eine solche Stagnation im Entschluss, etwas Eigenes auf die Füße zu stellen, um unabhängig und frei agieren zu können. Natürlich ist auch dieser Weg eine große Herausforderung. Trotz alledem, so habe ich erfahren, lohnt sich der persönliche „Griff zu den Sternen". In über 60 Einzelgesprächen berichten die interviewten Frauen über ihren ganz persönlichen Lebensweg, ihre Erfahrungen und Sehnsüchte. Dabei geht es gar nicht so sehr um den monetären, sondern vor allem um den persönlichen Erfolg, um das Gefühl, sichtbar zu sein und etwas zu leisten, das gebraucht und gesehen wird. Obwohl die Zeiten unsicher sind und viele von ihnen um das eigene Unternehmen kämpfen müssen, geht von den befragten Unternehmerinnen eine wundervolle Zuversicht aus. Sie wissen ganz genau, dass sie mit ihrem eigenen Weg ihre Spuren in der Welt hinterlassen.

Wenn auch Sie zu den Mutigen gehören, die einen solchen Weg beschritten haben, dann möchte ich Sie einladen, sich aufs Neue von meinen Buchteilnehmerinnen bestätigen und anregen zu lassen. Wenn Sie beabsichtigen, Ihre Ideen auf eigene Füße zu stellen, dann kann dieses Buch ebenfalls viele wertvolle Inspirationen liefern. Ich wünsche Ihnen beim Schmökern und Stöbern in den folgenden Buchseiten viel Freude.

Elke Börner
Verlegerin & Autorin

Teil 1 der interviewten Frauen

Seiten 10–11 (Bild 1)
Anett Pötschke, Augenoptikermeisterin: Mobil sein und flexibel reagieren

Seiten 12–13 (Bild 2)
Anja Küthe, Juristin, Theta-Heilerin, Inhaberin des Stoffekontors Leipzig: Sich auf das besinnen, was man besonders gut kann

Seiten 14–15 (Bild 3)
Anja Rücker, Leichtathletin/Trainerin, Welt- und Vizeweltmeisterin, Betreiberin des Studios „LongLifeFit" in Chemnitz: Aufstehen und Weitermachen

Seiten 16–19 (Bild 4)
Kerstin Schreier: Yoga-Lehrerin, Geschäftsführerin im Kunsthof Eibenstock: Die reiferen Jahre sind gut zum Durchstarten

Seiten 24–27 (Bild 5)
Anka Unger, Betriebswirtschaftlerin, Geschäftsführerin der UDI-Dämmsysteme GmbH: Ich blieb stark und gewann die richtigen Partner

Seiten 28–29 (Bild 6)
Annette Fengler, Lebensmitteltechnikerin, Informatikerin und Coach „Hamsterradoase – Entdecke dein Lächeln": Selbst das Hamsterrad drehen

Seiten 30–31 (Bild 7)
Carolin von Breitenbuch, Bachelor of Science, Masters Internationales Recht, Betreiberin des Zentrums für Kommunikation und Führung auf Rittergut Bocka: Mehr Weiblichkeit leben

Seiten 32–37 (Bild 8)
Henriette Braun, Fotografin im eigenen Studio in Kamenz: Der Erfolg folgt der Begeisterung

Seiten 42–45 (Bild 9)
Carolin Lätsch, Master of Arts und Stadt-Imkerin, Herstellerin von Honig und Likören in Leipzig: Nicht so lange nachdenken, einfach ausprobieren

Seiten 46–47 (Bild 10)
Aneta und Diana Cecek, Fotografin und Designerin in der eigenen Firma „DER LOOK®" Leipzig: Die weibliche Seite zeigen

Seiten 48–49 (Bild 11)
Christin Stäudte, Zertifizierte Wirtschaftsmediatorin, Unternehmensberaterin mit Schwerpunkten Konfliktlösung & Prävention in Pegau bei Leipzig: Ich will meine eigenen Spuren hinterlassen

Seiten 50–53 (Bild 12)
Claudia Zimmer, Heilpraktikerin in Leipzig, Initiatorin des Frauengesundheitstages in Leipzig: Ganzheitliche Gesundheit, das ist mein Thema

Seiten 58–61 (Bild 13)
Cornelia Jahnel, Unternehmerin & Business Angel, Sprachwissenschaftlerin & Mentorin mit eigener Firma „com3 group" Dresden: Ich habe schon immer viel beim Tun gelernt

Seiten 62–65 (Bild 14)
Manuela Dathe-Stein, Bankkauffrau, Versicherungsvertreterin in Döbeln: Aus dem Bauch heraus entscheiden

Seiten 66–69 (Bild 15)
Dr. Romy Donath, Leiterin des Carl-Maria-von-Weber-Museums Dresden/Hosterwitz: Sehnsuchtsorte finde ich vor allem in mir

Seiten 70–73 (Bild 16)
Grit Sellack, Architektin, Hotelbetreiberin der Heidemühle Karsdorf: Ein gutes Umfeld schaffen

Seiten 76–79 (Bild 17)
Karin Eidner, Hochzeitsplanerin in Penig: Immer mit neuen Herausforderungen umgehen

Seiten 80–81 (Bild 18)
Heike Formann, Geschäftsführerin der Seniorenpflege Wurzener Land GmbH: Keine faulen Kompromisse eingehen

Seiten 82–83 (Bild 19)
Juliane Helbig, Gestalterin für Kommunikationsdesign, Inhaberin der Firma „Mädelz Werbung" Leipzig: Sich selbst finden und darauf aufbauen

Seiten 86–89 (Bild 20)
Silvia Bracke, Malerin, Kunsthandwerkerin im eigenen „atelier nr 7" in Görlitz: Nichts ist so stark wie eine Idee zur rechten Zeit

Seiten 90–93 (Bild 21)
Fanny Bracke, Intarsiendesignerin & Kunsttischlerin, Inhaberin Intarsienmanufaktur Sachsen in Reichenbach/ OL: Seit ich meine eigene Firma habe, zweifle ich nicht mehr

Seiten 94–97 (Bild 22)
Irena Dahms, Architektin, Geschäftsführerin des Ingenieurbüros für Gesamtplanung GmbH in Dresden: Dem Geist des Ortes gerecht werden

Seiten 98–101 (Bild 23)
Joana Prather, Wirtschafts-Informatikerin, Coach für Frauen in Männerdomänen: Das Potenzial liegt im Miteinander

Seiten 106–107 (Bild 24)
Steffi Kujawski, Inhaberin von Kaffeehaus und Rösterei „Kaffeefee Sachsen" in Wüstenbrand: Ich glaube, es gibt ein Unternehmer-Gen

Seiten 108–109 (Bild 25)
Kathleen Schaller, Inhaberin der „Genuss-Werkstatt" Reichenbach: Ziele formulieren, damit sie wahr werden

Seiten 110–111 (Bild 26)
Meta Keppler, Künstlerin und Betreiberin des Zentrums für Transzendente Kunst Coswig: Mein Kraftort befindet sich in mir selbst

Seiten 112–113 (Bild 27)
Heike König, Verlegerin & Autorin, Geschäftsführerin des Apicula Verlages Plauen: Mein Strohhalm zum Festhalten ist die Sachlichkeit

Seiten 116–119 (Bild 28)
Jakoba Kracht, Malerin/Bühnenbildnerin, Inhaberin der Firma „GOLD ORNAT" Dresden: Es ist wichtig, den eigenen Wert zu kennen

Seiten 120–123 (Bild 29)
Simone Vierkant, Soziologin/Medienwissenschaftlerin, Geschäftsführerin „Lehmhaus am Anger" Schkeuditz: Sich durchsetzen und Frau bleiben

Seiten 124–125 (Bild 30)
Katrin Leipacher, Landschaftsarchitektin, Geschäftsführerin Auenhof Ostrau: Frauen sollten sich was zutrauen

1
2
3
4
5
6
7
8
9
10
11
12
13
14
15
16
17
18
19
20
21
22
23
24
25
26
27
28
29
30

Teil II der interviewten Frauen

Seiten 126–127 (Bild 31)
Mary Jones (Maria Ebert), Sängerin Stollberg: Ich gewinne die Herzen mit meiner Stimme

Seiten 130–131 (Bild 32)
Maryna Talalayeva, Lehrerin Deutsch und Englisch, Inhaberin der Fremdsprachenschule „for everyone" Dresden: Offen aufeinander zugehen

Seiten 132–133 (Bild 33)
Melanie Lobstädt, Designerin, Inhaberin des Stoffladens „Melonie" in Leipzig: Vieles ergibt sich mit Leichtigkeit

Seiten 134–135 (Bild 34)
Susanne und Simone Meyer-Götz, Designerin & Betriebswirtschaftlerin, Inhaberinnen „Curry & Co.": Das Business bleibt spannend und das lieben wir

Seiten 136–137 (Bild 35)
Anika Jankowski, Kultur- und Musikmanagerin, Inhaberin des Dresdner Musikverlages „Oh, my music": Dann bin ich direkt bei meiner Kernkompetenz

Seiten 140–141 (Bild 36)
Nancy Nielsen, Inhaberin der Firma Wandschutzsysteme Nielsen in Lobenstein: Verantwortung abgeben und authentisch sein

Seiten 142–145 (Bild 37)
Antje Stumpe, Dipl.-Kommunikationsdesignerin, Fotografin und Mitbegründerin der MuseKind® GmbH Leipzig: Nachhaltige Ideen sind langlebiger

Seiten 146–147 (Bild 38)
Iris Raether-Lordieck, Textilingenieurin, Politikerin, Inhaberin des TTR Ingenieurbüros für Textile Verfahrenstechnik in Limbach-Oberfrohna: Frauen sollten noch sichtbarer werden

Seiten 148–149 (Bild 39)
Ursula Rudolph, Friseurmeisterin, Gastgeberin: Ich habe immer einen Plan

Seiten 152–155 (Bild 40)
Heike Schönfelder, Geschäftsführerin des Ferienhofs Schönfelder in Ebenheit: Es geht nicht um den Status, sondern um das Tun

Seiten 156–161 (Bild 41)
Sandra Schwarzburg, Mode-Designerin/Directrice, Inhaberin vom Café und Einrichtungsladen „Quippini" in Elsteraue: Es gibt nicht nur ein Ego, das gelebt werden kann

Seiten 162–165 (Bild 42)
Antonia Schwarzmeier, Geschäftsführerin der Firma Raumausstattung Schwarzmeier: Es gibt so viele Möglichkeiten, sich auszuprobieren

Seiten 166–167 (Bild 43)
Florentine Schwarzmeier, Diplom-Ingenieurin, Seniorchefin Raumausstattung Schwarzmeier: Gerade unsere Verschiedenheit macht uns aus

Seiten 170–171 (Bild 44)
Stephanie Langer, Diplom-Kauffrau/Hochzeits- und Eventplanerin: Dann ziehe ich ins Stadtzentrum in eine Frauen-WG

Seiten 172–175 (Bild 45)
Dr. Sylva-Michèle Sternkopf, Inhaberin der Dr. Sternkopf media group, Designerin, Betreiberin der Hochzeits- und Eventlocation Villa Gückelsberg in Flöha: Gute Ideen entstehen meistens ganz von selbst

Seiten 176–177 (Bild 46)
Susann Körner, Trainerin Stressmanagement und Persönlichkeitsentwicklung sowie Reiki-Meisterin: Du bist der wichtigste Mensch in deinem Leben

Seiten 178–179 (Bild 47)
Suse Eckardt, Filmproduzentin und Inhaberin der Firma „objektivbetrachtet": In kurzer Zeit kann jede Menge passieren

Seiten 180–181 (Bild 48)
Janine Ludwig, Inhaberin der „Traumzeremonie von Herzen" in Limbach-Oberfrohna: Anderen mit kleinen Gesten Freude schenken

Seiten 184–187 (Bild 49)
Dr. Ulla Nagel, Dr. Ulla Nagel GmbH Personal- und Unternehmensentwicklung: Frauen haben der Welt viel zu geben

Seiten 188–189 (Bild 50)
Ulrike Stolze, Diplom-Ingenieurin, Inhaberin des Labels „Ulsto" in Dresden: Ich wollte etwas machen, worauf ich wirklich Lust habe

Seiten 190–191 (Bild 51)
Simone Vatter, Friseurmeisterin mit Natur- und Zweithaarstudio in Döbeln: Frau zu sein war noch nie so einfach

Seiten 192–197 (Bilder 52, 53)
Gerlinde Einbock & Tochter Regine Engelhard (rechts daneben), Gastgeberinnen im Verlegerhaus in Seiffen: Es reicht nicht, sich auf den Lorbeeren auszuruhen

Seiten 198–201 (Bild 54)
Viola Neumann, Bekleidungskonstrukteurin/Dozentin Farb-, Stil- und Imageberaterin in Crossen: Glanzpunkte setzen und Frauen zum Strahlen bringen

Seiten 206–213 (Bild 55)
Tina Walter, Inhaberin von Tinas Café in Döbeln sowie des eigenen Labels „blue swollow": Neugierig bleiben und sich ausprobieren

Seiten 214–217 (Bild 56)
Lisbeth Parker (Lisa Schmidt), Bühnendarstellerin, Sängerin, DJane: Mein Weg ist das Ziel

Seiten 218–223 (Bild 57)
Antje Blei, Mitarbeiterin der Firma DIE BAUPROFIS® in Brandis: Erfolg hat man, wenn man selbst daran glaubt

Seiten 224–227 (Bild 58)
Beate Wolters, Chemotechnikerin Landwirtin/Jägerin, Mitglied im Ortschaftsrat: Da ist jemand, der Ahnung hat, zudem eine Frau

Seiten 228–229 (Bild 59)
Katrin Liberum, Diplom International Business, Inhaberin der Zigarren Manufaktur Dresden: Die eigenen Ziele nicht aus den Augen verlieren

Seiten 230–233 (Bild 60)
Elke Börner, Autorin, Verlegerin im Lebensart Verlag Döbeln: Erfahrung und Wissen sind ein wertvoller Schatz

31
32
33
34
35
36
37
38
39
40
41
42
43
44
45
46
47
48
49
50
51
52
53
54
55
56
57
58
59
60

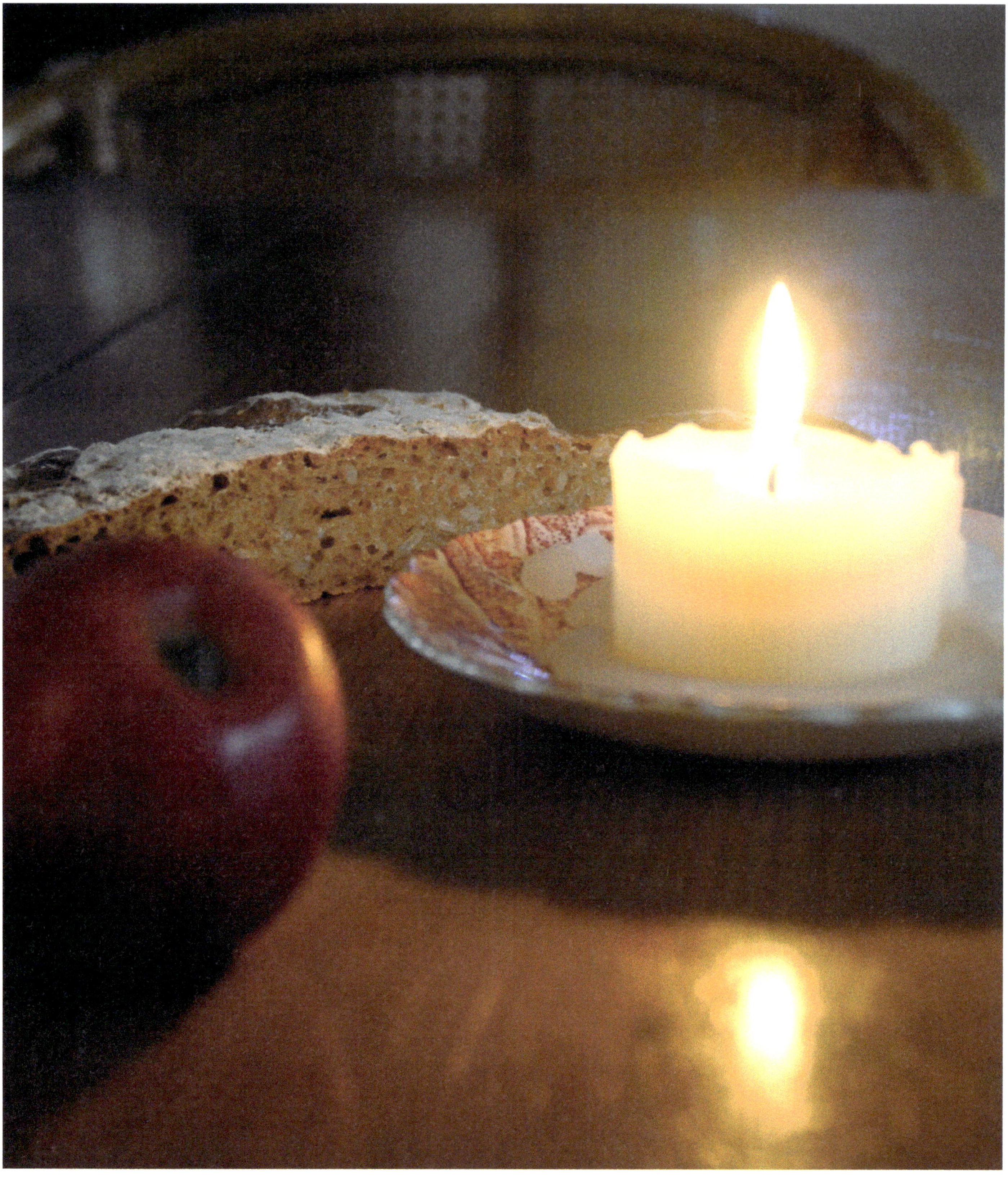

Die Diskussion um die Gleichstellung von Frauen finde ich persönlich oft überzogen. Jeder, der genug Kompetenz hat, egal ob Frau oder Mann, sollte eine Stelle besetzen dürfen. Ich denke, dass sich die Gesellschaft oftmals zu viele Gedanken über dieses Thema macht. (Annett Pötschke, Seiten 10–11)

Ich würde mir wünschen, dass sich wieder viel mehr Frauen auf das besinnen, was sie von Mutter und Großmutter gelernt haben. In der DDR habe ich gelernt, zu improvisieren und Freude daran zu haben. Mit den eigenen Händen etwas herzustellen, das ist und bleibt etwas Wunderbares. (Anja Küthe, Seiten 12–13)

Bei einem der Wettkämpfe lief ich auf Bahn acht. Du erfährst das am selben Tag. Keiner will diese Bahn haben, weil du keinen vor dir hast, an dem du dich orientieren kannst und selbst im Gefühl haben musst, wie schnell du bist, und wie du dir deine Kräfte einteilst. Meine Trainerin hat gesagt: Geh einfach raus und mach, was du immer machst, und hab Spaß. Und genau das habe ich getan, es bewusst durchlebt und gesiegt. (Anja Rücker, Seiten 14–15)

Was ich mir wünsche? Dass die Menschen heute mehr in ihrer eigenen Mitte bleiben, dass sie lernen, bewusst auf ihre innere Stimme zu hören und in allem langsamer agieren. Viele merken nicht, wie sie durchs Leben rennen und wissen auch oft gar nicht, wohin genau sie da unterwegs sind. (Kerstin Schreier, Seiten 16–19)

Gegenüber: Oft ist das Einfache das Allerbeste. Stillleben mit Brot, Apfel und Kerze beim Schreiben und Korrigieren dieses Buches.

ANETT PÖTSCHKE

Augenoptikermeisterin
& Inhaberin der Firma
„Die Sehfahrer" in Königswartha

Jahrgang 1978

Mobil sein und flexibel reagieren

Ich bin gern selbstständig und Unternehmerin, es fühlt sich super an, die Zeit frei einteilen zu können und etwas anzubieten, das es in der Gegend so kein zweites Mal gibt. Als Mutter einer kleinen Tochter ist dieses Lebens- und Arbeitsmodell zudem optimal. Ich lebe im Nachbarort, habe hier mein Geschäft und werde in wenigen Monaten eine zweite Filiale in einem Ärztehaus in Bautzen eröffnen.

Ich möchte Leute stressfrei beraten können

Ich wünsche mir, dass wir noch mehr mit den Ärzten zusammenarbeiten können, da das für die Patienten vorteilhaft ist und noch mehr Transparenz bringt. Für mein Engagement bin ich für den Gründerinnenpreis Sachsen nominiert worden. Kunden haben mich vorgeschlagen, deswegen habe ich meine Unterlagen eingereicht. Ich arbeite in einer ehemaligen Männerdomäne. Nach und nach haben sich die Frauen aber die Branche erobert. Die Zahl an Optikerinnen und Optikermeisterinnen wächst. Mein Konzept: Ich will da ansetzen, wo der normale Optiker nichts mehr machen kann. Deshalb habe ich medizinische Gläser und Sehhilfen im Angebot. Und ich möchte Leute in reiferen Jahren möglichst stressfrei beraten können. Deshalb habe ich mein mobiles Optikergeschäft „Die Sehfahrer" gegründet.

Ich fahre auf Wunsch zu meinen Kunden bzw. auch in die Seniorenheime, um Sehhilfen dort vor Ort zu empfehlen und anzupassen. Der Grund: Beim Gespräch mit dem Arzt ist man allein im Sprechzimmer. Warum soll dieser Service nicht auch für den Optiker gelten? In herkömmlichen Filialen bekommen andere Kunden viele Interna mit, die sie eigentlich gar nicht hören sollten.

Die Arbeit in einem großen Unternehmen sagte mir nicht zu

Wie es dazu gekommen ist? Nun, zunächst habe ich nach dem Abitur eine Ausbildung bei Apollo Optik gemacht. Ich wollte unbedingt mit Menschen arbeiten. Eine Tätigkeit im Büro konnte ich mir nicht vorstellen. Die Arbeit in einem großen Unternehmen sagte mir auf Dauer jedoch nicht zu. Deshalb hatte ich den Wunsch, als Augenoptikermeisterin in die Selbstständigkeit zu gehen.

Die Ausbildung zur Meisterin habe ich dann selbst finanziert. Gerade zu der Zeit fielen allerdings die Krankenkassenbeiträge weg, so dass mein Konzept in die Schieflage geriet und ich zunächst Insolvenz anmelden musste – eine harte Erkenntnis, aber letztlich kein Todesurteil für meine Pläne. So startete ich 2015 noch einmal neu und gründete zusammen mit meiner Kollegin und guten Freundin „Die Sehfahrer". Der Name geht auf unsere Mobilität zurück. In der damit verbundenen Flexibilität sehen wir als Frauen und Optikerinnen eine neue Möglichkeit, den Markt zu erobern und zudem eine individuelle und persönliche Art der Beratung anzubieten.

Nicht nur fachlich, sondern auch menschlich eine Herausforderung

Das Schöne an diesem Beruf: Er ist nicht nur fachlich abwechslungsreich, es ist auch menschlich eine Herausforderung, den richtigen Ton zu treffen, sich einzufühlen und letztlich auch genau die passende Brille oder Sehhilfe zu finden.

Was ich mir wünsche? Dass die Ärzte noch mehr als bisher auf die gute Arbeit der Optiker vertrauen und es künftig immer mehr berufsübergreifende Netzwerke gibt, mit denen wir uns gegenseitig unterstützen können, damit wir die Leute immer besser an die richtige Stelle vermitteln können.

Jeder, der kompetent ist, sollte eine Stelle besetzen können

Neue Kraft tanke ich vor allem mit meiner Familie und im privaten Umfeld. Zudem bietet die Selbstständigkeit immer Möglichkeiten, sich Freiräume zu schaffen, wenn ich sie brauche. Wenn ich das will, kann ich mir einen Tag frei nehmen. Und natürlich halte ich mir die Wochenenden offen, um Zeit für meine Familie zu haben. Die Diskussion um die Gleichstellung von Frauen finde ich persönlich oft überzogen. Jeder, der genug Kompetenz hat, egal ob Frau oder Mann, sollte eine Stelle besetzen dürfen. Ich denke, dass sich die Gesellschaft oftmals zu viele Gedanken über dieses Thema macht.

Mit ihrem Unternehmen „Die Sehfahrer" hat Anett Pötschke (hier ihr Messestand) eine Neuheit auf dem Optikermarkt geschaffen. Als mobile Augenoptikermeisterin bietet sie medizinische Sehhilfen an und tourt mit ihrem Bus durch die Lande, um reifere Patienten vor Ort zu Hause oder im Seniorenheim beraten zu können.

www.die-sehfahrer.de

ANJA KÜTHE

Juristin, Theta-Healerin & Inhaberin des Stoffekontors in Leipzig

Jahrgang 1974

Sich darauf besinnen, was man besonders gut kann

Ich bin ein Scheidungskind. Das hat mich geprägt, mir aber auch eine Art Urvertrauen geschenkt. Meine Mutter war zunächst nicht begeistert, als ich nach dem für sie recht entbehrungsreichen Jura-Studium beschloss, eine eigene Firma zu gründen. Doch unterstützt hat sie mich immer. Ich fühle ganz genau, wenn ich Rückenwind habe und es für meine Unternehmungen gut läuft. Die meiste Kraft ziehe ich aus dem Vertrauen, das ich in mir selbst finde. Um kreativ zu sein, ist mir meine Freiheit wichtig. Oft ist es so, dass ich meine Mitarbeiterinnen mit meinen Ideen überflute. Ich musste mit den Jahren erst lernen, dass jeder eine andere Art und Geschwindigkeit hat, mit neuen Herausforderungen umzugehen.

Wer Erfolg haben möchte, sollte möglichst groß denken

Wer Erfolg haben möchte, sollte Mut haben, möglichst groß und perspektivisch denken und den Relationen von Aufwand und Nutzen Beachtung schenken. Ich habe bei Null angefangen und mein Unternehmen dann nach und nach zu dem aufgebaut, was es heute ist. Mit unserem großen Stoffhandel in Leipzig, der aktuell knapp 50.000 Artikel fürs Nähen und davon 16.000 Stoffe auf 850 Quadratmetern umfasst, geht die Kosten-Nutzen-Rechnung weitaus besser auf als vordem. Wir sind insgesamt zehn Mitarbeiter, alles Frauen, die Tendenz ist steigend.

Sich darauf besinnen, was man besonders gut kann und liebt

Ich würde mir wünschen, dass sich wieder viel mehr Frauen auf das besinnen, was sie von all ihren Vorfahren gelernt haben. Mit den eigenen Händen etwas herzustellen, das ist und bleibt für mich etwas Wunderbares. Wenn jede das machen würde, was sie liebt und ganz besonders gut kann, das wäre eine Bereicherung für die Gesellschaft und würde uns allen mehr Glück und Wohlstand bringen. Ich selbst habe das Nähen mit etwa zwölf Jahren von meiner Oma gelernt und bin dann davon so infiziert worden, dass ich die Hände nicht mehr von der Nähmaschine lassen konnte. Ich glaube, ich habe das Unternehmer-Gen. So ist auch der Wunsch nach meiner eigenen Firma entstanden, die alles rund ums Nähen anbietet.

Kraft und Mut geben mir alle Menschen, die eng mit mir und meinem Leben verbunden sind. Meine Familie, Mann und Töchter. Zusammenhalt ist mir wichtig und gegenseitiges Verstehen. Und natürlich die Begeisterung für das, was man tut. Wenn ich Mitarbeiterinnen und Kolleginnen suche, dann solche, die den Job von sechs Männern machen (lacht).

Schöne Erlebnisse schaffen und Erlerntes an andere weitergeben

Familie und Arbeit unter einen Hut zu bringen, das war für mich manchmal schon eine echte Herausforderung. Es gab auch Jahre, in denen ich mich schlapp und regelrecht ausgebrannt fühlte. Um mich wieder zu regenerieren, halte ich mich oft und gern in der Natur auf und fahre mit meiner Familie zwei-, dreimal im Jahr in den Urlaub. Besonders schöne Erlebnisse hatten wir in den USA und Kanada. Aber mitunter sind es auch Kurzreisen, die mich erden. Wir gehen gern wandern und verbringen dann eine schöne Auszeit im Harz. Mit ganzem Herzen habe ich vor einiger Zeit das Theta-Healing entdeckt, eine Technik, die mein Leben wiederum verändert hat. Auf diesem Gebiet habe ich mich dann auch weiter ausbilden lassen und damit begonnen, mein erlerntes Wissen an andere weiterzugeben. Neue Ziele anzusteuern und nicht stehenzubleiben, das ist und bleibt für mich als Mensch und Unternehmerin ganz besonders wichtig.

Stoffe und Nähzubehör sind das Metier der Leipziger Unternehmerin und Juristin Anja Küthe. Ihre Leidenschaft aus Kindertagen hat die erfolgreiche Unternehmerin nach dem Studium zum Beruf gemacht und in Leipzig eines der größten Stoffhandelsunternehmen Deutschlands gegründet.

www.stoffekontor.de, www.theta-heilen.de

ANJA RÜCKER

Leichtathletin & Trainerin
Leichtathletik-Welt- und Vizeweltmeisterin
& Betreiberin des eigenen Studios
„LongLifeFit" in Chemnitz

Jahrgang 1972

Aufstehen und Weitermachen

Ich habe mein Leben dem Sport gewidmet. Mit zehn Jahren entdeckte man in der ehemaligen DDR mein Talent für den Sport. Zwei Jahre später hatte ich durch ein Talente- und Sichtungssystem in der Leichtathletik die Chance und man fragte mich, ob ich auf die damalige Kinder- und Jugendsportschule wechseln möchte. Eine Entscheidung, die ich selber treffen musste – kein leichter Weg und eine Herausforderung, weil Jena von meinem Heimatort Stunden entfernt lag und ich mir als Mädchen vorkam, als ob ich eine Weltreise antrete. In meiner Laufbahn als Leistungssportlerin habe ich viele Wettkämpfe bestritten. Ich nahm an zwei Olympischen Spielen teil und 1996 gewann ich bei den Spielen in Atlanta die Bronzemedaille mit der 4 x 400 m Staffel. Ein Jahr später bin ich mit dieser Staffel Weltmeisterin geworden. In Sevilla, 2 Jahre später, kam dann meine Chance, hauptsächlich bedingt durch einen Trainerwechsel. Ich habe es bis ins Einzelfinale über 400 m geschafft. Eine Sensation mit einer zusätzlichen Herausforderung – ich bekam die Bahn acht zugeteilt. Du erfährst das am selben Tag. Keiner will diese Bahn haben, weil du niemanden vor dir hast, an dem du dich orientieren kannst, und selbst im Gefühl haben musst, wie schnell du bist und wie du dir deine Kräfte einteilst. Meine Trainerin hat gesagt: Geh einfach raus und mach, was du immer machst, und hab Spaß.

Und genau das habe ich getan, es bewusst durchlebt und mir meinen Vizeweltmeistertitel mit persönlicher Bestzeit ersprintet. Ich weiß noch ganz genau, wie einzigartig sich das angefühlt hat. Im Sport lernst du kämpfen und wieder aufstehen. Du erfährst, wo deine Grenzen liegen und lernst durch kontinuierliches und fleißiges Training, all dein Talent, deine Kräfte und Energien zu mobilisieren.

Genau diese Erfahrungen haben mir dann im späteren Leben immer geholfen, wobei ich zugeben muss, dass es schon einige Lebensjahre und jede Menge ambivalente Erfahrungen gekostet hat, bis ich selbst in meinem Inneren so weit war, das zu erkennen: wo ich hin will, wo meine Potenziale liegen und wie ich sie am besten umsetzen kann. Dabei habe ich mir von kompetenten Leuten helfen lassen. Ohne professionelle Hilfe – so meine Erfahrung – kannst du oft nicht über deinen Schatten springen, weil erst der andere dir wirklich klar macht, welche Möglichkeiten du wirklich hast. Selbst bist du mitunter zu befangen und kannst dich nicht objektiv sehen. Als die Wende kam, bin ich achtzehn geworden. Bis dahin hatte sich alles nur um den Sport gedreht. Ich musste erst einmal begreifen, dass es nun ganz allein auf mich ankommt, was ich aus meinem Leben mache.

Vorsorglich habe ich parallel zum Sport zwei Berufe erlernt, in denen ich dann auch tätig war. Durch einen Wohnortwechsel gab es auch berufliche Veränderungen. Vor allem nach der Beendigung meiner sportlichen Laufbahn hat mich die reine Bürotätigkeit nicht mehr erfüllt, weil ich es natürlich gewöhnt war, mobil und in Bewegung zu sein und Dinge in Aktion zu bringen. Der Drang zur beruflichen Erfüllung wuchs immer mehr und in meinen Trainerausbildungen habe ich mir oft Gedanken über meinen weiteren Lebensweg gemacht, ob denn dieser Weg auch richtig ist, weg vom Büro. Das Gefühl mit der Vision vom eigenen Studio wurde immer stärker. Beim Fernsehen schoss mir die Idee in den Sinn und dann ging es relativ schnell. Neben dem Personaltraining kam nun die Ganzkörperkältekammer ins Spiel, die ich während meiner Verletzungsphasen als Therapie immer schon selbst genutzt habe. Mit der Idee der Kältekammer wusste ich, dass genau das die perfekte Ergänzung zum Trainingsprogramm und der gesunden Ernährung sein könnte, indem ich anderen ambitionierten Profi- und Hobbysportlern mein Wissen und meine Fähigkeiten anbieten kann. Gesagt, getan. Ich ging auf die Suche nach meinem eigenen Studio in Chemnitz, fand dieses auch relativ zügig und begann damit, es nach meinen Vorstellungen umzubauen und einzurichten. Durch die Erfahrungen meiner sportlichen Karriere sehe ich das Training mit unseren Klienten als richtigen Weg, etwas Gutes und Sinnvolles für andere zu tun. „LongLifeFit" verdeutlicht ja an sich schon unsere Ziele: ein langes Leben und Spaß zu haben. Natürlich sind die Programme auf jede Person zugeschnitten und es braucht intensive Gespräche, bis wir gemeinsam herausgefunden haben, wo die Ziele liegen und wie wir diese am besten umsetzen können. Wichtig – das sage ich vor und während des Trainings oft – ist eine gehörige Portion Geduld und Beharrlichkeit. Erst nach einiger Zeit merkt man, wie vorteilhaft sich ein regelmäßiges Sportprogramm, verbunden mit gesunder und vollwertiger Ernährung, auswirkt. Die Kältekammer ist eine wohltuende Ergänzung dazu, hilft aber auch gegen eine Reihe anderer Beschwerden, die sich durch regelmäßige Anwendungen mildern lassen oder ganz verschwinden.

Rückhalt und Stärke gibt mir neben einem guten Lebenskonzept als Unternehmerin vor allem meine Familie. Ich denke, dass ein gutes Umfeld, das einen unterstützt, eine ganz wichtige Sache ist. Dass du dich austauschen kannst und verstanden wirst und Leute um dich hast, die dich mal in den Arm nehmen.

Der Leistungssport hat Anja Rücker zur Kämpferin gemacht. 1996 gewann sie bei den Olympischen Spielen die Bronzemedaille. 1997 ist sie Weltmeisterin mit der 4-mal-400-Meter-Staffel und 1999 Vizeweltmeisterin über 400 Meter geworden. Ihr Fazit: Egal was passiert – aufstehen und weitermachen. Auf die sportliche Karriere folgten verschiedene berufliche Erfahrungen und letztlich die Entscheidung fürs eigene Studio in Chemnitz. Mit ihren Ideen ist sie noch lange nicht am Ende.

www.longlifefit.de

KERSTIN SCHREIER

Yoga-Lehrerin und Geschäftsführerin des Kunsthofs Eibenstock

Jahrgang 1966

Die reiferen Jahre sind gut zum Durchstarten

In der Mitte des Lebens habe ich einen neuen Weg für mich gefunden. Gerade die Lebenszeit um die fünfzig birgt noch einmal ganz neue Startenergien. Nach einem Betriebswirtschaftsstudium habe ich ein paar Jahre in einem Steuerbüro und später in der Firma meines Vaters gearbeitet. Fünfzehn Jahre lang war ich Mitinhaberin und kaufmännische Geschäftsführerin eines Chemnitzer Stahlbaubetriebes. Ich ahnte damals, dass es einen neuen Weg für mich geben wird und bin 2015 nach Indien zur Yogalehrer-Ausbildung gegangen. Vier Wochen Rishikesh haben mein Leben verändert und ihm eine neue Richtung gegeben. Seitdem unterrichte ich Yoga im Kunsthof Eibenstock, den ich mit meinem Mann seit zehn Jahren gestalte und betreibe.

Yoga als Weg der Erkenntnis

2007 habe ich das energetische Heilen, die Prana-Heilung, kennengelernt, die meine heutige Tätigkeit als Yoga-Lehrerin in besonderer Weise unterstützt. Diese Methode fasziniert mich, weil damit die Selbstheilungskräfte ohne Körperberührung aktiviert werden. Man lernt, wie der menschliche Körper und dessen Energiesysteme arbeiten. Man regt den Körper an, die Chakren zu reinigen bzw. neu zu aktivieren und hilft ihm damit, Blockaden zu lösen. Im Selbstversuch – viele Themen konnte ich mit mir und für mich selbst klären – habe ich gespürt, welche Kraft diese Heilmethode in sich birgt. Was mir Kraft gibt: dass ich anderen helfen kann, gesund zu bleiben und zu werden und ihnen damit ein ganzes Stück Lebensfreude schenke. Bevor du anderen hilfst, lerne zunächst, dich um dich selbst zu kümmern, eigene Themen in Angriff zu nehmen, mit denen du dich innerlich konfrontiert siehst. Somit kannst du anderen Menschen Wertvolles aus eigener Erfahrung mitgeben.

Wichtig: in der Mitte bleiben und auf die innere Stimme hören.

Was ich mir wünsche? Dass die Menschen wieder mehr in ihre eigene Mitte kommen, dass sie lernen, bewusst auf ihre innere Stimme zu hören und in allem langsamer agieren. Viele merken nicht, wie sie durchs Leben rennen und wissen auch oft gar nicht, wohin genau sie da unterwegs sind. Die fortschreitende Digitalisierung führt zum Dauerstress. Von einem Klick zum nächsten zu gleiten bringt wenig Ausgeglichenheit. Mein inneres Gleichgewicht zwischen An- und Entspannung finde ich in der Natur, an der Talsperre oder im eigenen Garten rings ums Haus.

Es ist immer wieder ein Wunder, wie hier alles wächst und gedeiht und die Natur uns reiche Ernte schenkt. Ein ganz besonderer kraftspendender Ort ist die Friedenslicht-Kapelle in unserem Kunsthof.

Die Veränderung beginnt in uns

Dem Fluss des Lebens zu folgen, achtsame Wahrnehmung und die Änderung der eigenen Sichtweise statt der äußeren Umstände gehören zu meinen Lebensgrundsätzen. Da, wo ich Widerstand entgegenbringe, verstärkt sich genau diese Energie der Ablehnung. Mit bewusstem Atmen und Beobachtung der eigenen, oft tiefsitzenden Emotionen können diese erkannt und geheilt werden. Was mir außerdem Freude bringt, ist die Möglichkeit, mich für Gemeinschaftsprojekte in unserer Heimat einzusetzen.

Für andere da sein und Projekte anschieben

Mir ist es wichtig, nicht nur das eigene Unternehmen voranzubringen, sondern auch etwas für andere zu tun. Von Beginn an bin ich im Vorstand des Marathonvereins Eibenstock tätig, der jährlich den beliebten Drei-Talsperren-Marathon initiiert. Mit dem Kunsthof engagieren wir uns für die Bürgerstiftung „Zu Hause am Auersberg", welche gemeinnützige Projekte von Einheimischen unterstützt.

Zudem haben wir ein neues, interessantes Projekt in Sachen Selbstversorgung und Permakultur ins Leben gerufen. Unser Gemeinschaftsprojekt „Miriquidi" wird in den nächsten Monaten und Jahren neue Perspektiven unserer Ernährung ermöglichen.

Blick ins Kunsthof-Café sowie von außen auf das „Hundertweltenhaus" (folgende Seiten), in dem thematisch eingerichtete Ferienwelten gestaltet worden sind, die Gäste in das Flair ferner Länder eintauchen lassen. Aus zwei dereinst schmucklosen und ruinösen Fabrikgebäuden haben die Schreiers in jahrelanger Bautätigkeit den Kunsthof Eibenstock entstehen lassen.

www.kunsthof-eibenstock.de

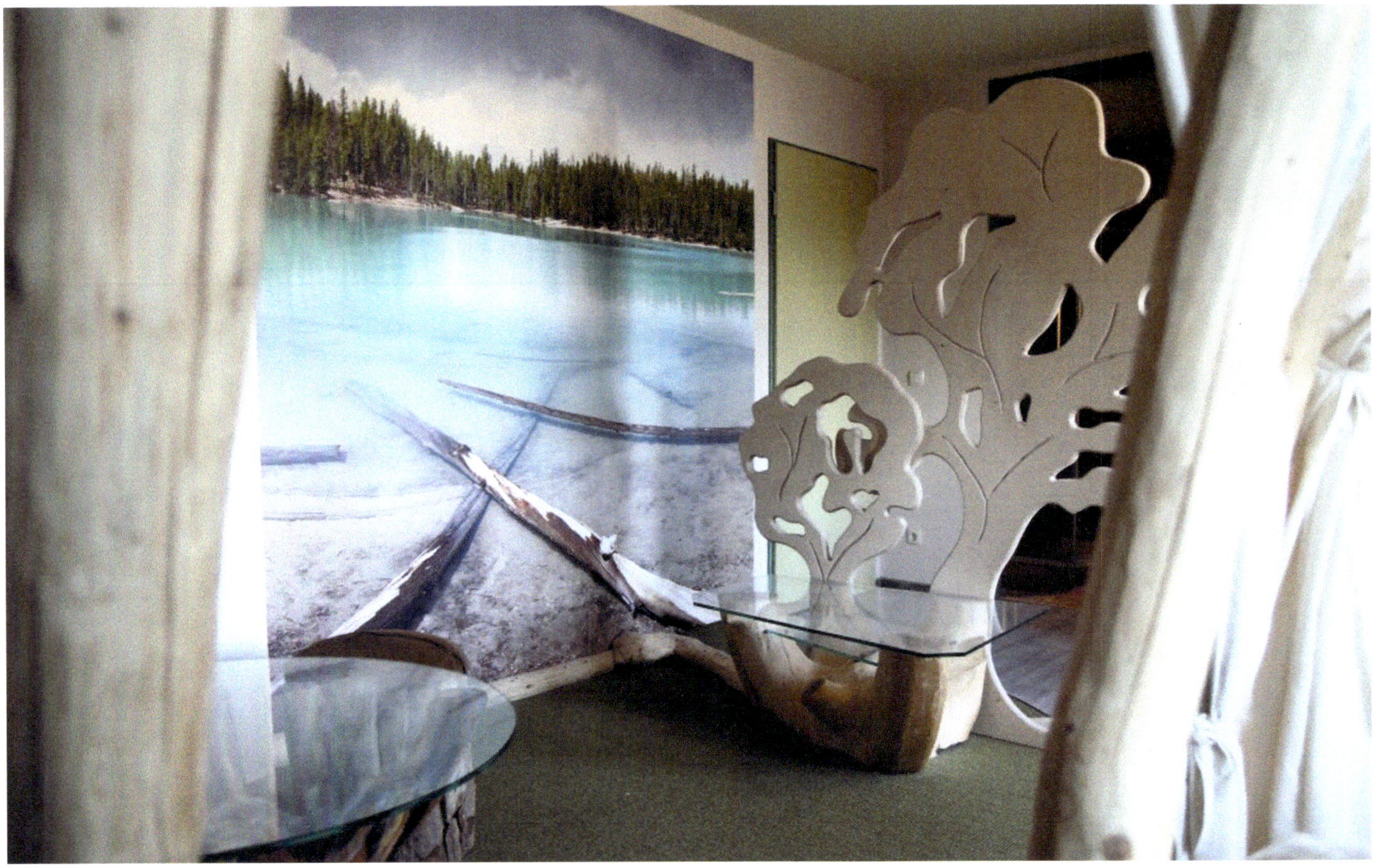
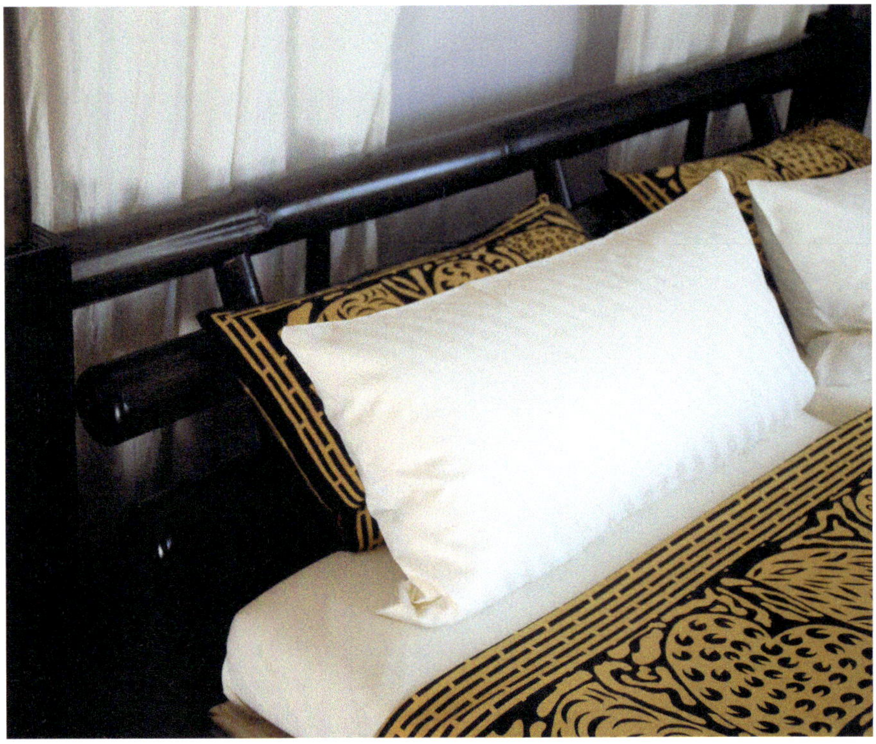
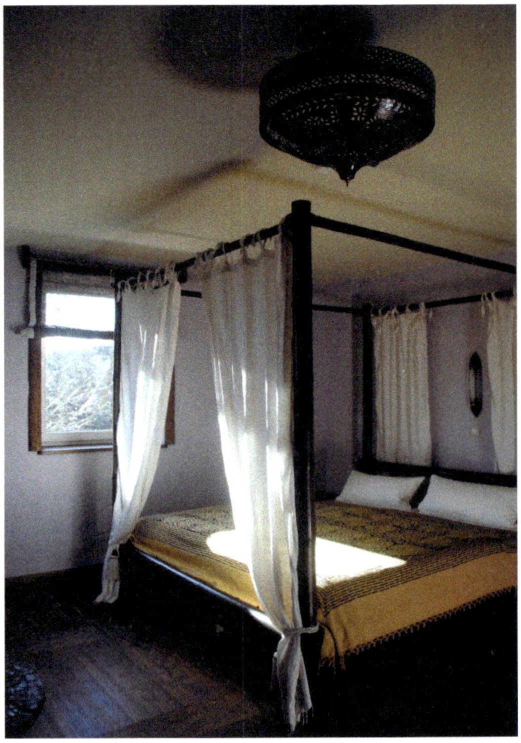

Mit weichen, organischen Formen, kräftigen Farben und einem mit Liebe gestalteten Interieur haben die Schreiers ihre ganz persönliche Handschrift hinterlassen. Nicht nur die leuchtenden Fassaden, auch das individuell gestaltete Außengelände sowie das Innere der Häuser mit Kunsthof-Café, Kunsthandwerk, Kapelle und den verschiedenen Ferienwohnungen sind einzigartig.

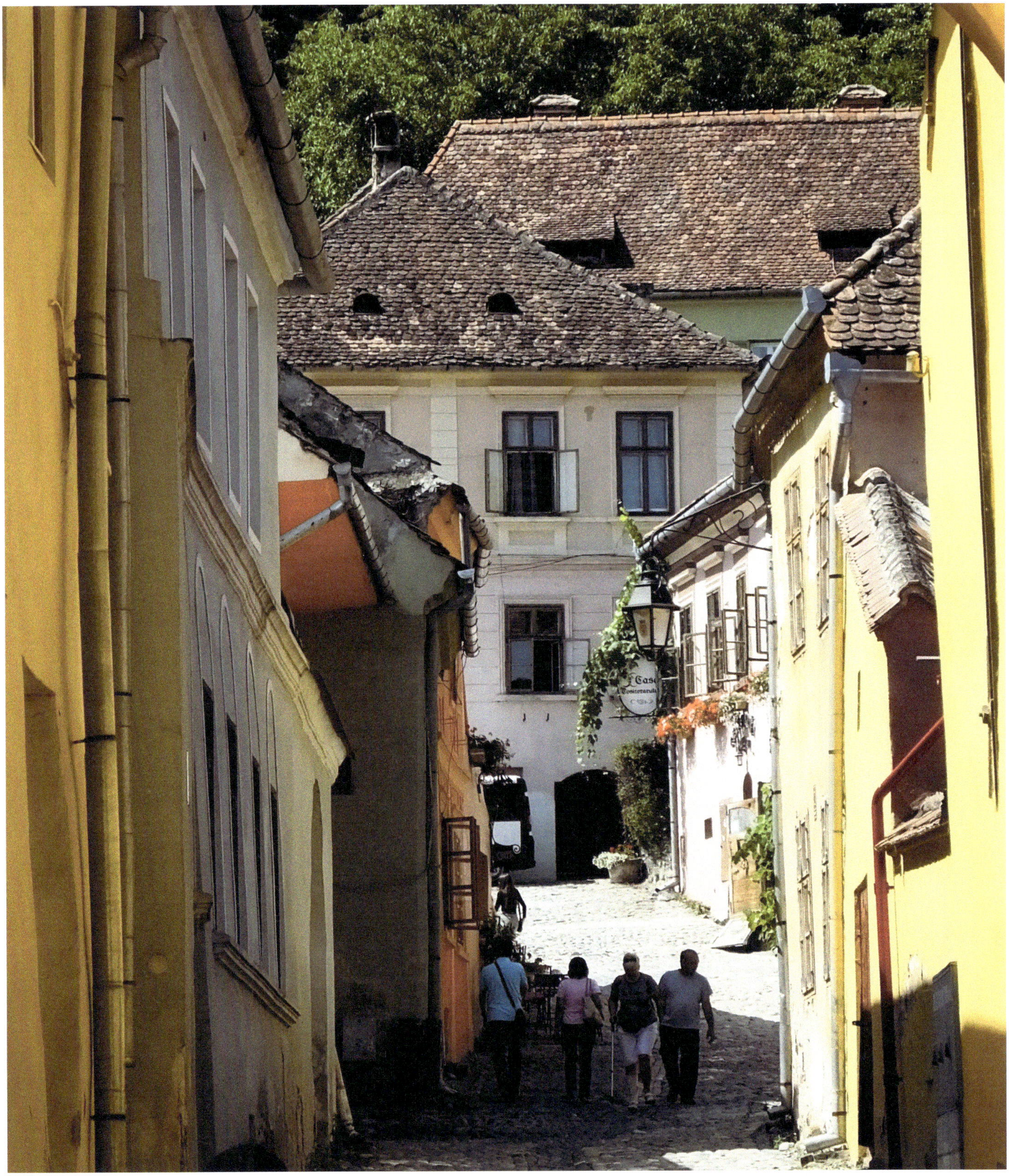

Aber ich blieb zäh und zog mir die richtigen Partner an Land, mit denen wir letztlich weiterarbeiten konnten. Das Skurrile daran: Die meisten unserer Kunden haben das kaum oder gar nicht gemerkt, dass sich intern in der Firma etwas verändert hatte. Für mich selbst war es aber ein Kraftakt erster Güte. (Anka Unger, Seiten 24–27)

Es ist wichtig, den permanenten Stress zu durchbrechen, innezuhalten, aufzuschauen, durchzuatmen und sich nach und nach neuen Zielen zuzuwenden. Ich arbeite sehr gern mit Bildern und Assoziationen, die dann mit selbst ausgewählten Fotos verbunden werden. Natürlich geht es nicht über Nacht und auf Knopfdruck, eigene Gewohnheiten zu verändern. (Annette Fengler, Seiten 28–29)

Es ist weiblich zu lernen, Defizite zuzugeben, Lücken zu schließen: Ich sage dir, was ich nicht kann, damit du mir sagen kannst, ob du mir helfen kannst. Das fällt uns Frauen deutlich leichter. Wir unterhalten uns gern, um Neues zu erfahren. Gute Unternehmensführung braucht aus meiner Sicht die weibliche und die männliche Seite. Die Frauen sollten das bleiben, was sie sind und die Männer mehr weibliche Eigenschaften zulassen. (Carolin von Breitenbuch, Seiten 30–31)

Fürs Business ist es zudem weniger wichtig, an welchem Ort man sich befindet, entscheidender ist, was man daraus macht, dass man flexibel ist, nicht stehenbleibt. Letztlich sind wir für unseren Erfolg selbst zuständig. Der Erfolg folgt der Begeisterung, da bin ich sicher. (Henriette Braun, Seiten 32–37)

Gegenüber: Urlaubsfoto von Annette Fengler, die sich ihre Auszeiten besonders gern auf Reisen gönnt

Erfolg und Bekanntheit

Viele gestandene Frauen haben davon berichtet, dass sie als Mädchen zur Zurückhaltung und Bescheidenheit erzogen worden sind. Ein Umstand, der auch später noch zur Blockade führt. Ist es eitel, von sich reden zu machen und aufzutrumpfen, wenn es um eigene Ziele geht? Ist es unweiblich, sich durchzusetzen und hart zu bleiben, wenn wichtige Entscheidungen anstehen?

Vorangestellt sei: Ohne von dir und deinem Produkt oder deiner Dienstleistung reden zu machen, kann kein anderer erfahren, was du machst. Den besten Satz zu diesem Thema habe ich in einem Buch einer amerikanischen Autorin gelesen, die gerade Mitte zwanzig war, als sie damit begann, ihr eigenes Business aufzubauen. Hast du eine gute Idee, so sagt sie, dann musst du möglichst vielen anderen Menschen davon erzählen, damit sich deine Idee schnell verbreitet. Und du musst es selbst tun, denn keiner kann so gut darüber berichten und argumentieren wie du, denn du weißt genau, worüber du sprichst und bist involviert wie kein anderer. Nicht zuletzt verkörpert jede der hier vorgestellten Unternehmerinnen selbst ihre eigene Marke, ihr eigenes Label. Es ist aus dem Dasein derjenigen Frau entstanden, hat sich manifestiert und durchgesetzt und ist zum Leben erweckt worden. Und es verdient natürlich auch, entsprechend gewürdigt und mit Hingabe und allen zur Verfügung stehenden Mitteln bekannt gemacht zu werden. Es gibt doch schon so viele Ideen, warum soll ausgerechnet meine erfolgreich werden? Dazu sagen die Expertinnen, dass es wichtig ist, sich auf seinem ureigenen Gebiet möglichst gut zu spezialisieren, eine Fachfrau für die eigenen Angelegenheiten zu werden. Je größer das Metier, umso wichtiger, dass du deine ganz spezielle Nische findest, in der kein anderer so gut ist wie du selbst. Ist deine Idee gut und nützlich, so wird das Angebot über kurz oder lang von anderen auch angenommen werden. Viele der interviewten erfolgreichen Unternehmerinnen haben darüber berichtet, wie gut sie vernetzt sind, wie wichtig ihnen der Zusammenhalt in Unternehmerverbänden und -vereinen ist, wie gut der Austausch auch dann funktioniert, wenn man sich nicht persönlich treffen kann. In Sachen Marketing und Werbung die Nase vorn zu haben, so das Fazit der Befragten, das erfordert nicht nur Wissen um die Methodik an sich, sondern auch ein Gespür für Trends und Möglichkeiten, die gerade eben jetzt angesagt und gefragt sind. Vielleicht muss eine Idee, die vor einigen Jahren entstand, ja neu interpretiert werden? Nicht alles, was lange zum Erfolg geführt hat, muss auch künftig funktionieren. Vielleicht wissen Mitarbeiter, Kollegen oder auch Freunde schon längst, wie man es neu und anders machen könnte? Wer mit anderen im Austausch bleibt und ein ehrliches Feedback von kompetenten Leuten schätzt, wird eher zum Ziel kommen.

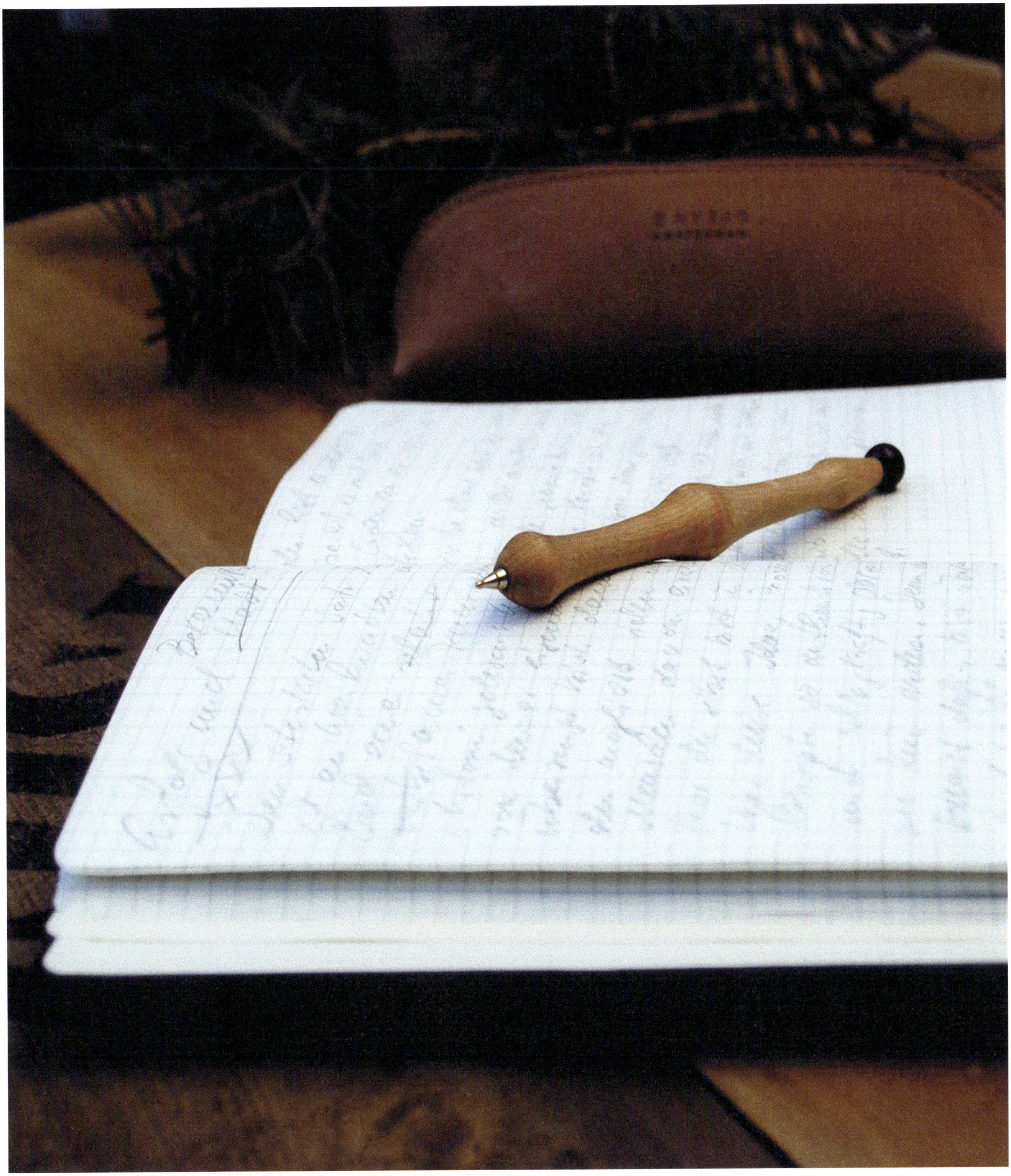

ANKA UNGER

Beriebswirtschaftlerin & Geschäftsführerin
der UDI-Dämmsysteme GmbH in Chemnitz

Jahrgang 1976

Ich blieb stark und gewann die richtigen Partner

Was ich voranstellen muss: Ohne meinen Vater hätte es dieses Unternehmen nicht gegeben. Ich selbst bin mit zwanzig in die Firma gekommen, habe BWL im Abendstudium gepaukt und eine Ausbildung zur Energieberaterin absolviert. Was mein Vater macht, fand ich schon immer interessant. Ich war und bin begeistert, dass er neue, innovative und wohngesunde Produkte entwickelt. Hätte ich jedoch vorher gewusst, was mich als Unternehmerin so alles erwarten wird, wäre ich sicher ein wenig erschrocken. Doch so etwas weißt du natürlich nicht und es ist auch gut so, sonst würdest du dich nicht so einsetzen und einbringen. Die Firma ist mein Baby, ich habe sie mit aufgebaut und Höhen und Tiefen erlebt.

Mein Vater kommt aus der Elektrobranche. Als die Wende kam, orientierte er sich neu und entwickelte Dämmsysteme aus Holzfasern, die nicht nur für alte, feuchte Häuser funktionell, sondern auch für die darin lebenden Menschen optimal sind. Denn sie sind natürlich, atmungsaktiv und gesund. Als neue Alternative zum Polystyrol und Mineralfasern brauchten unsere Platten eine Weile, bis sie sich auf dem inländischen und europäischen Markt etablieren konnten, doch dann gab es kein Halten mehr. Ich kann mich noch gut daran erinnern, als ich 1997 bei der ersten Baumesse mit dabei war. Ich war noch jung und unsicher, weil ich dachte, nicht kompetent zu sein und nicht die richtigen Antworten geben zu können. Nach und nach bin ich aber ins Metier hineingewachsen, habe Schulungen besucht, Bauprojekte begleitet und mein Wissen immer mehr erweitert.
Es war ein spannender Weg, der nicht immer geradeaus führte. Wir führten auch damals schon ein Familienunternehmen – keine leichte Aufgabe, da du ja bei allen Entscheidungen immer auch einen Konsens finden musst. Aufgrund neuer Aufgaben und sich verändernder Märkte beschloss ich dann, als junge Frau das Firmen- und Familienschiff zu übernehmen. Eine Herausfoderung, in die ich auch erst einmal hineinwachsen musste. Ich weiß noch ganz genau, wie ambivalent sich das zunächst anfühlte. Zum einen war ich stolz auf meinen eigenen Mut und wusste, dass es richtig war, weil ich damit auch die Vision meines Vaters bzw. meiner Eltern fortführen würde. Zum anderen war ich gerade schwanger, verhandelte mit Partnern und Gläubigern und hatte Angst, dass wir endgültig den Boden unter den Füßen verlieren könnten.

Aber ich blieb zäh und zog mir die richtigen Partner an Land, mit denen wir letztlich weiterarbeiten konnten. Das Skurrile daran: Die meisten unserer Kunden haben das kaum oder gar nicht gemerkt, dass sich intern etwas verändert hatte. Für mich selbst war es aber ein Kraftakt erster Güte. In Deutschland gehst du nicht einfach so in die Insolvenz, dem haftet hierzulande auch immer etwas Negatives an. Das musst du dann nach und nach in den Koffer kriegen – dass es nichts mit dir, deiner Person und deinen Fähigkeiten, sondern mit den speziellen Umständen zu tun hat.

Meine Entschlussfreudigkeit hat mir bzw. uns dann auch recht gegeben. Unsere Dämmplatten, die ausschließlich aus Holzfasern gefertigt werden und daher ökologisch und gesund sind, haben sich auf dem Markt behaupten können. Heute arbeiten wir überwiegend in besonderen Projekten (beispielsweise im Wasserturm oder im Gutshaus), wo die Flexibilität und Atmungsaktivität des Werkstoffes gefragt sind. Viele Altbauten in unserer Region haben mit den Dämmsystemen eine ästhetische und gut funktionierende Hülle bekommen. Aber nicht nur außen, sondern auch im Innenausbau kannst man sie super verwenden. Als Ergänzung dazu haben wir ein besonderes Carbon-Heizsystem entwickelt, so dass die gedämmten Wände dann letztlich eine behagliche Wärme abstrahlen und das Raumklima optimal wird.

Die Erfahrungen waren wertvoll und haben mich zur Unternehmerin gemacht

Ob ich es so noch einmal tun würde? Unbedingt! Natürlich hast du auf diesem Weg jede Menge Federn gelassen. Aber die Erfahrungen waren ja auch wertvoll und haben mich zu der Unternehmerin gemacht, die ich heute bin. Ich denke, ich führe ein Unternehmen, in dem die Leute gern arbeiten und wissen, was alles dranhängt. Ich bemühe mich um Transparenz und übertrage den Mitarbeitern so viel Eigenverantwortung wie möglich. Das zahlt sich aus und lässt mich selbst auch ein ganzes Stück frei werden.

Zudem weiß ich, dass unsere Arbeit sinnvoll ist, weil wir etwas Gutes für die Erhaltung unserer Bausubstanz und für die Gesundheit der Menschen tun, die in den Häusern leben, wohnen und arbeiten. Kraft und Halt gibt mir mein Arbeitsteam, aber auch meine Familie – an guten und weniger guten Tagen.

Blick in einen mit UDI-Dämmsystemen schmuck sanierten Altbau. Besonderer Vorteil der Dämmstoffe: Sie sind aufgrund der verarbeiteten Holzfasern nicht nur natürlich und ökologisch, sondern lassen sich auch gut im Innen- und Außenbereich einsetzen.

www.udidaemmsysteme.de

Anka Unger: „Heute arbeiten wir überwiegend in besonderen Projekten wie beispielsweise im Wasserturm oder im Gutshaus, wo die Flexibilität und Atmungsaktivität des Werkstoffes gefragt sind. Viele Altbauten in unserer Region haben mit den Dämmsystemen eine ästhetische und gut funktionierende Hülle bekommen."

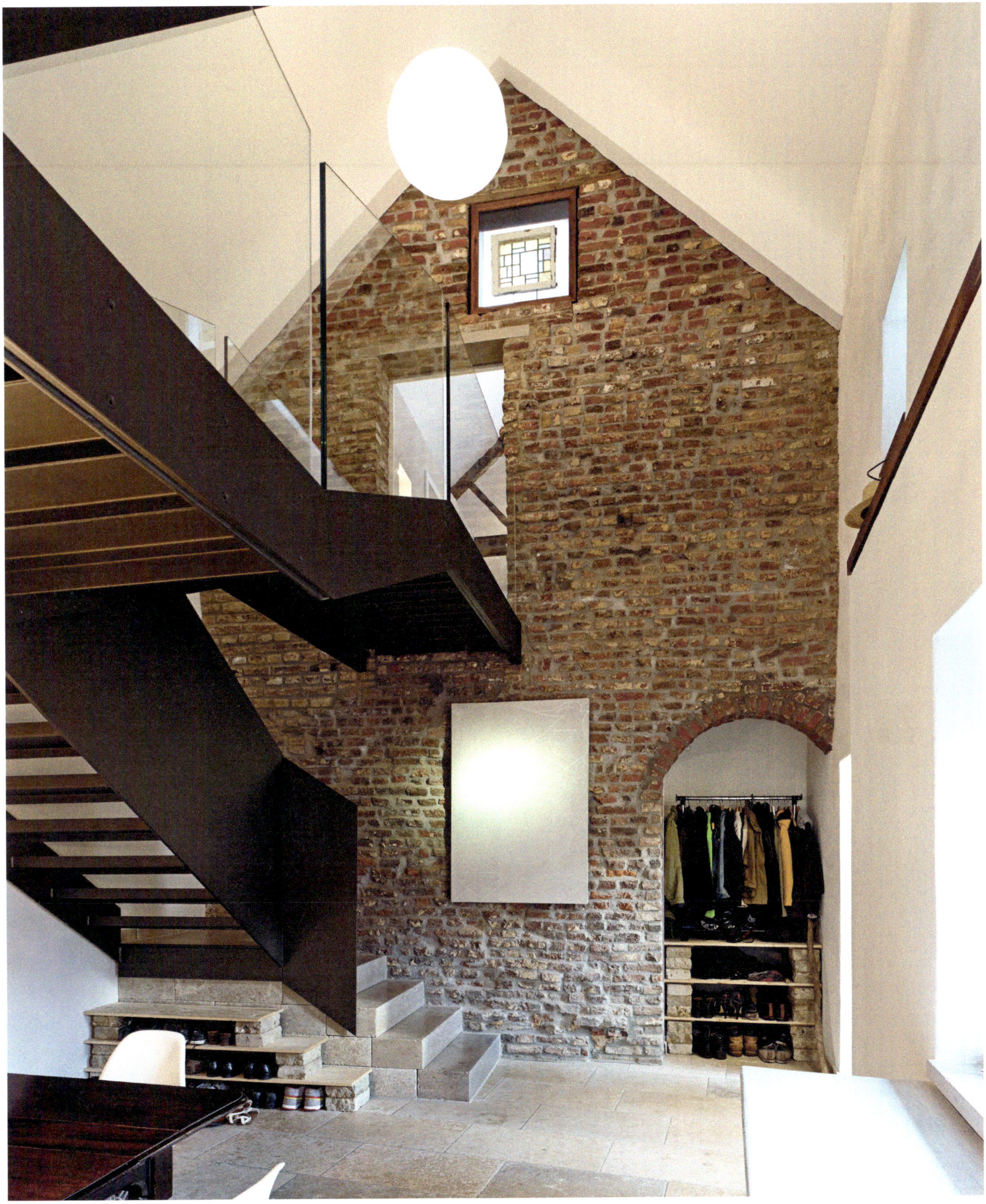

ANNETTE FENGLER

Lebensmitteltechnikerin & Informatikerin sowie Coach mit eigener Firma „Hamsterradoase – Entdecke dein Lächeln" in Dresden

Jahrgang 1964

Selbst das Hamsterrad drehen

Mein Start ins Berufsleben war nicht so einfach. Ich wollte nach dem Abitur Lehrerin werden. Aber Gehör und Stimme waren dafür nicht ausreichend. So schlug man mir vor, Lebensmitteltechnik zu studieren. Als ich ein Jahr an der TU in Dresden absolviert hatte, wusste ich: Das ist nichts für mich. Ich wechselte zur Fachhochschule Dippoldiswalde und studierte dort weiter. Die ersten Rechner weckten mein Interesse für Informatik, mit einer Kommilitonin begannen wir zu programmieren.

Ich ahnte, dass in mir noch etwas anderes schlummert

Zu Beginn des Fernstudiums für Informatik bin ich Mutter geworden und habe in den darauffolgenden Jahren meine Tochter allein großgezogen. Ich begann, in einer Brauerei und später im Vertrieb bei einem IT-Unternehmen zu arbeiten. Nach zwölf Jahren wusste ich, dass da noch etwas anderes in mir schlummert. Ich absolvierte eine Ausbildung zur Wellnesstrainerin, ergänzte eine Ausbildung zum Stress- und Mentalcoach. Parallel arbeitete ich weiter, war in dieser Zeit viel auf Dienstreisen und testete im Auftrag meiner Firma Software-Produkte in Sachsen und Bayern. Ich war damals sehr viel allein unterwegs und liebte es, meinen Feierabend selbst zu gestalten. Ich lernte neue Städte und interessante Menschen kennen. Ich merkte jedoch, dass ich auch hier fachlich nicht das einbringen konnte, was ich wollte, und wurde im Job immer unzufriedener.

Ich wusste aus eigener Erfahrung, dass immer mehr Mitarbeiter an Erschöpfung litten

Meine neuen Ausbildungen brachten mir dann genau die Inhalte näher, mit denen ich mich im Inneren schon lange auseinandersetzte. Ich war in dieser Zeit sozusagen mein bester Kunde. Die Methoden zum Erden und Entspannen auch anderen näherzubringen, das war und blieb mein größter Wunsch. Denn durch meine Arbeit in der Firma wusste ich, dass immer mehr Mitarbeiter an Erschöpfung litten und daran erkrankten. Ich entschied mich, eine umfangreiche Coaching-Ausbildung zum Flow-Life-Coach zu absolvieren.

Letztlich, als ich mir sicher war, dass ich das Richtige tue, kündigte ich, um meine eigene Firma zu gründen: „Hamsterradoase – Entdecke Dein Lächeln". Mein Ziel: Andere dazu zu bringen, wieder selbst zu entscheiden, wie sich ihre Hamsterräder drehen und nicht umgekehrt. Es ist wichtig, den permanenten Stress zu durchbrechen, innezuhalten, durchzuatmen und sich nach und nach seiner Bedürfnisse und Stärken bewusst zu werden. Dabei sollte jeder seinen eigenen Weg finden. Neben dem Coaching und Entspannungstraining arbeite ich sehr gern mit Bildern und Visionen, biete Workshops an, bei denen die Teilnehmer mit Unterstützung ihres Unterbewusstseins herausfinden, was ihnen wichtig ist. Natürlich geht es nicht über Nacht und auf Knopfdruck, eigene Gewohnheiten zu verändern. Aber ein erster Schritt ist meistens schon getan, wenn man sich dazu entschließt, etwas Neues zu wagen.

Das eigene Lächeln wiederfinden

Nach und nach, wenn man sich der eigenen „Schatzkiste" zuwendet, kann man ein positives Lebensgefühl entwickeln und neue Ziele und Wünsche für sich definieren. Ihr Lächeln wiederentdecken können bei der Arbeit mit mir sowohl Privatpersonen als auch Führungskräfte und Mitarbeiter in Unternehmen, denn die Thematik betrifft alle, die unter permanentem Druck und Stress arbeiten und deshalb oft mehr reagieren, als ihr Leben selbst zu bestimmen.

Was ich anderen vermittle, hat mir auch selbst gutgetan. Es ist schön, mit Mitte fünfzig noch einmal neu durchzustarten, sich mit Gleichgesinnten zu treffen und zu vernetzen. Es bringt für mich neue Energien und ein positives Lebensgefühl mit sich.

Aus dem Alltag ausbrechen und die Perspektiven verändern – das ist wichtig, wenn man den Kreislauf aus Arbeit und Pflichten durchbrechen möchte. Annette Fengler reist oft und gern. In Urlauben wie auf diesem Weg in Rumänien kann sie sich erden und neue Erfahrungen sammeln, die sie im Alltag weiterbringen.

www.hamsterradoase.de

CAROLIN VON BREITENBUCH

Bachelor of Science &
Masters Internationales Recht
sowie Betreiberin des Zentrums
für Kommunikation und
Führung auf Rittergut Bocka

Jahrgang 1972

Lieber mehr Weiblichkeit leben

Ich lebe und arbeite gern hier. Der Ort, an dem ich Berufstätige coache, ist anders als einer, an dem Menschen sonst lernen. Mich interessiert schon von Berufs wegen das Frauenthema, gerade weil ich in meinen Seminaren auf Gut Bocka unter den Businessleuten weitaus mehr Männer habe. So erzählt die Frauenquote auch mehr über Männer als über Frauen, weil ja wiederum die Männer diese Diskussion erst nötig gemacht haben. Ich selbst bin eine der wenigen Frauen, die in diesem Business selbstständig ihr eigenes Zentrum führen, Kinder haben, (immer noch) verheiratet sind und auf dem Land leben. Umso wichtiger, ein Zeichen zu setzen.

Meine Arbeit dreht sich vorrangig ums Lernen. Und wenn ich lerne, muss ich zugeben, dass ich etwas nicht weiß. Ich muss es mir und auch anderen zugestehen. Wenn Unternehmen sagen, sie müssen lernen, machen sie deutlich, dass sie etwas nicht wissen. Meistens werden sie von Männern geführt. Und es gilt als wenig männlich, nach etwas zu fragen. Das ist wohl eher eine weibliche Eigenschaft. Dabei hat genau das etwas mit Menschenführung zu tun. Was mich fasziniert, ist die Idee des lernenden Unternehmens, der lernenden Organisation. Es ist eine alte, neue Idee der 80er- bzw. 90er-Jahre. Parallel haben sich gleich zwei Autoren damit befasst und sind von ganz unterschiedlichen Perspektiven aus zum selben Ergebnis gekommen. Ich würde mir gern mehr Zeit nehmen, um über diesen Ansatz selbst etwas zu verfassen. Denn es gibt kaum einen Manager, der diese Idee nicht kennt, aber es gibt nur wenige, die sie verstehen und noch wenigere, die sie umsetzen.

*Es ist weiblich nachzufragen,
um Neues zu erfahren*

Es ist weiblich zu lernen, Defizite zuzugeben, Lücken zu schließen: Ich sage dir, was ich nicht kann, damit du mir sagen kannst, ob du mir helfen kannst. Das fällt uns Frauen deutlich leichter. Wir unterhalten uns gern, um Neues zu erfahren. Gute Unternehmensführung braucht aus meiner Sicht die weibliche und die männliche Seite. Die Frauen sollten bleiben, was sie sind und die Männer mehr weibliche Eigenschaften zulassen. Werbung und Medien haben insbesondere junge Frauen verunsichert, sie denken, sie müssen irgendwelchen Vorbildern genügen. Dabei sind sie so, wie sie sind, schon genau richtig.

Frau und Selbstliebe? Es heißt ja: Liebe deinen Nächsten wie dich selbst. Wenn ich nicht für mich sorge, dann kann ich mir um andere keine Sorgen machen. Meistens wissen meine Teilnehmer auf Anhieb gar nicht, ob sie sich selbst so annehmen können, wie sie sind, und wie es ihnen damit geht. Wie ich schon sagte, habe ich überwiegend Männer in meinen Seminaren. Es gab hier bisher ein einziges Führungsseminar, in dem vergleichsweise mehr Frauen vertreten waren. Und die – so habe ich aus Gesprächen erfahren – arbeiten oft in Teilzeit und trauen sich nicht, sich adäquat bezahlen zu lassen. Frauen kümmern sich ganz selbstverständlich um Familie und Kinder und wählen für ihre Berufstätigkeit oftmals das Homeoffice. Das führt dann zur Doppelbelastung oder zur Einsamkeit, zu schlechter bezahlter Teilzeitarbeit, die keine wirkliche Karriere zulässt und zur anhaltenden Verpflichtung, den Haushalt zu schmeißen. Überall wo eine Lücke im System ist, grätscht die Frau ein. Wichtiger wäre, angemessen Geld zu verdienen, um eine Wertschätzung für das eigene Tun zu erleben und eine gute Absicherung zu haben.

Weg von der Emanzipation, hin zur Weiblichkeit

Meine Ziele und Wünsche: Ich bin neugierig auf das, was noch kommt. Und ich bin sehr aufmerksam in Bezug auf neue Gelegenheiten. Leider bin ich manchmal noch nicht mutig genug, um sie anzupacken und lasse die eine oder andere ungenutzt verstreichen. Meine neue Intention: Arbeitsoasen für ein besseres Homeoffice schaffen. Das Geschäftemachen von zu Hause weg in die nähere Umgebung verlagern. Sich herausnehmen, um sich ganz auf sich selbst und die wertschöpfende, gewollte Arbeit zu konzentrieren. Zudem ist das Buchthema der lernenden Organisation zu mir gekommen. Ich möchte berichten, wie Menschen sich selbst reflektieren und besser kennenlernen können, um dann mit anderen ihre neue Strategie umzusetzen. Dabei sollte es weg von den Emanzipationsthemen und hin zur einer Balance von Weiblichkeit und Männlichkeit in jedem Menschen gehen: weniger Kraft- und Erfolgsstreben, dafür zugeben, wenn man etwas nicht versteht. Den Mut haben, auch emotionale Dinge zu benennen. Sich auf lange Distanz zu verstellen und zu überfordern, das führt zu Depressionen, die in unserer Gesellschaft auf dem Vormarsch sind. Prominente Männer nehmen sich das Leben, ein Zuwenden zur weiblichen Seite könnte das verhindern.

Heterogene, von Vielfalt geprägte Teams sind unsere Zukunft. Respekt und Freude am Andersartigen statt Angst vor dem Fremden sind unser Weg. Ein probates Mittel, um herauszufinden, wer wir sind, und was uns Freude bereitet, ist die gedankliche Rückkehr in die Kindheit. Wer war ich damals und wer bin ich heute? Für mich ist es wunderbar, auf meinem Pferd zu sitzen und in die Natur hinaus zu reiten. Dann bin ich ganz ich selbst und kann alles andere vergessen. Es gibt mir ein Gefühl von Freiheit und Unabhängigkeit. Wo mein Sehnsuchtsort ist? Natürlich in der Natur auf dem Rücken des Pferdes – ich könnte mir auch vorstellen, noch einmal neu anzufangen und in England zu leben, zumal ich eine englische Großmutter habe.

Carolin von Breitenbuch führt auf Gut Bocka in der Nähe von Bautzen Seminare für erfolgreiches Business durch. Ihre Teilnehmer sind meist Männer, Frauen gibt es weitaus weniger in den Schulungen. Ein Umstand, den die Fachfrau fürs Coaching bedauert. Wenn man Erfolg haben möchte, sollte man neben der rationalen männlichen vor allem auch die weibliche Seite zulassen, ist sie sicher.

www.rittergut-bocka.de

HENRIETTE BRAUN

Goldschmiedin und
Fotografin mit eigenem
Studio in Kamenz

Jahrgang 1970

Der Erfolg folgt der Begeisterung

Die Fotografie gehört seit meinen Jugendjahren zu meinem Leben, so habe ich dann später, als die Kinder größer wurden, mein liebstes Hobby zum Beruf gemacht. Ursprünglich erlernte ich den Beruf einer Goldschmiedin und arbeitete fast 25 Jahre in der Goldschmiede meiner Eltern. Die Liebe zum Detail blieb mir erhalten und bereichert nun die Fotografie. Denn ich habe richtig gehandelt, ich habe für mich in der Fotografie den schönsten Beruf der Welt gefunden. Natürlich hat es neben meiner Begeisterung für dieses Genre auch ganz pragmatische Gründe gegeben. Ich wollte frei sein und mein eigenes Geld verdienen. Und dafür habe ich dann unter anderem sechs Jahre lang die Abendschule der Dresdner Fotoakademie besucht und mich zudem ständig in Workshops und Seminaren weitergebildet und inspirieren lassen. Wohl kaum etwas ist so wichtig wie die ständige Weiterentwicklung. Wenn man stehenbleibt, stagnieren das Ego und auch das Business. Und Fotografie ist ja nicht zuletzt auch ein künstlerischer Beruf und lebt von guten Ideen und neuen, kreativen Sichtweisen. Auch privat veränderte sich in jenen Jahren sehr viel. Nach fast 20 Jahren Ehe und vier wundervollen gemeinsamen Kindern erkannten mein damaliger Mann und ich, dass wir uns auseinandergelebt hatten – mich zog es in die Selbstständigkeit und ihn zurück in die Pfalz. Es braucht eine ganze Weile, bis man sich selbst eingesteht, dass man die eigene Entwicklung nur voranbringen kann, wenn auch der Partner dazu passt. Zu meinem großen Glück fand ich genau diesen. Heute ergänzen wir uns – mein Partner und ich – auf eine sehr innovative Weise. Wir fotografieren beide nicht nur aus beruflichen Gründen leidenschaftlich gern und können uns daher auch bei wichtigen Foto-Terminen unterstützen.

*Ich halte nichts davon,
Falten zu retuschieren*

Menschen abzubilden, das heißt ja auch immer, sich in sie einzufühlen und die beste Seite von ihnen zu zeigen. Ich halte nichts davon, Falten zu retuschieren oder die Leute auf dem Foto künstlich schlanker zu machen, möchte meine Kunden aber natürlich auch gern im besten Licht zeigen, ihre vorteilhaften Seiten hervorheben. Das gelingt, wenn gute Stimmung herrscht, das Ambiente schön und inspirierend ist und natürlich auch, wenn das Gegenüber in die Lage versetzt wird, vorteilhafte Posen einzunehmen.

Allein letzteres kann schon wahre Wunder bewirken. Wie man dasitzt, den Körper positioniert, den Kopf hält, all das verhilft schon mal zu einem guten Foto. Und dann gibt es ja auch noch die ganze Welt der Digitalcomposings mit ihren fast unendlichen Möglichkeiten. Mit immer neuen digitalen Hintergründen erschaffe ich Phantasiewelten, in die ich meine großen und kleinen Fotomodels hineinbaue. Man kann auf einem Foto wie eine Madonna aus dem Mittelalter, auf dem nächsten wie eine Reisende um die Jahrhundertwende und in einem anderen wie eine Protagonistin aus Fantasien wirken. Interessant ist, wenn man das Ganze auf eine große Leinwand zieht, dann entsteht der Eindruck eines kunstvollen Gemäldes. Und natürlich können auch Babys und Kleinkinder in eine ganz neue Welt eingebaut werden. Lustig sind die sogenannten „Cake-Smash-Partys", bei denen Einjährige auf ihre ganz eigene Art ihre erste Geburtstagstorte in Besitz nehmen (lacht). Ganz besonders schön finde ich die Arbeit mit Frauen jeden Alters, zu denen ich immer auch sage: „Zeig die Königin in dir." Viele kommen mit besonderen und teils ungewöhnlichen Ideen zu mir und ich schaue dann, was wir gemeinsam daraus machen können. Superschön sind unsere Styling-Partys, zu denen ich Visagisten einlade, die dann aus „ganz normalen Mädels" Diven machen, die mit unglaublich schönen Farbkombinationen und Accessoires vor der Kamera leuchten und strahlen. Davon gibt es dann auch Bilderreihen, die zeigen, was alles möglich ist und wie viel Potenzial in einer solchen Verwandlung – in jedem von uns – steckt. Überhaupt ist für mich die Begegnung mit Menschen unglaublich interessant und ein Geschenk. Man erfährt dabei viel über das Leben der anderen und lernt auch wiederum Neues über sich selbst. Dass ich hier in meiner Heimatstadt lebe und arbeite, hat vielleicht auch etwas damit zu tun. Die Menschen um dich herum nehmen dich anders wahr, sie kennen und erkennen dich – ein Umstand, der Geborgenheit und ein Heimatgefühl vermittelt. Als Jugendliche wollte ich von hier fliehen, habe gedacht, dass die Kleinstadtatmosphäre nichts ist für mich. Und tatsächlich bin ich dann auch viel unterwegs gewesen, habe meine Zeit an unterschiedlichen Orten auch im Ausland verbracht. Die Entscheidung zurückzukommen habe ich nicht bereut. Fürs Business ist es zudem weniger wichtig, an welchem Ort man sich befindet, entscheidender ist, was man daraus macht, dass man flexibel ist, nicht stehenbleibt. Letztlich sind wir für unseren Erfolg selbst zuständig. Der Erfolg folgt der Begeisterung, da bin ich sicher. Nicht zuletzt muss man natürlich auch dafür sorgen, dass die Bekanntheit wächst. Viele kümmern sich erst dann um ihr „Outstanding", wenn die Umsatzzahlen nachlassen. Dann ist es aber fast schon zu spät und weitaus schwieriger, Mittel zu investieren.

Was ich mir wünsche? Weiter lernen zu dürfen, Neues in der Fotoszene aufzutun und meinen Kunden erlebbar zu machen. Ich möchte für meine Kunden weiterhin die Ideengeberin bleiben und ihre unterschiedlichen Facetten abbilden. Und ich wünsche mir, dass meine Begeisterung für meinen Beruf bestehen bleibt, dass ich weiter viele kreative Ideen und Eingebungen haben werde. Nur ganz wenig kann man völlig neu erfinden, aber viele bereits bestehende Ideen kann man aufgreifen und sie auf ganz eigene Art modifizieren – sozusagen: optisch die große Welt in meine Heimatstadt holen.

Wer sich im Atelier von Henriette Braun fotografieren lässt, kann in Fantasiewelten eintauchen und sein Ego in besonderen Outfits zum Strahlen bringen. Die Kamenzerin setzt mit ihren Sujets und Accessoires die besonderen Eigenschaften eines Menschen in Szene. Wer mag, kann auch an ihren Stylingpartys teilnehmen (folgende Seiten).

www.henriette-braun.de

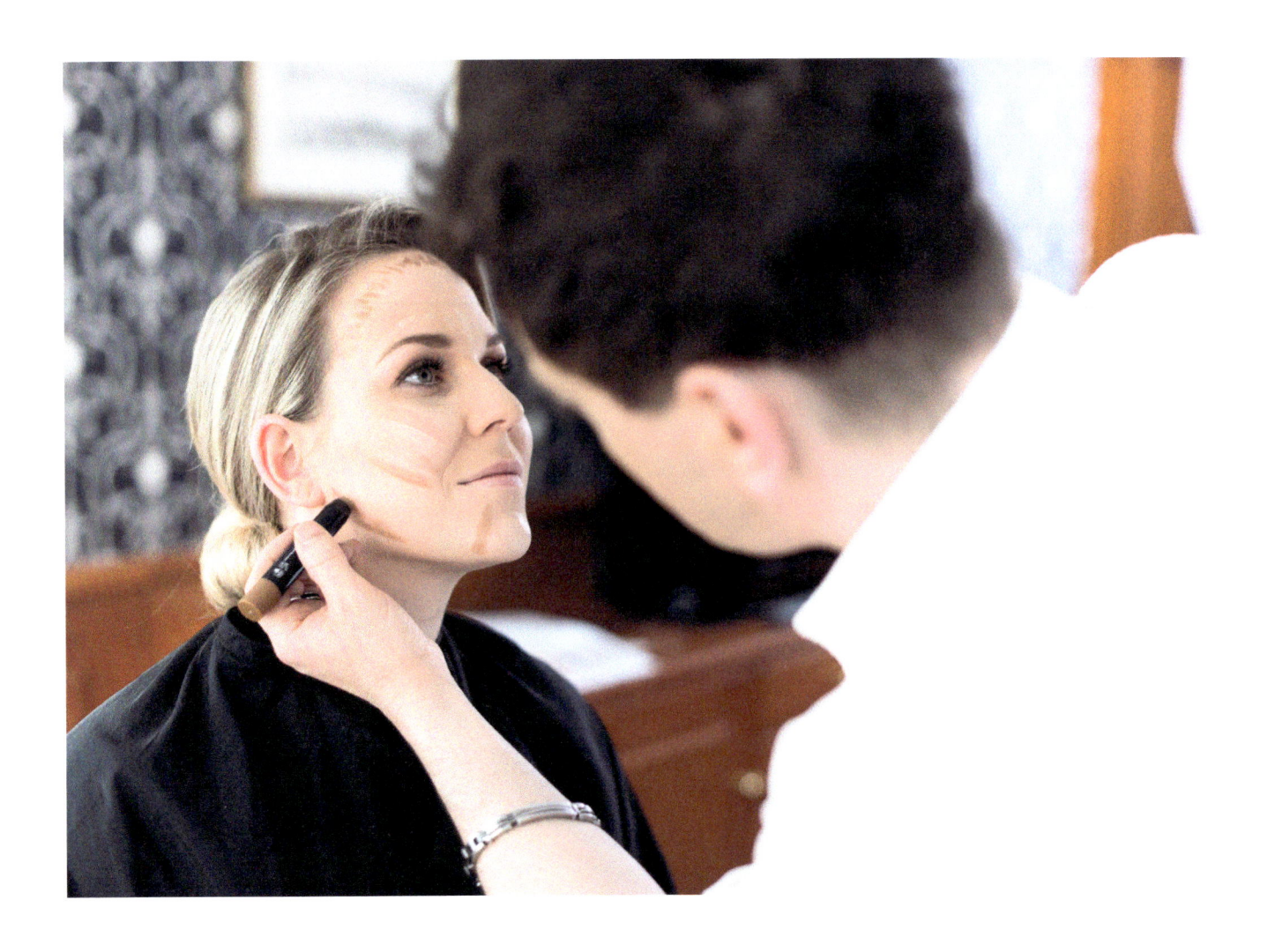

Besonders wichtig ist ein gutes Styling (oben). Bevor die Frauen vor der Kamera posieren, werden sie von Profis geschminkt und mit den passenden Accessoires in Szene gesetzt.

Ob Braut, Baby oder Märchenfee, jede einzelne Inszenierung bringt den besonderen Stil der Fotografin zum Ausdruck. Henriettes Bilder erinnern in ihrer Art auch immer an naturalistische Gemälde oder Fantasiewelten. Motive, die den Betrachter unweigerlich in ihren Bann ziehen.

Unten rechts sowie auf den folgenden Seiten ist die Fotografin sowie deren behagliches Zuhause in Kamenz zu sehen.

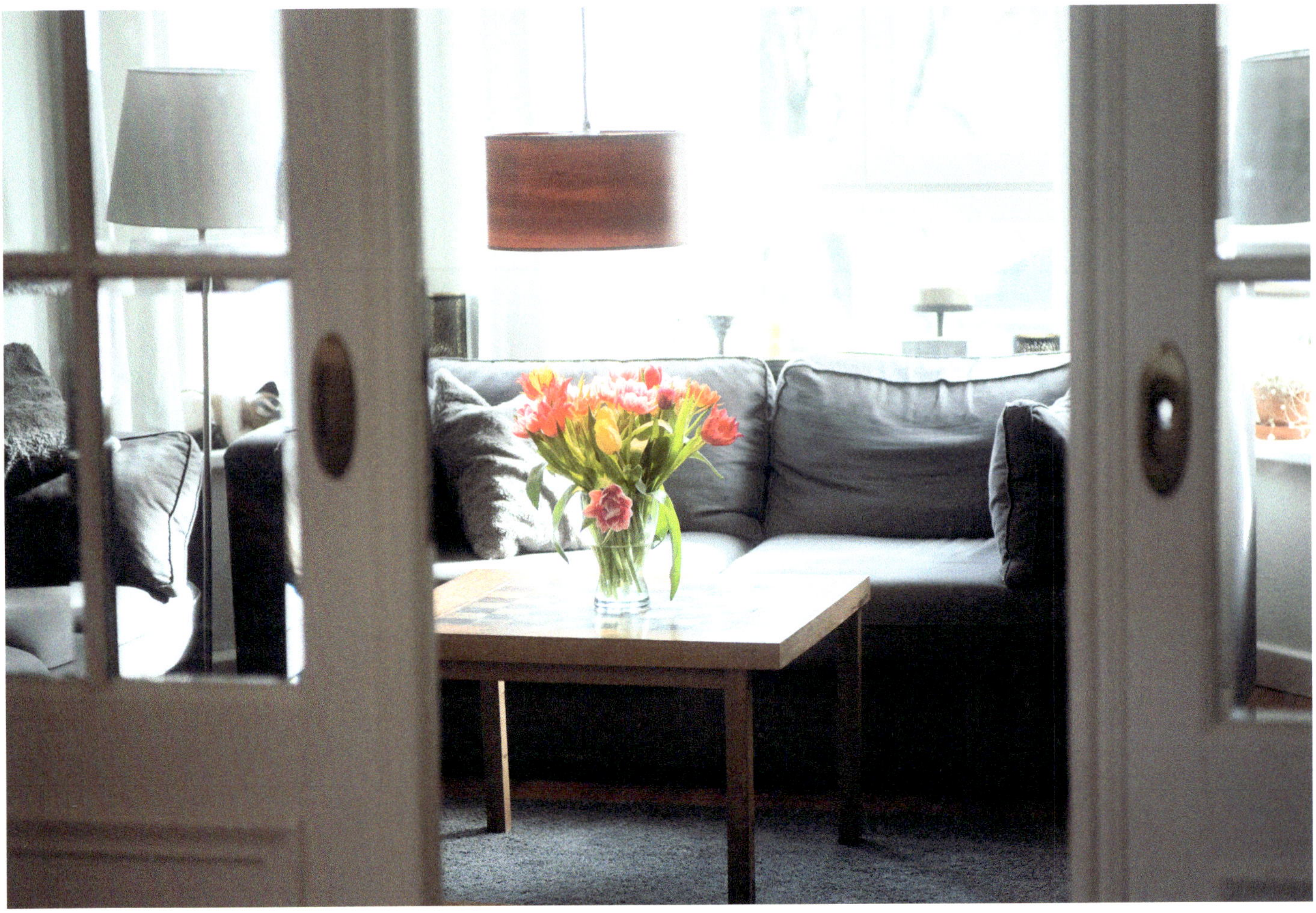
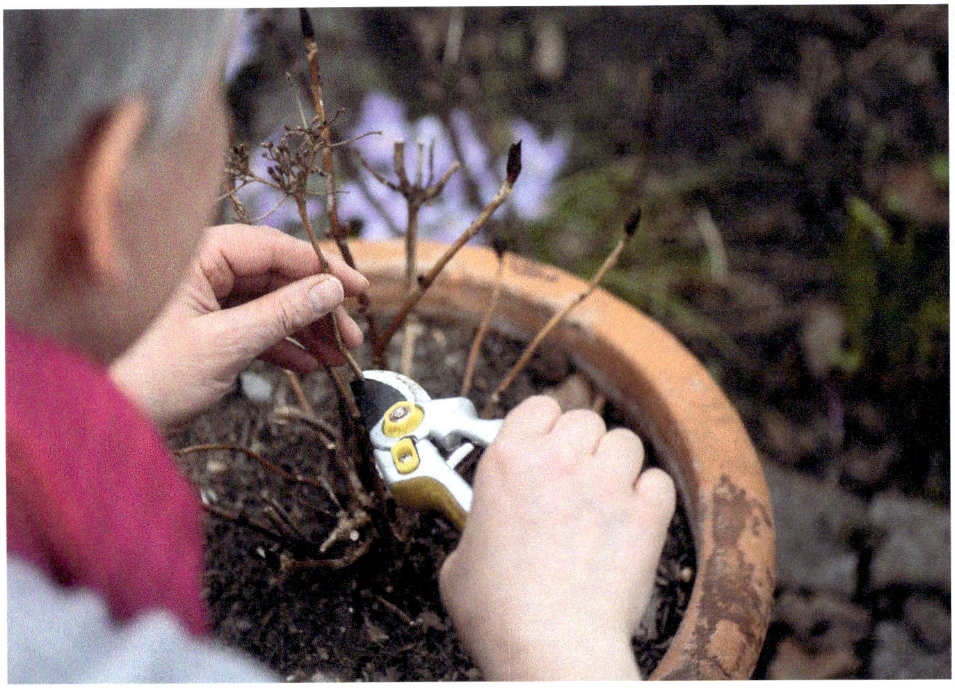
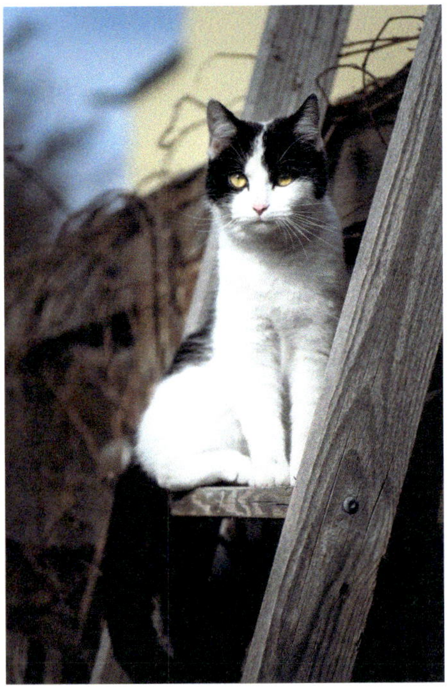

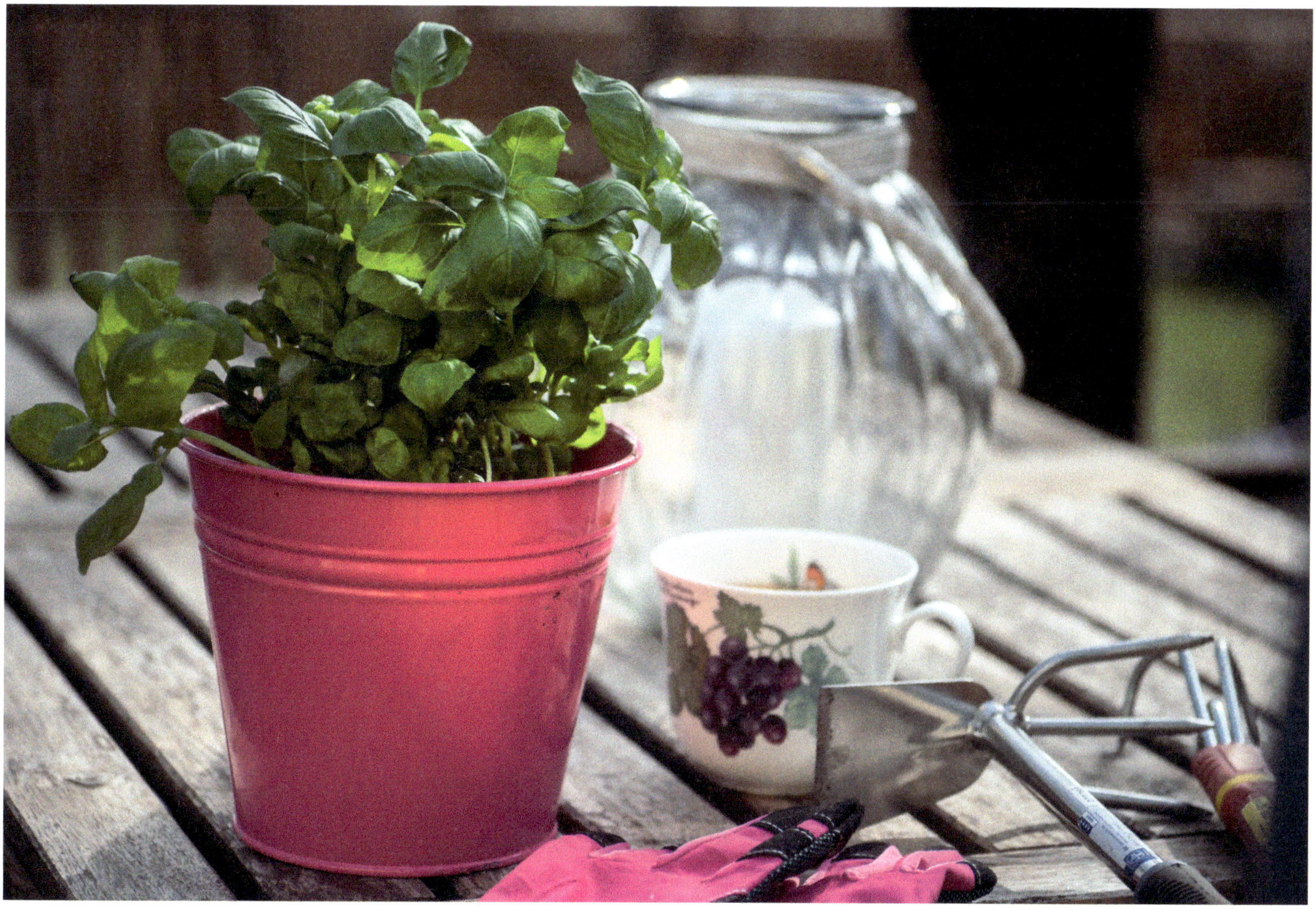

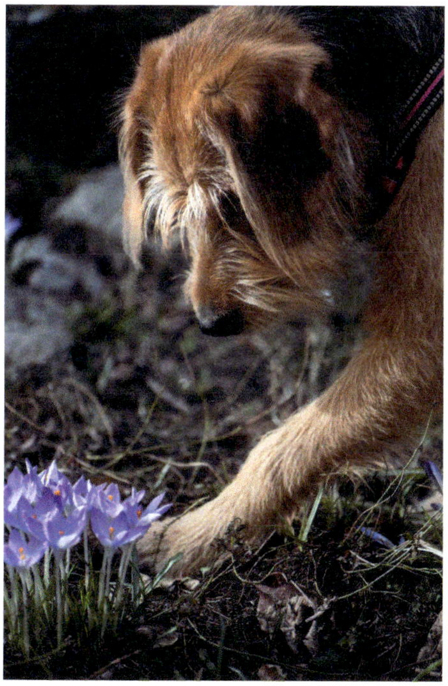

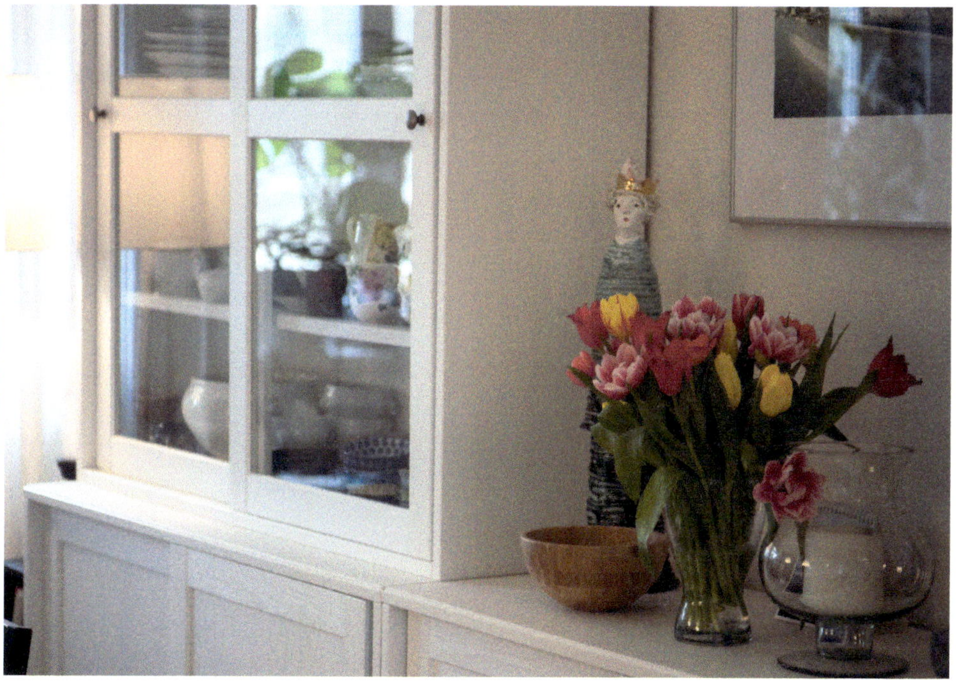

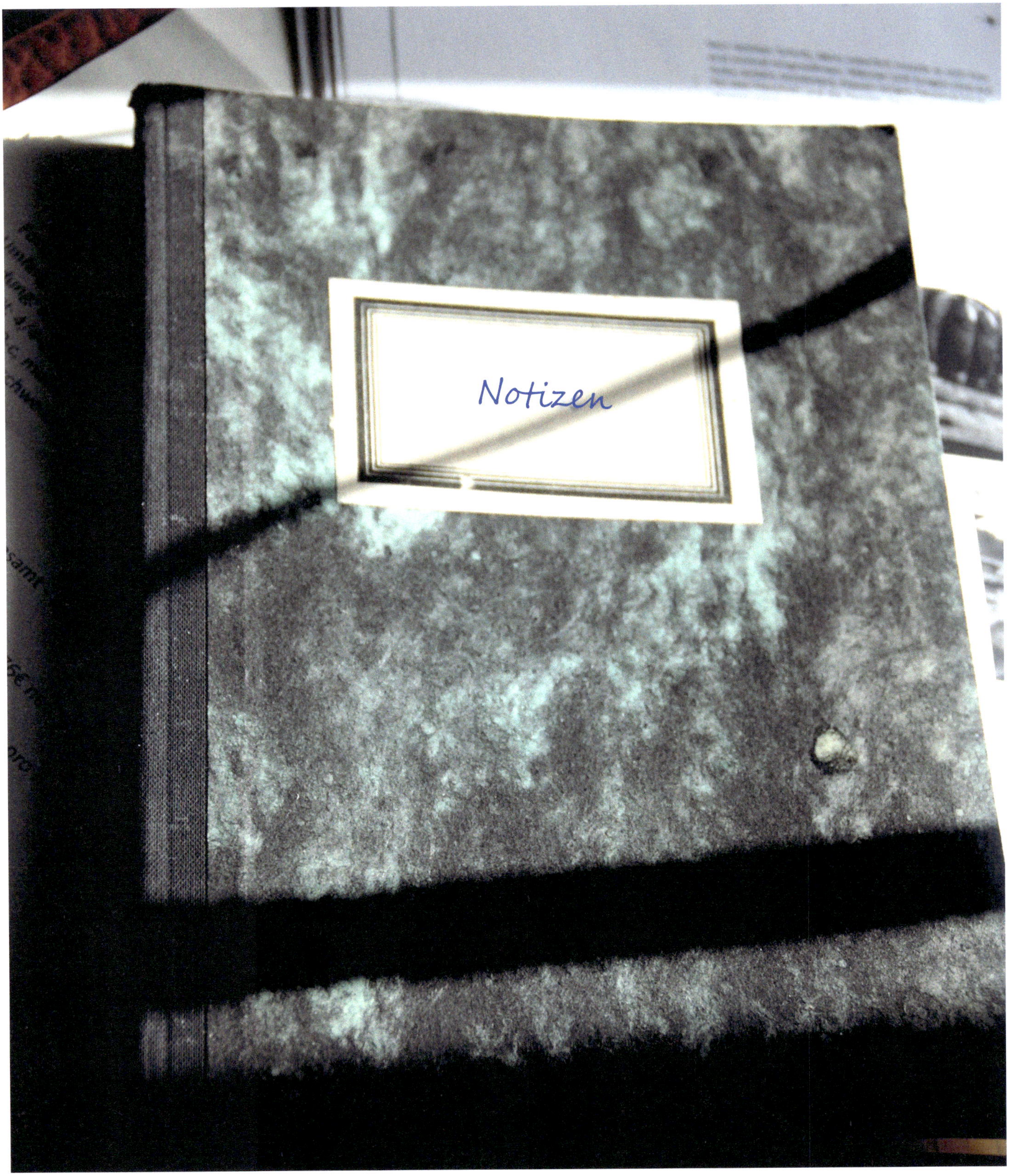
Notizen

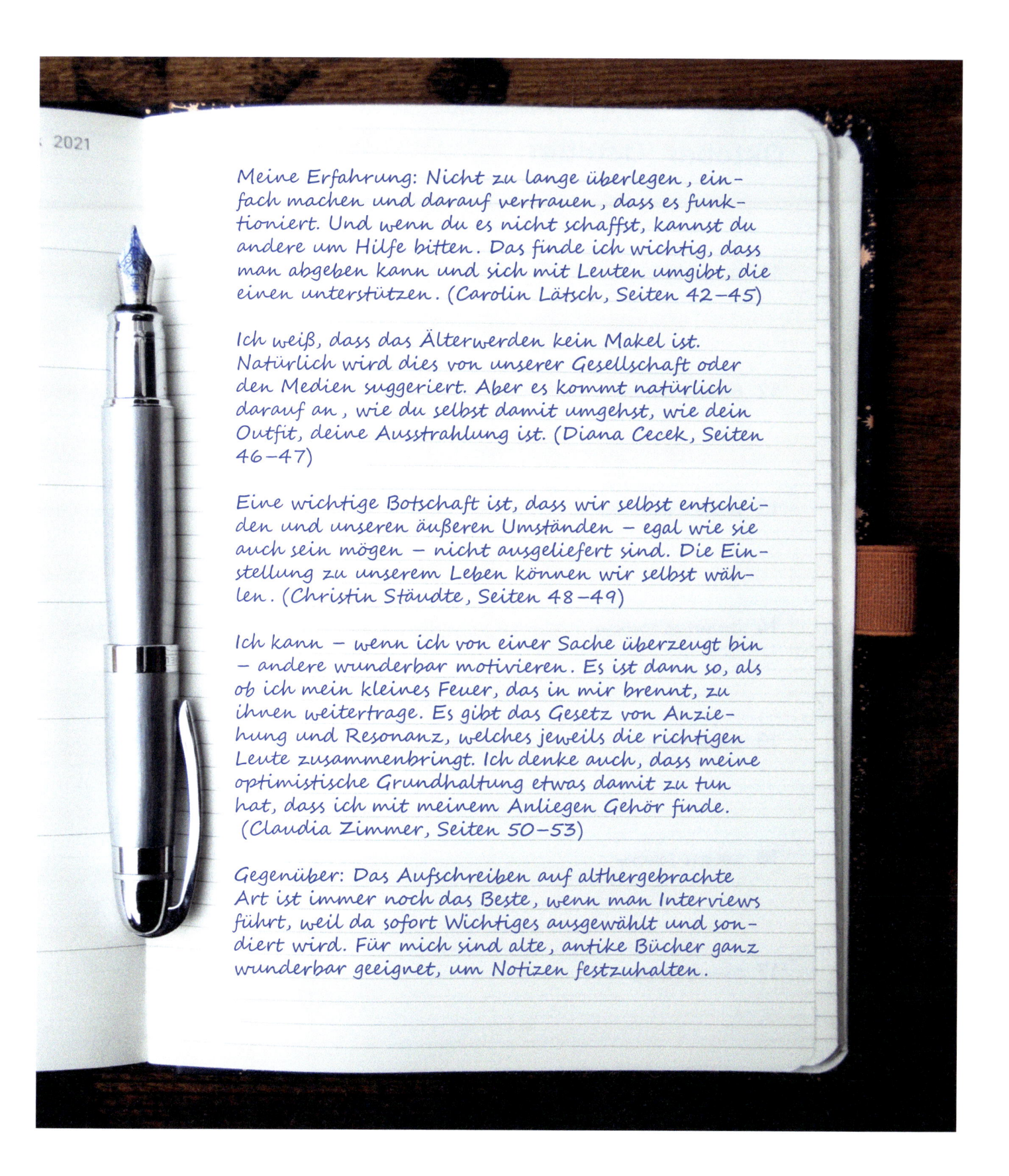

Meine Erfahrung: Nicht zu lange überlegen, einfach machen und darauf vertrauen, dass es funktioniert. Und wenn du es nicht schaffst, kannst du andere um Hilfe bitten. Das finde ich wichtig, dass man abgeben kann und sich mit Leuten umgibt, die einen unterstützen. (Carolin Lätsch, Seiten 42–45)

Ich weiß, dass das Älterwerden kein Makel ist. Natürlich wird dies von unserer Gesellschaft oder den Medien suggeriert. Aber es kommt natürlich darauf an, wie du selbst damit umgehst, wie dein Outfit, deine Ausstrahlung ist. (Diana Cecek, Seiten 46–47)

Eine wichtige Botschaft ist, dass wir selbst entscheiden und unseren äußeren Umständen – egal wie sie auch sein mögen – nicht ausgeliefert sind. Die Einstellung zu unserem Leben können wir selbst wählen. (Christin Stäudte, Seiten 48–49)

Ich kann – wenn ich von einer Sache überzeugt bin – andere wunderbar motivieren. Es ist dann so, als ob ich mein kleines Feuer, das in mir brennt, zu ihnen weitertrage. Es gibt das Gesetz von Anziehung und Resonanz, welches jeweils die richtigen Leute zusammenbringt. Ich denke auch, dass meine optimistische Grundhaltung etwas damit zu tun hat, dass ich mit meinem Anliegen Gehör finde. (Claudia Zimmer, Seiten 50–53)

Gegenüber: Das Aufschreiben auf althergebrachte Art ist immer noch das Beste, wenn man Interviews führt, weil da sofort Wichtiges ausgewählt und sondiert wird. Für mich sind alte, antike Bücher ganz wunderbar geeignet, um Notizen festzuhalten.

Die personenbezogene Schatzkarte

Tipp der Coaches in diesem Buch: Wenn du wissen möchtest, was dich visuell anspricht und was das mit dir persönlich zu tun hat, dann fertige deine ganz persönliche Schatzkarte an. Nimm eine feste Unterlage, auf der du Bilder anpinnen oder aufkleben kannst. Geeignet sind beispielsweise leichte Spanplatten, die du kreuzweise mit Papier kaschieren oder mit Ziergummi bespannen kannst, oder große, attraktive Bilderrahmen, um deinem persönlichen Kunstwerk ein würdiges Aussehen zu verleihen.

*Bilder und Worte,
die dich faszinieren*

Beginne damit, Zeitschriften und persönliche Fotos zu sammeln, die dir etwas erzählen und dich auf eine ganz bestimmte Art ansprechen. Welche Ziele gibt es? Was möchtest du tun oder erreichen? Wer möchtest du gern sein? Was möchtest du verändern? Vielleicht ist es der letzte Jahresurlaub, auf dem du einen Stoffhändler gesehen hast, der dich zum Kauf und zum Nähen inspiriert hat. Eventuell gibt es Erlebnisse, die dir eine neue Freizeitbeschäftigung eröffnet haben. Vielleicht hast du dich ja auch bei deiner Lieblingssportart oder einem besonderen Roadtrip fotografieren lassen. Eventuell gibt es aber auch Bilder von anderen Menschen, die bei irgendeiner Tätigkeit besonders glücklich und inspiriert erscheinen. Egal was es ist – sammle es und ordne es in einer Mappe. Dann gehe daran, die wichtigsten Motive zusammenzustellen, anzupinnen oder aufzukleben. Fertig? Ganz ähnlich kannst du mit Sprüchen oder Überschriften verfahren. Oder gibt es Sätze, die du selbst verinnerlicht hast und die du besonders magst? Dann schreib sie auf oder druck sie aus!

*Entschlüssele die Botschaft
und lass sie auf dich wirken*

Alles zusammen ergibt – für eine gewisse Zeit – deine intuitive und persönliche Schatzkarte, die du an einem Ort aufhängen solltest, den du mehrfach am Tag anschaust. Nach einer Weile wirst du deine Schatzkarte verinnerlicht haben, die Bilder werden in dir vielleicht ein kleines oder ein größeres Feuer entzünden, dich inspirieren. Lass die Bilder und Worte auf dich wirken, sie sind aus dir heraus entstanden und werden ihre Botschaft an dein Inneres weiterleiten. Du darfst gespannt sein. Viel Spaß!

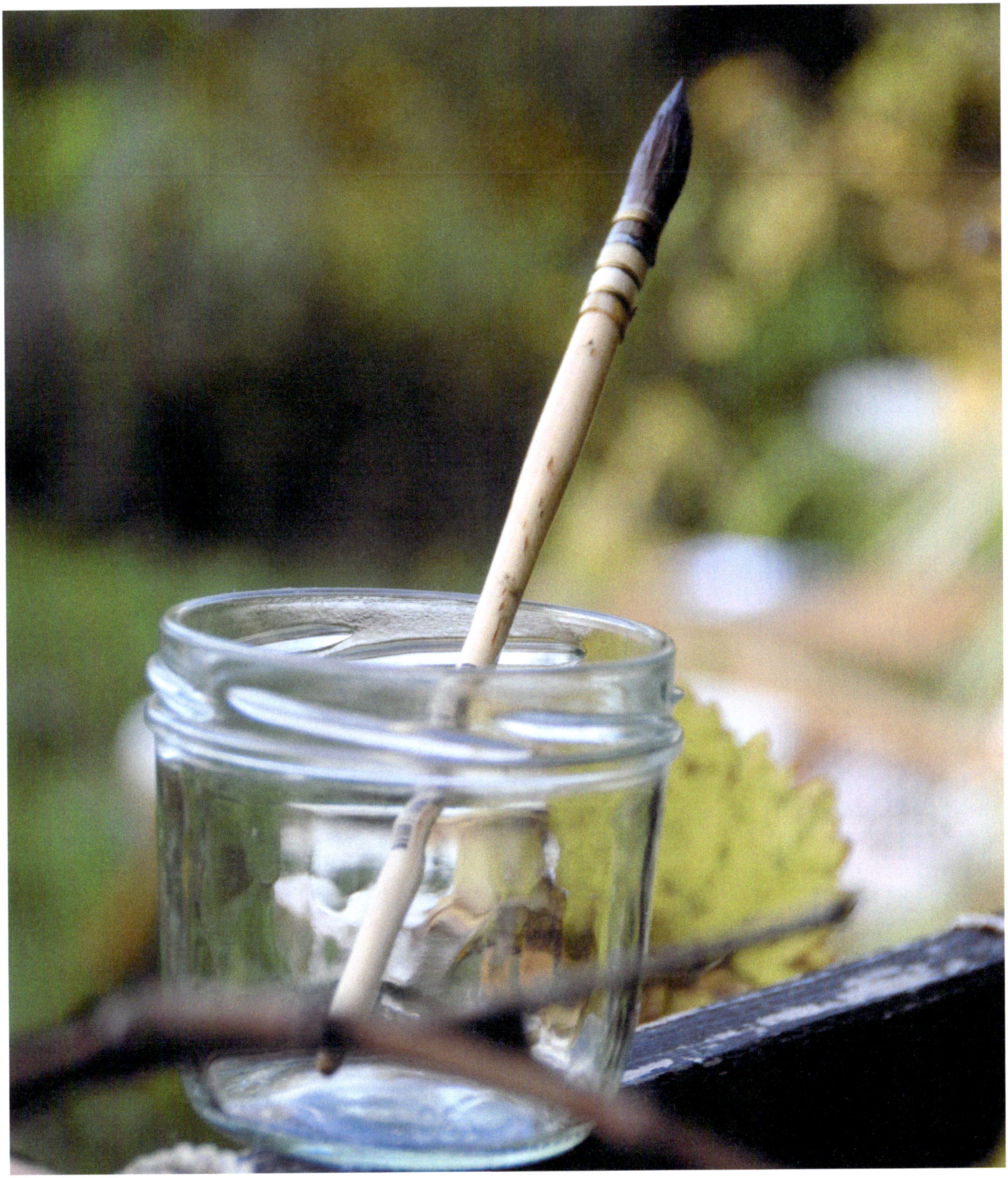

CAROLIN LÄTSCH

Master of Arts & Stadt-Imkerin sowie Herstellerin von Honig und Likören in Leipzig

Jahrgang 1994

Nicht so lange nachdenken, einfach ausprobieren

Bienen faszinieren mich schon immer

Ich bin auf dem Land bei Görlitz aufgewachsen und durchs Studium nach Leipzig gekommen. Bienen faszinieren mich schon immer und als mein damaliger Freund, der Biologie studierte, einen Imkerkurs besuchte, war auch ich schnell Feuer und Flamme für dieses Thema. Mich begeistert, wie alle kleinen Individuen zusammen eine so große Leistung erbringen, wie differenziert und vielschichtig das Zusammenspiel in einem Bienenvolk ist. Letztlich fragten wir in einem Schrebergartenverein im Südosten Leipzigs nach, ob wir einen Garten pachten und unsere Bienenstöcke aufstellen dürfen. Und auch die Gartennachbarn standen dem Thema offen gegenüber. So entwickelte sich nach und nach eine Idee, aus der nicht nur Honig, sondern auch ein ganz neues Produkt entstanden ist – mein MEL LUNA Honiglikör. Schon wenige Völker produzieren so viel Honig, dass du dir – wenn du nicht selbst mit den Gläsern auf dem Markt stehen willst – Gedanken über die weitere Verwertung machen musst.

Ich begann in meiner kleinen Küche zu experimentieren

Ich recherchierte zum Thema und fand eine Reihe von Met-Anbietern, aber nur sehr wenige Honiglikörproduzenten. So begann ich, in meiner eigenen kleinen Küche mit verschiedenen Rezepturen zu experimentieren. Es dauerte eine Weile, bis mir das Endergebnis zusagte. Mit einer Likörmanufaktur im Harz fand ich schließlich den richtigen Partner, der meine Ideen in die Tat umsetzte. Den Honig liefere ich heute selbst an, die Flaschen kommen nach Fertigstellung mit einer Spedition zu mir. Die Vermarktung des leckeren Likörs bereitete mir keine großen Probleme, zumal Familie und Freunde hinter dem Konzept standen und für mich und mein Produkt kräftig die Werbetrommel rührten. Natürlich verkaufe ich auch über meinen Onlineshop. Bei diesem Prozess war es mir aber ebenso wichtig, nicht das Anliegen aus den Augen zu verlieren, etwas gegen das Bienen- bzw. Insektensterben zu tun. Zusammen mit weiteren MitstreiterInnen haben wir den Verein „Leipzig summt! e.V." gegründet.

*Lebensräume für wildlebende
Insekten schaffen*

Der Verein ist eine Tochter von „Deutschland summt!", einer Stiftung für Mensch und Umwelt, und hat nicht nur das Ziel, wildlebende Bienen zu fördern, sondern befasst sich auch damit, wie geeignete Lebensräume für Insekten aller Art erhalten bzw. wieder neu geschaffen werden können. In einem Schaugarten zeigen wir, wie man insektenfreundlich gärtnern kann, auf welche Art heimische Pflanzen das ganze Jahr über gedeihen und wie man natürliche Flächen so belässt, wie sie sind.

*Nicht lange überlegen,
erst einmal anfangen*

Mittlerweile gibt es auch Anfragen von Firmen in der Stadt, die um Beratung bitten, wie sie brachliegende Flächen insektenfreundlich gestalten können. Schön ist es auch, dass andere Vereine und Initiativen Leipzigs heute gemeinsam mit uns etwas für die Natur in der Stadt tun.

Die Tatsache, als junge Frau etwas auf die Beine zu stellen, habe ich als Chance und positive Herausforderung gesehen, aber nicht als Hindernis. Als Gründerin habe ich mich unterstützt gefühlt, zumal es verschiedene Initiativen gibt, die sich insbesondere um Frauen kümmern. Meine Erfahrung: Nicht zu lange überlegen, einfach machen und sich nicht von der Angst abhalten lassen, dass es schiefgehen könnte. Und wenn du es nicht schaffst, kannst du andere um Hilfe bitten. Ich finde es wichtig, dass man abgeben kann und sich mit Leuten umgibt, die einen unterstützen. Daneben gibt es jede Menge Förderprogramme und Coachings, mit denen du weiteres Rüstzeug an die Hand bekommst.

Wo ich besonders gut Kraft tanken kann? Ich reise gern, war schon auf dem Jakobsweg unterwegs, bin mit dem Fahrrad mehrere Wochen lang durch Neuseeland gefahren, habe mit mehreren hundert Huskys Zeit auf einer Farm verbracht. Es sind die Erlebnisse und Abenteuer, neue Länder und Kulturen, die mich faszinieren und mir neuen Auftrieb geben.

Carolin Lätsch aus Leipzig produziert mit eigenem Honig leckeren MEL LUNA Honiglikör. Ihre Bienenbeuten hat sie im Schrebergarten platziert. Ihren leckeren Honiglikör lässt sie in einer Harzer Manufaktur produzieren.

www.melluna.de

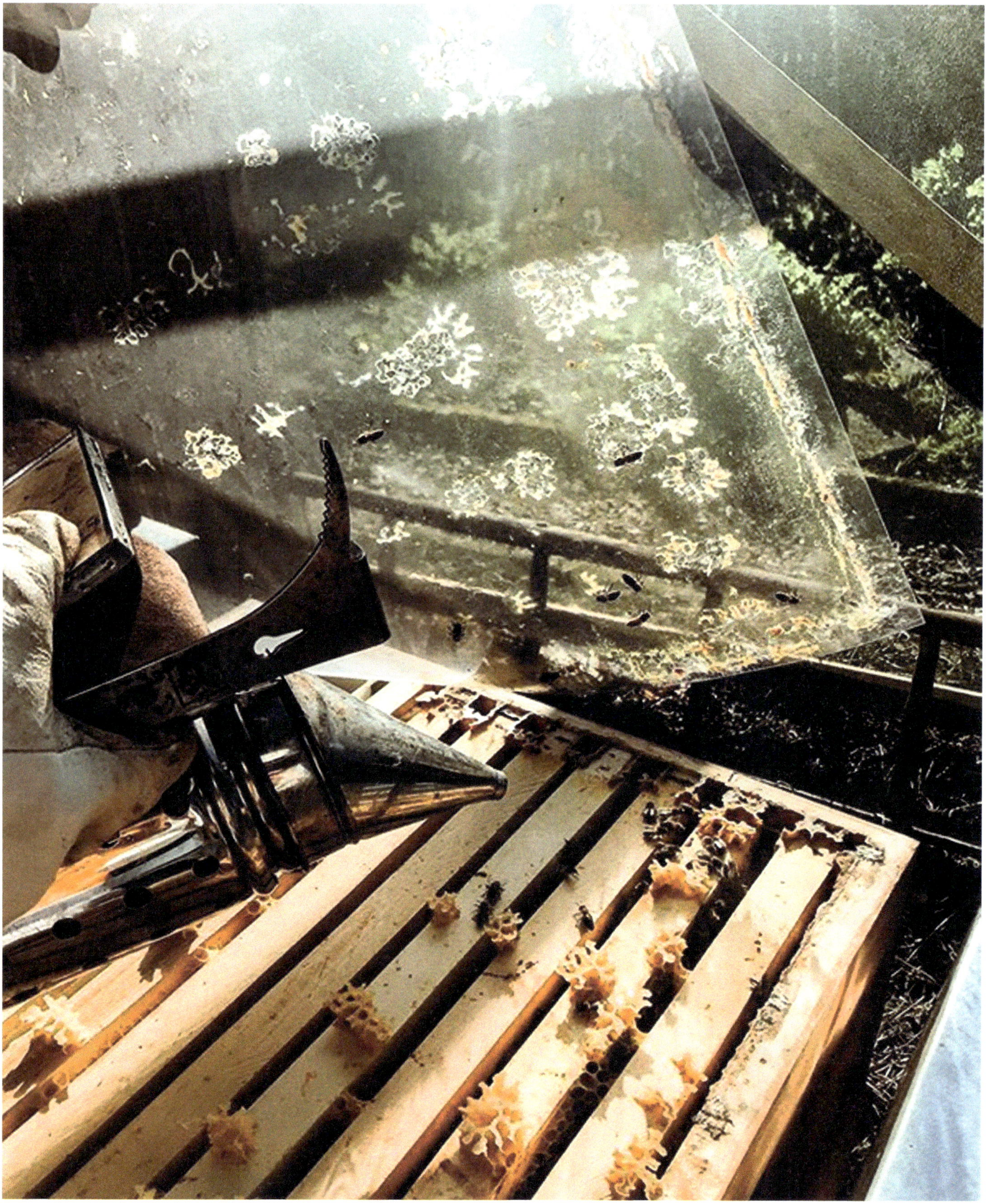

Carolin beim Imkern. Gemeinsam mit anderen Mitstreitern hat die Imkerin den Verein „Leipzig summt! e.V." gegründet.

ANETA UND DIANA CECEK

Fotografin & Designerin
Inhaberinnen der Firma
„DER-LOOK®" Leipzig

Jahrgang 1972 und 1993

Die weibliche Seite zeigen

Aneta und Diana: „Für uns ist es etwas Besonderes, dass wir als Mutter und Tochter ein Familienunternehmen führen können. Das macht uns stark, kreativ und gibt uns auch den nötigen Halt, selbst schwierige Zeiten zu überstehen. Unsere polnische Herkunft und die dort gesammelte Erfahrung hat dazu beigetragen, dass wir das, was wir jetzt machen, mit ganzem Herzen und ganzer Seele ausüben. Frauen das nötige Selbstbewusstsein zu schenken und ihnen mit ein paar Tricks zu zeigen, wie schön sie wirklich sind, das ist unser Anliegen. Beim Frausein hat es die Frau in heutiger Zeit unserer Ansicht nach gar nicht so leicht. Sie strebt nach Erfolg und Anerkennung in der Geschäftswelt. Oft werden dadurch maskuline Eigenschaften abverlangt, um Durchsetzungsvermögen und die Führungsfähigkeit zu beweisen. Umso wichtiger ist es dann, auch die weibliche Seite auszuleben und sie nicht zu verstecken."

Diana: „Ich bin dankbar für die Entscheidung meiner Mutter, nach Deutschland zu kommen. Ich bin mit zwölf Jahren hierhergekommen und konnte damals kaum ein Wort Deutsch. Sicherlich war das nicht leicht, ich war aber glücklich und gespannt auf das neue Leben hier. Neues Land, neue Sprache, neue Herausforderungen, neue Kultur, aber auch neue Möglichkeiten, die ich unbedingt kennenlernen und nutzen wollte. Ich habe nach dem Gymnasium Modedesign und Mediengestaltung studiert, mit Musik habe ich aber weiter gemacht und durfte sogar mit der Band „The Firebirds" auftreten. Diese vielseitige kreative Ader und zum Teil auch das Selbstbewusstsein durch die Auftritte vor tausenden Zuschauern hilft mir auch heute, wenn ich mit Frauen zusammenarbeite. Den richtigen Stil und die passenden Farben zu finden, das hat sehr viel mit der Person zu tun, mit ihren Wünschen, ihren Vorlieben, ja sogar mit der Musikrichtung, die sie gern hört.

Aneta: „Ja, das stimmt. Einmal hatte ich eine ziemlich introvertierte Kundin, die mir im Laufe unseres Gespräches erzählte, dass sie Heavy-Metal-Fan sei. Wir haben zusätzliche Farben für ihre Kleidung herausgesucht, die nicht nur ihr Äußeres, sondern auch ihre persönliche Note hervorheben konnten. Das Endergebnis war grandios und sie hat sich damit sichtlich mehr als wohlgefühlt. Eine Frau in Sachen Stil und Auftreten zu beraten, ist immer ein ganzes Stück Psychologie. Man sollte sich in den Menschen einfühlen können. Das Ergebnis sollte authentisch und nicht aufgesetzt wirken.

Diana: „Unschön ist es, wenn Frauen zu uns kommen, weil insbesondere der Partner sagt, dass sie nicht schön genug oder zu unscheinbar sind, eine „schlechte Figur" oder angeblich einen anderen „Makel" haben. Dann braucht es schon eine gehörige Portion Verständnis und Empathie von unserer Seite, diese Vorurteile und negativen Einflüsse auszuräumen. Jede Frau ist schön. Und es ist dann in dem Moment unsere Aufgabe, genau das herauszuarbeiten. Wenn die Frauen strahlen und merken, dass sie bei uns den richtigen Look bekommen haben, dann ist das auch für uns ein ganz besonderer Moment. Dabei stecken wir alle Kraft und Herzblut in eine Beratung, damit sich diese Frau akzeptiert und wirklich schön fühlt."

Die Krebspatientinnen danken es uns mit ihrem Strahlen, wenn sie das Studio verlassen

Aneta: „Aus eigener Erfahrung weiß ich, was es bedeutet, wenn man auf Haare, Augenbrauen oder Wimpern verzichten muss. Wie wichtig ist es dabei einen Menschen zu haben, der einem dann mit seinem Wissen und mit viel Liebe ein zweites, neues Aussehen schenken kann. Frauen mit Zweithaar zu versorgen, ist einer unserer Bereiche, in den wir viel Engagement und Hingabe stecken. Die Krebspatientinnen danken es uns mit ihrem Strahlen, wenn sie das Studio verlassen."

Gesichter mit Fältchen: Sie waren wunderschön anzusehen und zeigten die Lebensgeschichte

Diana: „Das Älterwerden ist kein Makel. Leider wird das jedoch von unserer Gesellschaft oder den Medien suggeriert. Aber es kommt natürlich darauf an, wie du selbst damit umgehst, wie dein Outfit oder deine Ausstrahlung ist, ohne sich unter das Messer legen zu müssen. Ich habe hier in Leipzig die Fotovernissage eines Künstlers besucht, der sich damit auseinandergesetzt hat. Es waren ausnahmslos ältere Gesichter mit vielen Fältchen und Falten. Sie waren wunderschön anzusehen und zeigten die Lebensgeschichte der abgebildeten Menschen."

Aneta: „Unser Ziel ist es, mit weiteren Personen zusammenzuarbeiten und die Botschaft hinauszutragen, dass in jeder Persönlichkeit etwas ganz Besonderes steckt. Wir möchten gern das Positive weitergeben und zeigen, dass jede Frau sich schön fühlen kann. Die Lebensfreude nach draußen zu tragen ist mir sehr wichtig. Halt dafür gibt mir auch mein Glaube und die Familie. Ich bin sicher, dass die Liebe, die du aussendest, auch irgendwann wieder zu dir zurückkommt."

Diana: „Die Sehnsucht zur See und zu unserer Heimat ist natürlich da. Oft fahren wir dahin. Ich liebe es, die Seeluft einzuatmen, die Weite und Freiheit dieses schönen Landstrichs zu spüren und vor allem unsere Familie zu sehen. Die Erinnerungen an unsere schöne Zeit in Dänemark werden dort ebenfalls wach. Wir haben einen Teil unseres Lebens in dieser tollen dänischen Landschaft genossen und mit den lieben Menschen dort verbracht. Und genau das bleibt in unseren Herzen verankert. Aus all den Erlebnissen ziehen wir unsere Kraft, Kreativität und Inspiration."

CHRISTIN STÄUDTE

Zertifizierte Wirtschaftsmediatorin und Unternehmensberaterin mit den Schwerpunkten Konfliktlösung & Prävention in Pegau bei Leipzig

Jahrgang 1986

Ich will meine eigenen Spuren hinterlassen

Das Leben ist eine Reise – bei mir hat es viele Stationen gegeben, bis ich da ankam, wo ich heute bin. Meinen ursprünglich erlernten Beruf der Automobilkauffrau hing ich für meine Leidenschaft für Pferde an den Nagel. Eigentlich hatte ich die Ausbildung zur Pferdeosteopathin nur zugunsten meines eigenen Pferdes absolviert, doch dann fanden Pferde aus der gesamten Bundesrepublik ihren Weg zu mir. Die Bezeichnung „Pferdeflüsterin" tauchte plötzlich in der regionalen Presse auf und so folgte ich einer Berufung, in der ich „ausgemusterten" oder „schwierigen" Pferden ein neues Leben ermöglichte, indem ich sie in gute Hände weitervermittelte. Noch heute, wenn ich das erzähle, freue ich mich darüber, dass ich das getan habe. In dieser Zeit habe ich auch etwas über mich herausgefunden, nämlich, dass ich eine hohe Sensibilität nicht nur gegenüber Pferden, sondern auch für Menschen in meinem Umfeld besitze. Später fand ich meinen Weg zurück in die freie Wirtschaft und absolvierte meine Ausbildung zur zertifizierten Wirtschaftsmediatorin. Doch ich sah mich zeit meines Arbeitslebens mit immer wiederkehrenden, teils unsachlichen, aber dafür intensiven zwischenmenschlichen Konflikten konfrontiert. Ich war zu jung, hatte Angst vor den Emotionen der anderen, welche nicht ausgesprochen wurden. Ich dachte, ich verfügte nicht über die richtigen Abschlüsse, meine Arbeit wurde nicht gewürdigt. So beschloss ich, aus voller Überzeugung nicht länger im Problem zu verharren, sondern Lösungen zu finden. Dies ist heute mein Beruf. Ich unterstütze kleine und größere Unternehmen dabei, Menschen hinter ihrem Job wahrzunehmen, Konflikte zu lösen und dafür zu sorgen, dass diese gar nicht erst stattfinden.

Eine gute Entscheidung. Gegründet habe ich meine eigene Firma „Christin Stäudte – Wirtschaftsmediation & Konfliktberatung" mit geringen Mitteln, guten Ideen und viel Fleiß. Als ich meinen ersten Klienten beraten habe, konnte ich kaum glauben, wie gut und stimmig sich das anfühlte. Es fühlte sich für mich gar nicht wie eine schwere Arbeit an, sondern wie ein gutes und vertrautes Gespräch. Bestätigt worden bin ich nicht zuletzt dadurch, dass es viele „Wiederholungstäter" gibt, die mich wieder kontaktieren, wenn es ein Problem zu lösen gibt. Dieser Umstand ehrt mich. Heute bin ich sowohl im Einzelcoaching von Privatpersonen als auch in Firmen tätig, in denen ich als Mediatorin Teams und Gruppen dabei unterstütze, Kommunikationsprobleme und Konflikte aufzulösen.

Ich werde meine eigenen Spuren hinterlassen

Insbesondere Frauen haben es oft schwer, ihren eigenen Weg zu gehen, da sie sich selbst in einer bestimmten gesellschaftlichen Rolle festhalten. Nach meiner Erfahrung ist es immer so, dass innere und äußere Konflikte in der Schere zwischen unserer Erwartung und der Realität entstehen. Wenn solche Konflikte lange bestehen und nicht bewältigt werden, potenzieren sie sich. Man ist frustriert und bekommt Wut. Und Wut mindert die Intelligenz im Umgang miteinander. Sie hat immer mit einer inneren Zerrissenheit zu tun und mit Dingen, die man auf den Punkt bringen und aussprechen muss, damit sie deutlich werden. Mitunter ist es nicht so einfach, für einen neuen Weg von außen Unterstützung zu bekommen. Ich weiß genau, wovon ich spreche, denn als ich mich selbstständig machte, hatte ich zwei kleine Kinder und ein Umfeld, welches mir zu großen Teilen subtil oder auch direkt mitteilte, dass ich den Schritt in die Selbstständigkeit wohl nicht schaffen würde oder es besser wäre, wenn ich einen „sicheren" Job hätte. Trotzdem wusste ich, dass ich genau das, was ich heute bin, machen will und muss. Ich wusste, was ich bewegen kann und dass ich mit meinem Tun sichtbar werden und meinen eigenen Fußabdruck hinterlassen möchte. Wir sind den Umständen nicht ausgeliefert und können selbst entscheiden, wie wir unser Leben formen. Auch mein Leben hat immer wieder Wendungen genommen, die ich nicht vorhersehen konnte. Die Menschen, die mir nahestanden und es heute auch immer noch tun, die an mich geglaubt und mich gestützt haben, als ich dachte, es gehe nicht weiter, sind auch heute noch an meiner Seite. In meiner Familie und bei meinen Tieren finde ich Erdung und Kraft. Schon wenige Augenblicke in der Natur reichen für mich aus, um zu entspannen und aufzutanken. Die Einstellung zu unserem Leben und die Erwartungen an andere können wir selbst wählen. Sich das bewusst zu machen hilft oft schon, um eine ganz andere Sichtweise zu bekommen.

Christin Stäudte bringt Menschen dazu, sich wieder zu begegnen, einander die Hände zu reichen und gemeinsame Lösungswege zu finden, anstatt im Problem festzuhängen. Wenn sie zu Firmen oder Einzelcoachings unterwegs ist, hat es meist schon lange vorher Probleme gegeben. Der schönste Lohn ist es, wenn Menschen wieder aufatmen können, indem sie neue Sichtweisen gewonnen haben und sich ihren Umständen nicht mehr ausgeliefert fühlen, sagt sie.

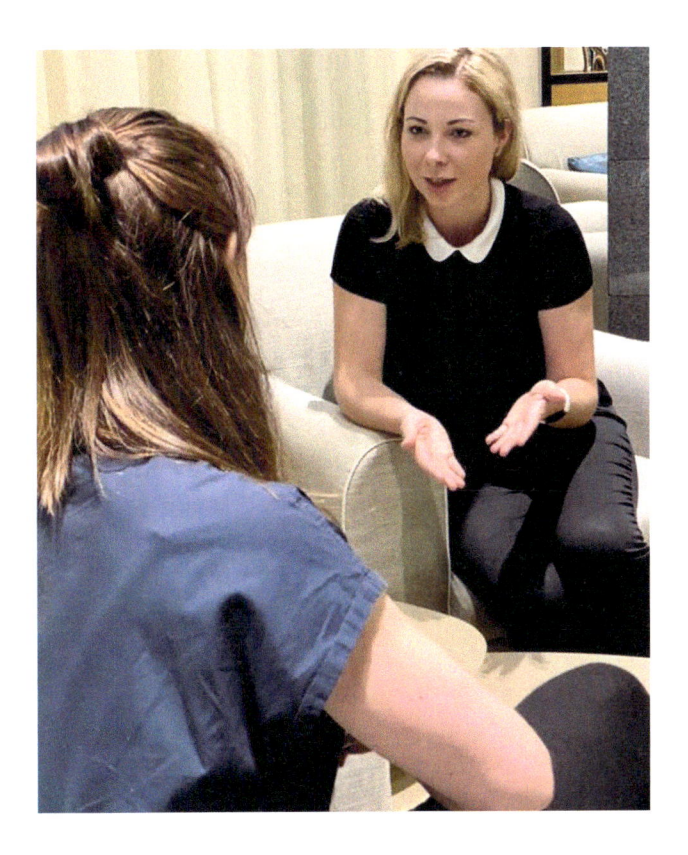

www.mediatorin-leipzig.de

CLAUDIA M. ZIMMER

Heilpraktikerin in Leipzig sowie Initiatorin des Frauengesundheitstages in Leipzig und Begründerin der Initiative für mehr ganzheitliche Gesundheit

Jahrgang 1963

Ganzheitliche Gesundheit, das ist mein Thema

Erkennen, verstehen und leben – das ist meine Vision! Entwickelt hat sich mein persönlicher und beruflicher Lebensweg aus meiner eigenen Geschichte heraus. Als Krankenschwester bin ich damals von der Schulmedizin geprägt worden. Und als Mutter von vier Kindern kommt man immer wieder mit Krankheiten in Berührung. Eines meiner Kinder wurde ins Krankenhaus eingewiesen. Als es zurückkehrte, war es aufgrund von Einsamkeit und Hospitalismus komplett wesensverändert und aggressiv. Daraufhin begann in meiner Familie ein neues Kapitel. Unser Kind war seelisch krank und stand neben sich, so dass letztlich wir alle davon betroffen waren.

Durch Zufall bekam ich Kontakt zu einer chinesischen Ärztin, die mein Kind mit ihrem ganzheitlichen Wissen wieder in seine gesunde Mitte brachte. Ich war begeistert und habe da zum ersten Mal den Ansatz von Heilung zu „wirklicher Gesundheit" verstanden. Den Menschen egal welchen Alters im ganzen Kontext zu deuten, die Symptome als Hinweis des Körpers zu verstehen, das ist wirkliche Heilkunst! Und genau dieser Aspekt war für mich letztlich der Grund, meine Ausbildung zur Heilpraktikerin zu beginnen. Ich wollte erfahren und verstehen, wie der Mensch gesund bleibt oder warum er krank wird, was Emotionen sowie traumatische Erlebnisse verursachen können und wie Selbstheilung funktioniert – und das ist bis heute so geblieben!

Es gibt auf dem Gebiet der Heilung ein immenses Wissen, angefangen von Ernährungsführung, Kräutern und Tinkturen bis hin zur Ausleitung und Entgiftung. Ich fragte mich, warum das alles in Vergessenheit geraten ist. Wäre es nicht an der Zeit, dass wir Menschen wieder mehr in unser Wissen, die eigene Kraft und Verantwortung investieren, als nur zu hoffen und auf synthetische Mittel zu setzen? Es lohnt sich sehr, ganzheitliches Wissen zu bergen, um uns als Mensch wieder als Ganzes, als Naturwesen zu begreifen und zu verstehen! Gerne würde ich dazu anregen, dieses Wissen fest auch als Schulfach in den Lehrplan zu integrieren. So könnten Kinder von Anfang an ihr eigenes „gesundes Leben" verstehen. Sie könnten lernen, was dazu beiträgt, gesund zu bleiben, und so mehr nach ihrem Typus leben. Der wichtigste Aspekt dazu wäre aus meiner Sicht der einer vitalstoffreichen Ernährung, eines gesunden Darms, besonders bei chronischen Erkrankungen.

Dazu gehören eine entsprechende Aufklärung, Inspiration und Begeisterung, um die vielen bislang wenig genutzten Möglichkeiten zur Selbstaktivierung und Selbstpflege unseres Körpers zu entdecken.

Ein Hoch auf die Freude und das Lachen

Zum Thema Humor und Lachen bin ich während meiner Scheidung gekommen, als mir eine Psychologin sagte: „Wer gut weinen kann, der kann auch gut lachen." Der Satz machte mich betroffen, denn mein Lachen war tatsächlich verschwunden. So begann ich, mich diesem Thema zu öffnen. Über viele Bücher, Vorträge, Clowns-Workshops und Yogalachen gelangte ich zurück zu meinem eigenen Lachen, zu Witz und Humor. Es war eine spannende Reise, die letztendlich zu mir selbst führte. Das Thema nahm immer mehr Platz und Gestalt an. So kam es, dass mein Sinn für Humor noch mehr als bisher geweckt wurde. Durch all die neuen Kontakte lernte ich dann auch den Verein Humor Care e.V. kennen und wurde unter seinem Dach aktiv mit einer Fachgruppe „Humor im Krankenhaus". Dazu organisierte ich dann Weiterbildungen für Personal und Patienten, ein Humorcafé und Klinikclowns. Wir setzten uns mit schwierigen Themen wie Humor und Trauer oder Scham auseinander, die wir mit den Experten des Vereins aufarbeiten konnten. Immer mehr Interessenten schlossen sich der Gruppe in Leipzig an, die bis heute im Kleinen weiterbesteht. Der Verein Humor Care wuchs jeweils mit unterschiedlichsten Leuten, die aus verschiedenen Berufsfeldern kommen. Ich schrieb dann auch ein Taschenbuch dazu, um mehr Humorideen in die Kliniken zu bringen. Der Titel: „Lachen – 3 x täglich!" Für mich als Heilpraktikerin steht fest, dass das Lachen eine wunderbare Medizin ist!

Seit ich als Heilpraktikerin meine eigene Praxis habe, kommen zudem vermehrt Frauen, die nicht nur hormonelle Störungen, sondern auch unspezifische Symptome haben. Hier ist es wichtig, durch eine gute Anamnese Störfelder, Traumata oder auch eine seelische Überforderung auszuschließen. Denn all dies kann der Auslöser für Entgleisungen der Körpersysteme sein. Frauen funktionieren nun einmal emotional anders als Männer, nur können viele kaum glauben, welche Bedeutung dies für ihre Gesundheit hat. Um die ganzheitliche Herangehensweise verständlicher zu machen, habe ich damit begonnen, Gesundheitstage mit Fachleuten zu organisieren.

Claudia (hier vor ihren Gästen) organisiert Leipzigs Gesundheitstage und ist in einer Reihe namhafter Verbände tätig, die mit dem Thema ganzheitliche Gesundheit zu tun haben. Sie ist nicht nur eine erfahrene Heilpraktikerin, sie hat auch ein Händchen dafür, interessante Menschen zusammenzubringen.

www.creativelife.eu

Unser erster öffentlicher Frauengesundheitstag mit vielen Vorträgen wurde sehr gut angenommen. Daraus entwickelte sich ein Netzwerk zwischen Ärzten, Heilpraktikern, Therapeuten und Zahnärzten, die sich künftig monatlich trafen, um Erfahrungen zu verschiedenen Themen zu besprechen. Aktuell ist das Gesundheitsthema noch einmal mehr in den Fokus gerückt worden. Wichtig ist, was man präventiv tun kann. Mehr und mehr wird den Menschen klar, dass alle diese Probleme kein Gesundheitssystem mehr stemmen kann und jeder genauso für sich selbst verantwortlich ist, nicht nur für sein körperliches, sondern auch für sein seelisches Wohl! Themen wie Ordnungstherapie, Entspannung, Waldbaden, Gedankenhygiene oder Kneipp sind aus meiner Sicht nur einige Anwendungen aus einer Fülle verschiedener Heilungsmöglichkeiten. Unser Netzwerk mit dem Ziel ganzheitlicher Gesundheit wird sich auch weiter mit anderen Netzwerken verbinden. Das – so meine Vision – könnte unsere neue Zukunftsmedizin werden! Es fühlt sich für mich so an, als ob die Idee zu einem kreativen, ganzheitlichen Leben immer mehr Menschen verinnerlichen und anstreben. Wir selbst haben die Wahl, die Verantwortung und Entscheidungsfreiheit für unser Leben und unsere Gesundheit! Und das Beste: Es ist dafür schon alles da, der Anfang ist gemacht und die Ideen kann jeder erfahren und weitergeben. Egal ob in Kindergärten, Schulen oder Betrieben – veranstalten wir Inspirationstage, um uns zu informieren und auch andere dafür zu stärken. Das zu organisieren und die Menschen zusammenzubringen, dafür brenne ich! Ich denke, es ist wichtig, sein eigenes Feuer weiterzutragen, um andere mit dem Funken der Möglichkeiten zu entzünden. Deshalb ist es mir ein Herzensanliegen, dass wir uns weiter mehr auf Augenhöhe begegnen und bestärken für ein gesundes, neues Miteinander.

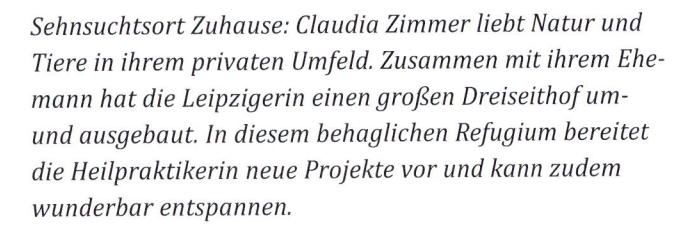

Sehnsuchtsort Zuhause: Claudia Zimmer liebt Natur und Tiere in ihrem privaten Umfeld. Zusammen mit ihrem Ehemann hat die Leipzigerin einen großen Dreiseithof um- und ausgebaut. In diesem behaglichen Refugium bereitet die Heilpraktikerin neue Projekte vor und kann zudem wunderbar entspannen.

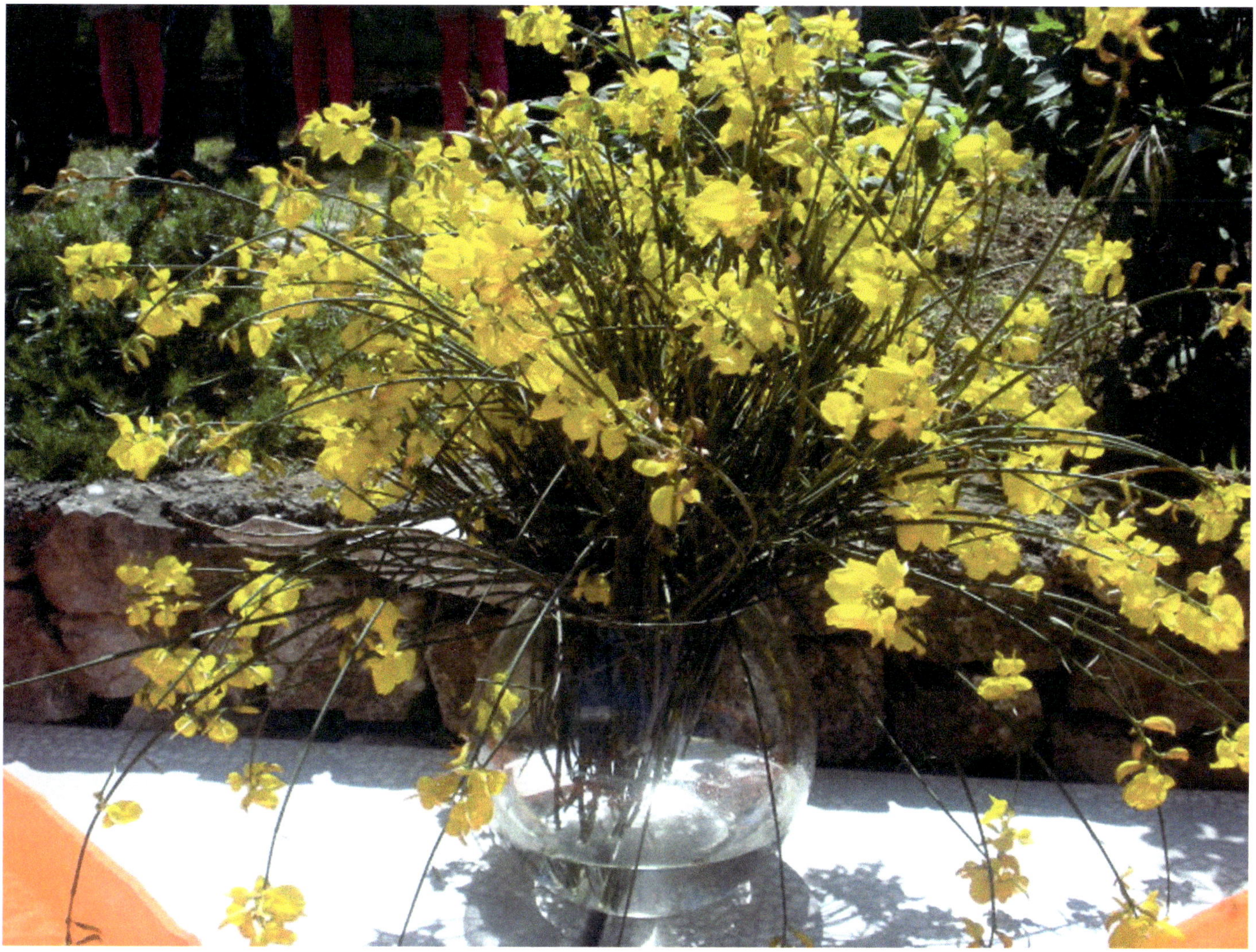

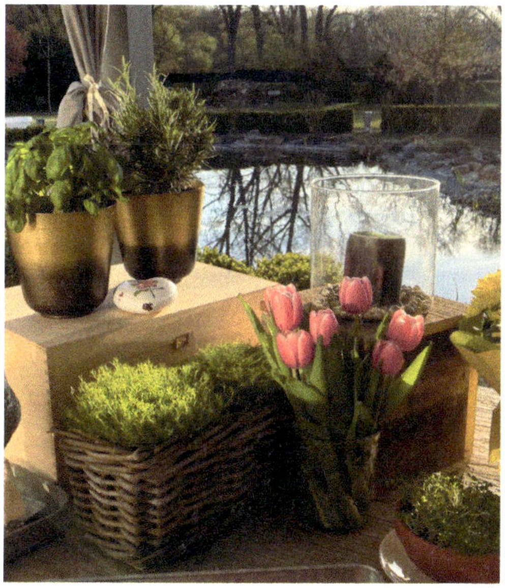

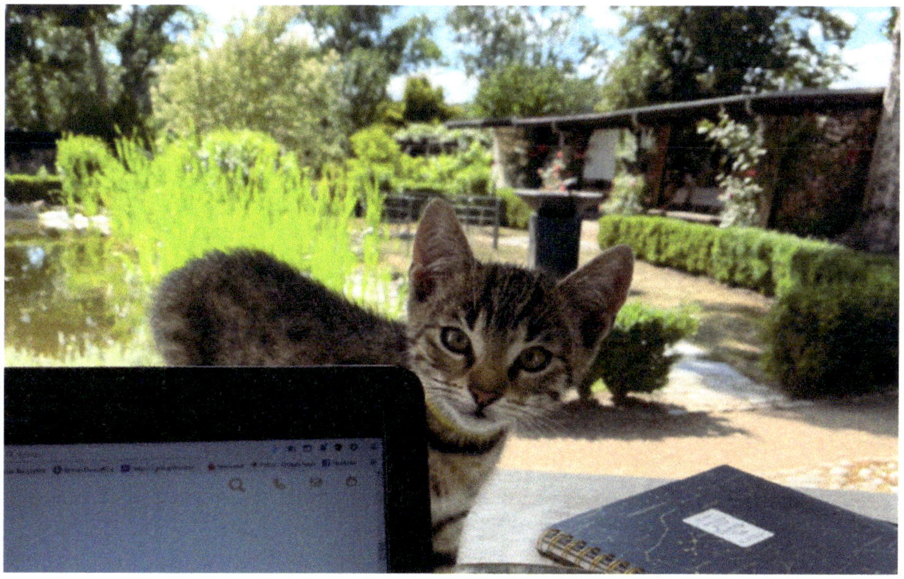

Lehrmeisterin Natur

Fast jede zweite Frau in diesem Buch hat darüber berichtet, dass sie vor allem mit und in der Natur Kraft finden und entspannen kann. Das ist kein Wunder, denn nicht zuletzt sind wir ja auch ein Stück Natur und es ist deshalb ganz normal, dass wir uns in ihr, umgeben von Wasser, Blumen, Pflanzen und unter einem weiten Himmel umso wohler fühlen. Neben diesen zweifellos vorteilhaften Aspekten bieten Feld, Wald, Flur und Garten durchaus weiterführende und interessante Aspekte, um über das eigene Dasein nachzudenken. Gärtner wissen beispielsweise ganz genau, an welchen Flecken bestimmte Pflanzen ganz besonders gut gedeihen, was für sie förderlich ist und unter welchen Bedingungen sie eher eingehen würden. Sie bereiten mit Ruhe und Sorgfalt den Boden vor, auf dem die Saat gedeihen soll, und gießen das Ganze regelmäßig. Sie jäten das Unkraut, weil es robuste und schnell wachsende Pflanzen gibt, welche die Neuankömmlinge zuwachsen und regelrecht ersticken, so dass sie kaum noch Licht, Luft und Sonne abbekommen. Und natürlich erwarten sie nicht von ihren Gräsern und Blumenstauden, dass diese unermesslich breit und groß in den Himmel wachsen wie die Bäume im benachbarten Park, weil sie wissen, dass jedes Pflänzlein seine ganz eigene Daseinsform hat und keine unangemessenen und völlig überzogenen Wachstums-Wunder vollbringen kann.

Ähnliches gilt wohl auch für uns und unser Fortkommen. Wenn wir eigene Ziele und Projekte auf gesunde Füße stellen wollen, dann ist es wohl auch wichtig, zunächst die eigenen Lebens-Parameter, die natürlich vorhandenen Gegebenheiten zu überprüfen. Welche Möglichkeiten habe ich jetzt und hier in diesem Leben, in meiner Umgebung, mit meinen Bedingungen und bestehenden Kontakten? Welche Mittel und vorhandenen Ressourcen kann ich zunächst schnell und unkompliziert einsetzen, welche Verbindungen eingehen, um besser zum Ziel zu kommen, um mich und meine Unternehmungen bekannter als bisher zu machen? Ist es wirklich nötig, ein teures Büro anzumieten oder einen Kredit zu beantragen, um mein neues Unternehmen aufzubauen oder gibt es vielleicht auch erst einmal andere Mittel und Wege, um mich und meine Ziele umzusetzen? Und nicht zuletzt: Will ich das, was ich vorhabe, auch wirklich über einen längeren Zeitraum ausüben oder werden mich die nötigen Aufgaben und Verpflichtungen über kurz oder lang so gefangennehmen, dass ich kaum noch Zeit für andere Dinge habe, die das Leben ebenfalls schön und lebenswert machen? Seiner Mission zu folgen und bestehende positive Energien zu nutzen, so das Fazit der Befragten, ist viel effizienter, als gegen den Strom zu schwimmen und fortwährend um etwas kämpfen zu müssen.

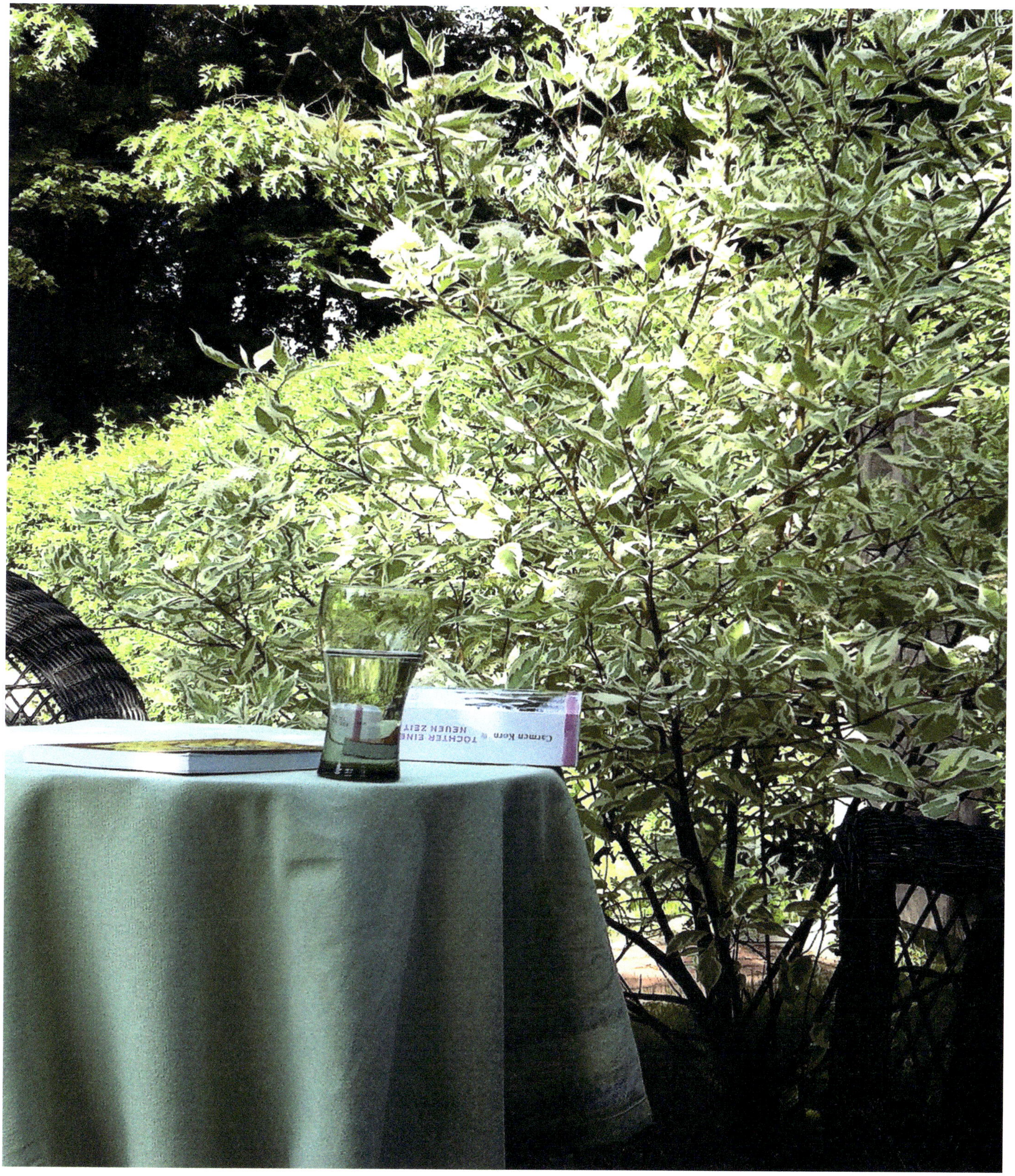
Carmen Korn
TÖCHTER EINE
NEUEN ZEIT

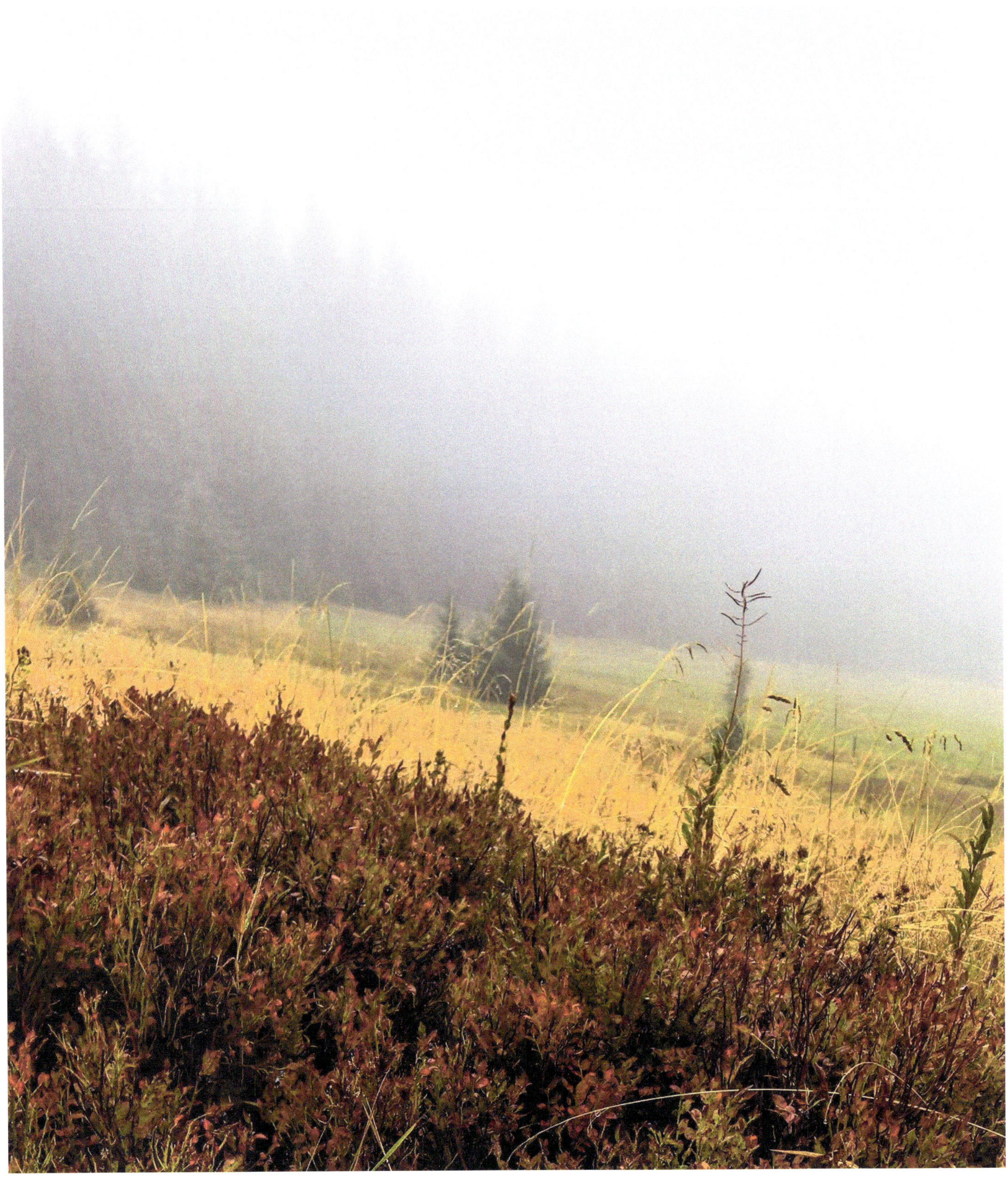

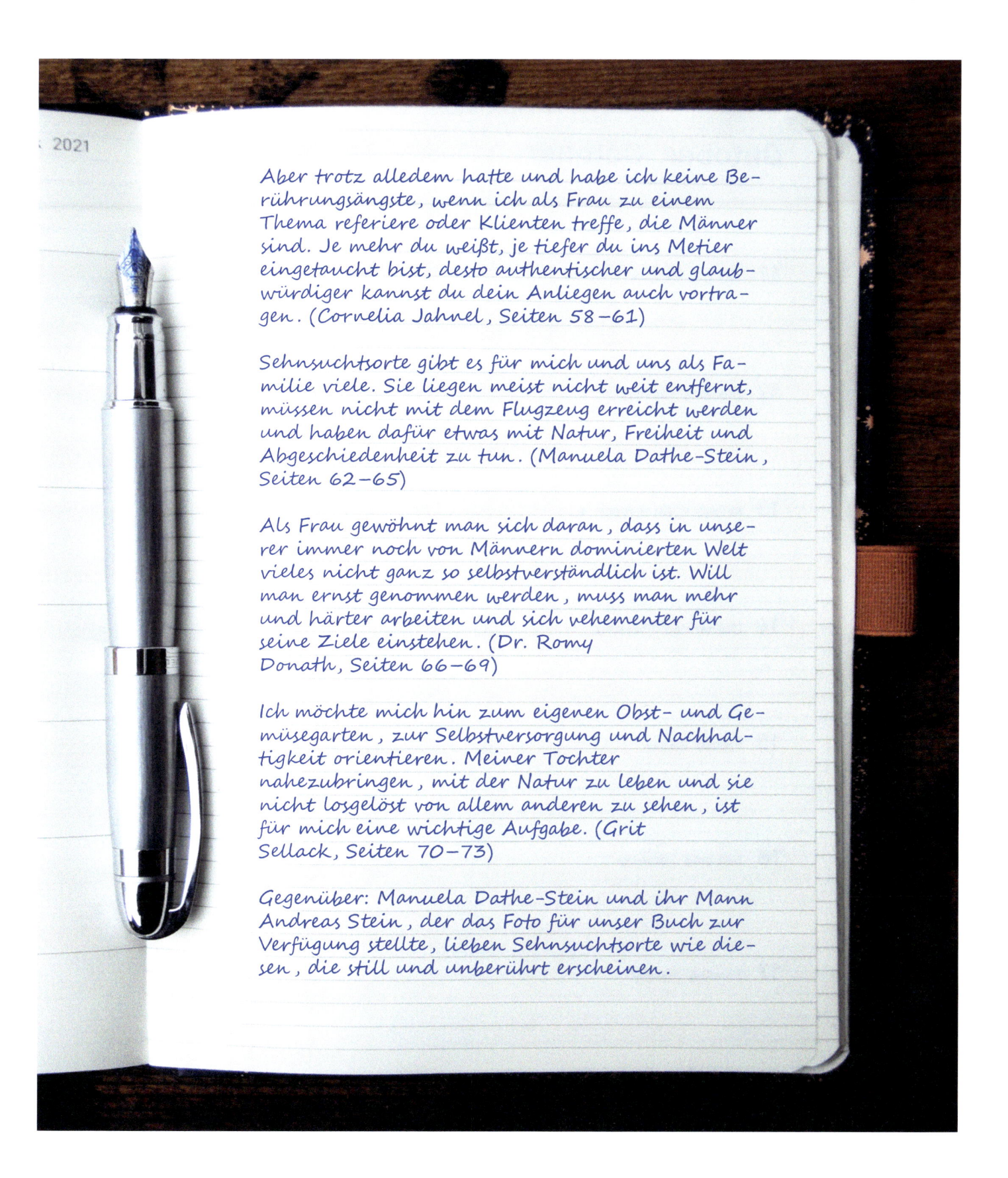

Aber trotz alledem hatte und habe ich keine Berührungsängste, wenn ich als Frau zu einem Thema referiere oder Klienten treffe, die Männer sind. Je mehr du weißt, je tiefer du ins Metier eingetaucht bist, desto authentischer und glaubwürdiger kannst du dein Anliegen auch vortragen. (Cornelia Jahnel, Seiten 58–61)

Sehnsuchtsorte gibt es für mich und uns als Familie viele. Sie liegen meist nicht weit entfernt, müssen nicht mit dem Flugzeug erreicht werden und haben dafür etwas mit Natur, Freiheit und Abgeschiedenheit zu tun. (Manuela Dathe-Stein, Seiten 62–65)

Als Frau gewöhnt man sich daran, dass in unserer immer noch von Männern dominierten Welt vieles nicht ganz so selbstverständlich ist. Will man ernst genommen werden, muss man mehr und härter arbeiten und sich vehementer für seine Ziele einstehen. (Dr. Romy Donath, Seiten 66–69)

Ich möchte mich hin zum eigenen Obst- und Gemüsegarten, zur Selbstversorgung und Nachhaltigkeit orientieren. Meiner Tochter nahezubringen, mit der Natur zu leben und sie nicht losgelöst von allem anderen zu sehen, ist für mich eine wichtige Aufgabe. (Grit Sellack, Seiten 70–73)

Gegenüber: Manuela Dathe-Stein und ihr Mann Andreas Stein, der das Foto für unser Buch zur Verfügung stellte, lieben Sehnsuchtsorte wie diesen, die still und unberührt erscheinen.

CORNELIA JAHNEL

Unternehmerin & Business Angel
sowie Sprachwissenschaftlerin & Mentorin
mit eigener Firma „COM3 group" Dresden

Jahrgang 1971

Ich habe schon immer viel beim Tun gelernt

Ich denke, dass du als Frau heute sehr selbstbestimmt arbeiten kannst, gleichzeitig aber deinen Platz behaupten musst. Als im Osten Deutschlands aufgewachsene und entsprechend sozialisierte Frau war es für mich noch nie eine Option, zu Hause zu bleiben. Beim ersten Kind bin ich relativ rasch wieder in den Arbeitsprozess eingestiegen, beim zweiten habe ich mir etwas mehr Zeit genommen. Grundsätzlich halte ich es für gut, wenn Frau nach zirka einem halben oder einem Jahr wieder in ihren Beruf zurückkehrt. Ich bin eine Verfechterin der Selbstständigkeit und gebe diese Lebenshaltung auch ganz bewusst an meine Kinder weiter. Dazu gehört natürlich auch das Unterwegssein, das Reisen. Ich selbst besitze jenes „Reise-Gen", welches mich schon im Studium und von Berufs wegen in jüngeren Jahren weit in der Welt herumgebracht hat. Als Sprachwissenschaftlerin habe ich in den Fächern Anglistik und Slawistik studiert, mich neben der Vertiefung der englischen Sprache auch für Chinesisch interessiert – ein Umstand, der mich schon in meinen frühen Berufsjahren für ein Biotech-Unternehmen in den asiatischen Raum reisen ließ. Ich habe damals zusammen mit anderen Kollegen den Vertrieb aufgebaut. Danach war ich für Jenoptik in Städten wie Chicago, Mailand, Paris oder London unterwegs und hatte daher ein eher bewegtes Leben. Das hat sich mit Ehe und zwei Kindern natürlich ein wenig verändert. Und doch kommen mir heute als Freelancerin diese Kenntnisse zugute, wenn ich Mandanten in einem chinesischen Herkunftsland habe, die dann oftmals erstaunt sind, dass ich ihre Sprache verstehe.

Wichtig ist, dass du deine Hausaufgaben machst und dich gut informierst

Überhaupt sind für mich als Unternehmerin gute Netzwerke das A und O für erfolgreiches Agieren. Und natürlich sitzen meine Mandanten auch heute wieder im asiatischen Raum, so dass gute Sprachkenntnisse hervorragend geeignet sind, um sie zu beraten. Insbesondere erarbeite ich mit meinen Partnern Businesspläne, erörtere Entwicklungs- und Finanzierungsmöglichkeiten, stelle den Kontakt zu geeigneten Banken und Investoren her. Wichtig für den Erfolg in unserem Metier ist und bleibt, dass du deine Hausaufgaben gut machst, dich ausführlich und akribisch informierst.

Besonders liegen mir von Frauen geführte Unternehmen am Herzen

Ein Mandant war übrigens in der Schuhbranche angesiedelt. Und je öfter wir zusammen in das Metier eingetaucht sind, desto mehr haben mich die verschiedenen Möglichkeiten des Schuhdesigns interessiert. Herausgekommen ist dabei letztlich mein eigenes Label „TAPODTS", so dass wir hier und heute – umgeben von Modellen der eigenen Marke – entsprechende Schuhe von Frauen für Frauen im eigenen Laden anbieten. Vertreten sind auch andere kleine, feine Labels, die thematisch dazu passen, beispielsweise Mode aus Apolda, Schmuck aus Leinefelde oder Schlafkissen für Kinder aus Dresden. Teilweise arbeiten wir online, nicht zuletzt ist und bleibt das Studio Mitte auch ein Anlaufpunkt für geschäftliche Kontakte. Wir veranstalten kleine Events, an denen sich die Gäste austauschen können. Wie sich Sprachen und Business bei mir so eng verknüpfen konnten? Nun, ich habe schon immer und vor allem viel beim Tun gelernt, bin sozusagen ins kalte Wasser gesprungen und war neugierig auf Herausforderungen. Die frühere Arbeit bei Jenoptik hat mich beispielsweise auch eine Woche nach Frankfurt gebracht, wo ich bei einem Analysten das Einmaleins der Investmentsprache erlernt habe. Natürlich war und ist das auch eine Männerdomäne.

Ich arbeite gern mit Männern und hatte und habe keine Berührungsängste, wenn ich als Frau zu einem Thema referiere oder Klienten treffe, die Männer sind. Je mehr du weißt, je tiefer du ins Metier eingetaucht bist, desto authentischer und glaubwürdiger kannst du dein Anliegen auch vortragen. Eigene Ziele sind vor allem, meine Selbstständigkeit und persönliche Freiheit zu bewahren. Und wie ich schon sagte – zur Freiheit gehört für mich vor allem auch das Reisen, auch wenn wir derzeit nicht so viel unterwegs sein können. Burma, Nepal oder Butan sind Sehnsuchtsorte, die ich gern wieder bereisen möchte. Und natürlich möchte ich damit auch weiterhin interessante Business-Kontakte knüpfen. Es macht mir großen Spaß, als Mentorin zu arbeiten. Neben meinem fachlichen Wissen – so denke ich – schätzen meine Partner vor allem das Vertrauen, die Verbindlichkeit und Kompetenz. Besonders liegen mir frauengeführte Unternehmen am Herzen, insbesondere solche im asiatischen oder afrikanischen Raum, wo eine Frau als Chefin noch nicht selbstverständlich ist. Ich engagiere mich sehr aktiv regional und auch international im Verband deutscher Unternehmerinnen (VdU). Nicht zuletzt bin ich Gründungsmitglied eines neuen Dresdner Rotary-Clubs, in dem Frauen und Männer verschiedener Nationalitäten vereint sind. Vielleicht können wir Dresden damit nach außen noch ein wenig sichtbarer machen.

Den Dresdnern ist die Unternehmerin Cornelia Jahnel nicht nur durch ihr Studio Mitte in der Schweriner Straße und ihre Firma COM3 group bekannt. Als Mitglied im Verband Deutscher Unternehmerinnen, Mitbegründerin eines Business-Angel-Clubs und eines neuen internationalen Rotary-Clubs verknüpft die umtriebige Unternehmerin oft und gern Businesskontakte und stellt damit eine Win-Win-Situation für alle Beteiligten her.

https://cornelia-h-jahnel.jimdosite.com, www.thatsmyway.shop

cough
frame

INTERNATIONAL
WOMEN ENTREPRENEURS
UKaid
UKaid

Gegenüber oben: Cornelia Jahnel zu Besuch in einer kenianischen Schule, in der sie ein Patenkind hat. Zusammen mit Unternehmerinnen des VdU stiftete sie den Kindern einen Satz Schulbücher. Darunter ist die Unternehmerin bei einer Frauenkonferenz in Nepal zu sehen. Rechts daneben sind steinerne Elefanten in einer Pagode im nepalesischen Bahktapur abgebildet.

Ein Herzensprojekt der Dresdnerin ist ihre Marke TAPODTS, unter der sie Schuhe von Frauen für Frauen herstellt. Daneben vereint sie in der Schweriner Straße 48 zusammen mit ihrer Partnerin weitere kleine, feine Design-Labels unter einem Dach.

MANUELA DATHE-STEIN

Bankkauffrau und Versicherungsvertreterin mit eigener Agentur in Döbeln

Jahrgang 1976

Aus dem Bauch heraus entscheiden

Familie ist für mich das Wichtigste und gibt mir Halt und Unterstützung – besonders dann, wenn meine Aufgabenfülle immer größer wird. Mein Leben hat sich nach der Geburt meiner Tochter verändert. Ich habe ganz bewusst damit begonnen, ein ausgewogeneres Verhältnis zwischen Arbeit und Freizeit anzustreben und mir Zeit für die Familie zu nehmen. Mein Mann hat die Elternzeit unserer Tochter übernommen, so dass ich als Selbstständige schon bald wieder arbeiten konnte. Meine Freiheit, mein Leben nach eigenem Gusto zu gestalten, das ist mir mit den Jahren wichtiger geworden. Nach meinem Abitur und der Ausbildung zur Bankkauffrau und ersten Erfahrungen in diesem Beruf war mir bald klar, dass ich mittelfristig lieber frei und selbstständig arbeiten möchte.

*Frauen einzustellen
ist eine Win-Win-Situation*

Mit der Firmengründung und der Eröffnung meines eigenen Büros haben wir eine Mitarbeiterin übernommen, die mich nach besten Kräften unterstützt und mir einen guten Einstieg ermöglicht hat. Das haben wir später auch so beibehalten, haben ganz bewusst Frauen eingestellt und sind sehr gut damit gefahren. Es ist eine Win-Win-Situation. Nicht nur wir bekommen mit unseren Frauen in den besten Jahren Unterstützung, auch die Frauen selbst finden es prima, Herausforderungen zu meistern und Kontakt zu anderen Menschen zu haben.

*Pragmatismus und Intuition
sind gleichermaßen wichtig*

Frauen, die eine eigene Selbstständigkeit planen, sollten aus meiner Sicht beides haben – eine gute Intuition und auch eine gehörige Portion Pragmatismus. Zum einen ist es wichtig, Entscheidungen aus dem Bauch heraus zu fällen und dann bei positivem Ergebnis auch dabei zu bleiben. Zum anderen müssen sich Projekte natürlich auch wirtschaftlich durchrechnen lassen.

Die Familie sollte ebenfalls dahinterstehen. Es ist nicht wichtig, gleich alles perfekt zu beherrschen. Nach meiner Erfahrung wächst das Selbstbewusstsein nach und nach mit den anstehenden Aufgaben.

Carlsfeld im Erzgebirge ist unser Ausgleich zum lauten Stadtalltag

Hier zu leben und zu arbeiten, wo ich geboren und aufgewachsen bin, ist mir wichtig. Genauso gut könnte ich mir aber auch vorstellen, den Wohnort innerhalb Sachsens zu wechseln. Ruhe und Natur sind für mich und meine Familie Voraussetzungen, um gesund zu bleiben, zu entspannen und mich neu auf Dinge im Leben zu konzentrieren. Deshalb haben wir neben der recht lauten Stadtwohnung ein zweites Refugium in Carlsfeld im Erzgebirge erworben. Das Häuschen liegt nur eine reichliche Autostunde entfernt inmitten der Natur und ist mit den Jahren immer mehr zu einem Ausgleich zwischen Alltag und Urlaub geworden. Es hat Freude gemacht, es einzurichten und es macht genauso viel Freude, es zu bewohnen und das schöne Umfeld zu genießen. Sehnsuchtsorte gibt es für mich und uns als Familie viele. Sie liegen meist nicht weit entfernt, müssen nicht mit dem Flugzeug erreicht werden und haben dafür etwas mit Natur, Freiheit und Abgeschiedenheit zu tun.

Besonders reizvoll ist es, Orte zu finden und im Foto festzuhalten, die bisher nur wenige Menschen gefunden und betreten haben. Zuhause ist es für mich erfüllend, etwas Kreatives an der Nähmaschine herzustellen oder mit meiner Tochter mit neuen Materialien zu experimentieren. Ziele und Wünsche, denke ich, sollte Frau sich möglichst zeitnah erfüllen. Oftmals scheint unser Umfeld ganz genau zu wissen, was uns guttut. Dabei sind wir es, die selbst entscheiden und für uns sorgen müssen.

Manuela Dathe-Stein ist besonders glücklich, wenn sie sich zusammen mit Mann und Tochter in der Natur und an besonderen Orten aufhält, die nur wenige Menschen betreten. Zusammen mit ihrem Mann, der ein leidenschaftlicher Fotograf ist, hat sich die Döbelnerin ihre eigene Versicherungsagentur aufgebaut. Sehnsuchtsorte wie das Muldental sind ein Synonym für Heimat und Geborgenheit und werden von ihnen auf kunstvolle Art mit der Kamera eingefangen.

www.allianz-dathe-stein.de

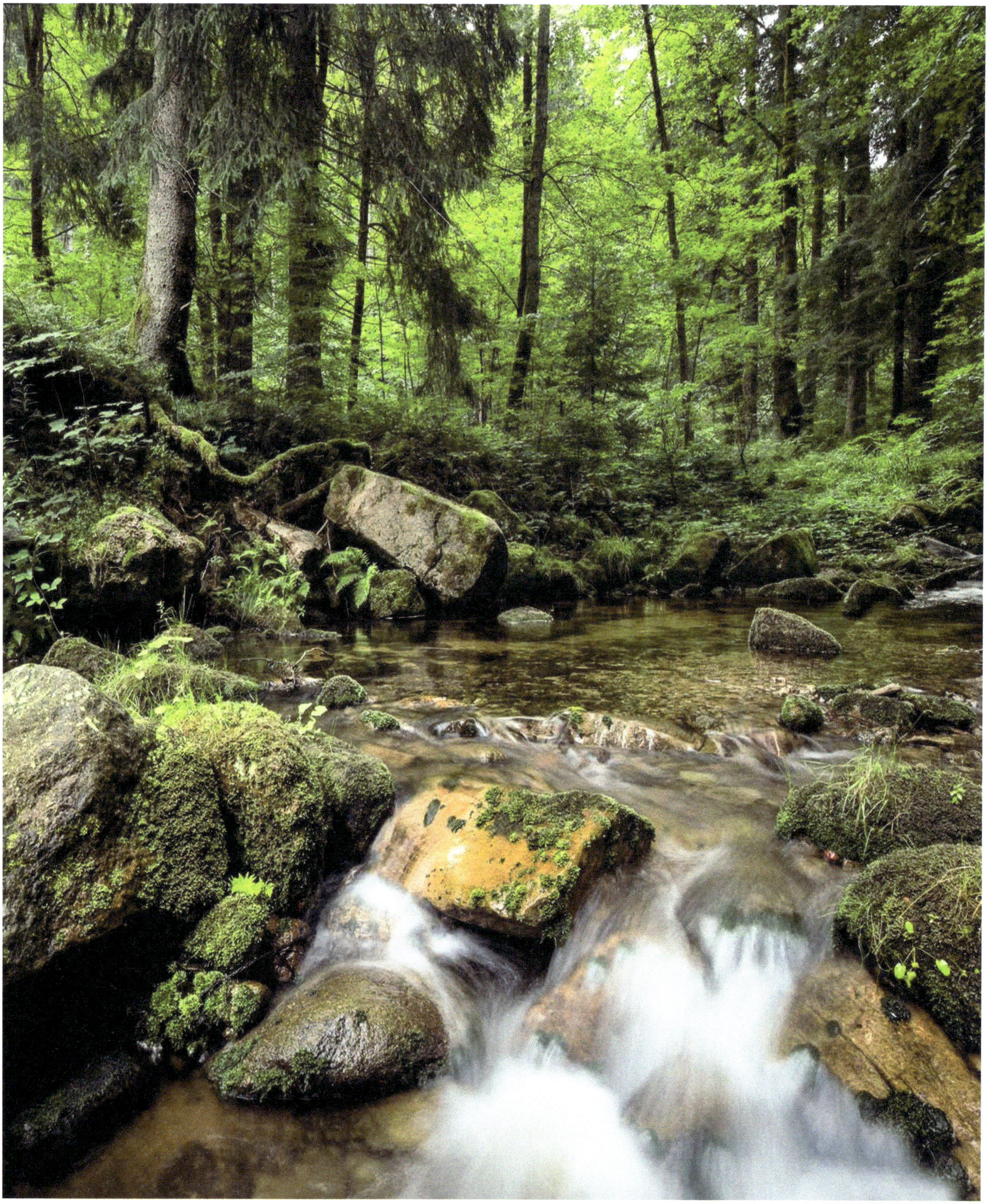

Andreas Stein (Manuelas Ehemann, Kollege und Fotograf) verewigt Sehnsuchtsorte mit seiner Kamera und dem ultimativen Blick für besondere Sujets. Er sorgt mit seinen hochwertigen Foto-Kalendern dafür, dass besonders schöne Plätze und damit verbundene Impressionen für immer im Gedächtnis erhalten bleiben.

DR. ROMY DONATH

Sängerin, Musikwissenschaftlerin & -pädagogin sowie Leiterin des Carl-Maria-von-Weber-Museums in Dresden-Hosterwitz

Jahrgang 1980

Sehnsuchtsorte finde ich vor allem in mir

In der Krise haben wir uns wieder mehr auf uns selbst besonnen

Gerade bin ich mit meinem dritten Kind schwanger. Da denkt man noch einmal ganz anders über das Leben nach. Fragen wie die, ob man Nachfahren in diese Welt setzen soll, kommen natürlich bei all dem, was man schon erfahren und erlebt hat. Aber andererseits ist es auch wichtig, etwas an die nächste Generation weiterzugeben, das von Bedeutung ist. Zudem sind wir als Familie in der Corona-Krise mehr bei uns angekommen, weil wir uns wieder auf wirklich Wichtiges besonnen haben. Wenn man für Wochen und Monate einen Aktionsradius von wenigen Kilometern hat, dann konzentriert man sich auf die Familie und das, was sie einem schenkt – Vertrauen, Wärme und Geborgenheit. Da macht es auch nicht so viel aus, wenn die Zukunft bisweilen unsicher erscheint und wir nicht wissen, was nachfolgende Generationen erwarten wird. Einzig das Hier und Jetzt ist entscheidend.

Die Stelle als Museumsleiterin im Carl-Maria-von-Weber-Museum in Dresden habe ich mir lange Zeit gewünscht und dann ist dieser Wunsch tatsächlich in Erfüllung gegangen. Es ist ein Haus, das inspiriert, zumal es wohl das einzige Weber-Museum der Welt ist. Einst war es ein Winzerhaus. Der Komponist Weber suchte in der Nähe von Pillnitz einen Sommersitz. Er fragte nach und bekam tatsächlich ein paar Räume im Haus des Winzers, wo er fortan jeden Sommer mit seiner Familie wohnte, komponierte und mit Frau und Kindern sowie Haustieren die ländliche Idylle genoss. Er ist nicht alt geworden und hat hier die glücklichste Zeit seines Lebens verbracht. Für mich als studierte Sängerin, Musikwissenschaftlerin und -pädagogin weht hier immer noch der Geist des Musikers, der mit seiner Gitarre im Garten saß und komponierte. Man kann ihn förmlich vor sich sehen. Natürlich hat sich seitdem einiges verändert – damals war das Haus freistehend, man konnte weit über das Land schauen – doch das Flair des authentischen Ortes ist erhalten geblieben.

In meinem Leben als Frau und Museumschefin muss ich meine Aufgaben splitten und mich gut organisieren können. Wäre ich ein Mann, dann wäre ich mit meiner Qualifikation auf der Karriereleiter vielleicht etwas weiter oben gelandet (lacht), doch so kann ich flexibel mit den Anforderungen umgehen, die an mich gestellt werden.

Als Frau gewöhnt man sich daran, dass in unserer immer noch von Männern dominierten Welt vieles nicht ganz so selbstverständlich ist. Will man ernst genommen werden, muss man mehr und härter arbeiten und sich vehementer für seine Ziele einsetzen. Ich habe trotz alledem schon einige Projekte auf den Weg bringen können und denke deshalb, dass ich hier in diesem Haus, das einen hohen Sanierungsstand aufweist, genau am richtigen Platz bin. Es wird mit einer modernen Ausstellung frischen Wind bekommen. Letztlich haben wir unser Herrenhaus ebenfalls mit vielen guten Eingebungen saniert. Dabei habe ich zusammen mit meinem Mann wertvolle Erfahrungen sammeln können. Es geht darum, ein historisch wertvolles Gebäude für die Nachkommen zu erhalten und mit neuen, frischen Ideen zu beleben. Beispielsweise könnte man im Museum im Erdgeschoss oder in der Remise ein Café betreiben. Bei uns kann man außerdem neben dem ganz normalen Museumsbesuch feiern und heiraten sowie Räume des Hauses für Feste buchen und nutzen.

Was ich mir wünschen würde: mehr Empathie und Zugewandtheit und weniger Abtauchen in soziale Medien. Der direkte, menschliche Kontakt ist gerade in der heutigen Zeit unverzichtbar.

Ob dies mein Sehnsuchtsort ist? Nun, ich denke, dass solche mit bestimmten Emotionen beladenen Orte vor allem in unserem Inneren zu finden sind. Sie haben weniger mit den Äußerlichkeiten und mehr mit dem zu tun, wonach wir uns sehnen. Für mich gehört vor allem Ruhe und Abgeschiedenheit zum Wohlfühlen dazu. Das war allerdings nicht immer so. Je nachdem, was im Leben gerade ansteht – Lärm, Geselligkeit oder auch Stille – sucht man sich dann oft den Gegenpol für mehr Ausgeglichenheit. Orte, die von der Vergänglichkeit zeugen und in denen ganz viel Geschichte und Emotionen drinstecken, rühren mein Herz an. An solchen Orten halte ich mich besonders oft und gerne auf. Das Carl-Maria-von-Weber-Museum ist ein solch außergewöhnlicher Ort.

Das Carl-Maria-von-Weber-Museum der Stadt Dresden ist ein romantischer und zugleich lehrreicher Ort. Lebte und wirkte doch einer von Deutschlands bedeutendsten Musikern hier. Für die Museumschefin Dr. Romy Donath ist es vor allem ein Platz, an dem noch der Geist des Komponisten und Musikers weht. Diese Magie möglichst vielen Menschen nahezubringen, das ist ihr Ziel für die nächsten Jahre.

www.museen-dresden.de, romy.donath@museen-dresden.de

Fast scheint Weber selbst noch da zu sein, wenn das Fenster im ersten Stock aufsteht, die Gardinen im Sommerwind wehen und seine Musik durch die Gänge und Räume klingt. Für Gäste, die aus nah und fern anreisen und in den schönen Ort nahe des Schlosses Pillnitz eintauchen, ist der Besuch vor allem eine anrührende und spannende Zeitreise.

Wer mag, kann hier auch feiern und sich mit Freunden und Familie eine gute Zeit machen. Sogar Trauungen und Hochzeiten sind in den Räumen des Museums und im Garten vor dem Haus möglich.

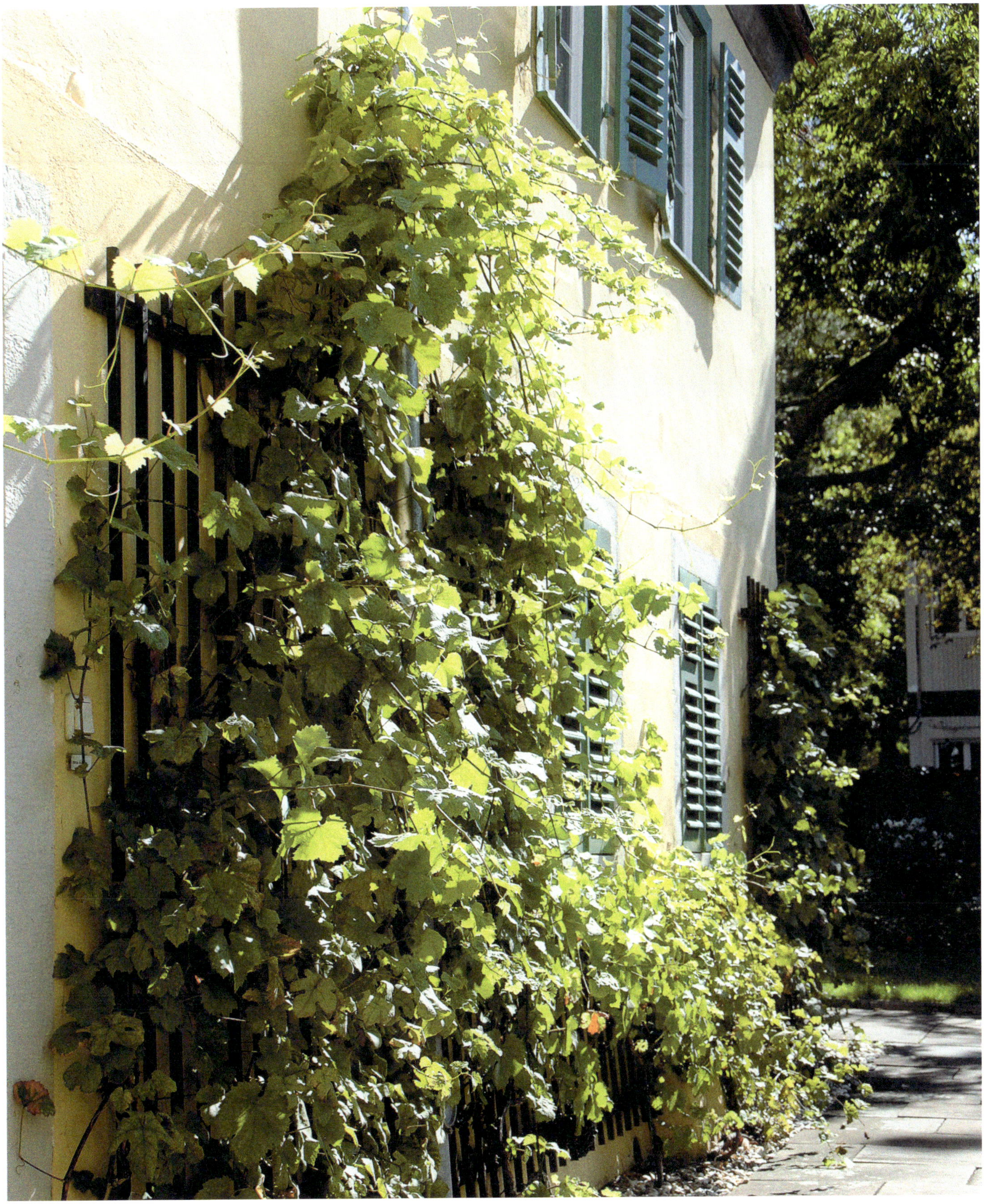

GRIT SELLACK

Architektin und Hotelbetreiberin
der Heidemühle Karsdorf

Jahrgang 1969

Ein gutes Umfeld des Hauses schaffen

Um mich mit mir und meinem Umfeld wohlzufühlen, dazu habe ich lange gebraucht. Das mag seltsam klingen, aber ich glaube, dass gerade jetzt das Selbstverständnis da ist, wenn man reifer an Jahren ist und weiß, wer man ist und was man leistet. Als Mitbegründerin der Heidemühle Karsdorf, dem Haus meiner Familie, bin ich heute vor allem mit der Außenwirkung, dem Ambiente beschäftigt. Hier werden viele Hochzeiten und andere Familienfeste gefeiert, ich sorge jeweils für den passenden Rahmen und die Dekoration. Die Häuser, welche neben der Heidemühle stehen, habe ich ebenfalls selbst entworfen.

Obwohl es neu ist, wirkt es wie ein romantisches altes Bauernhaus

Obwohl ich jahrelang nicht direkt in meinem Beruf gearbeitet habe, war ich doch mit der Architektur unseres Hauses und der Nachbargebäude beschäftigt – eine schöne Aufgabe. Mithin ist es ja der Traum eines jeden Architekten, mindestens ein eigenes Haus zu haben, in dem man sich nach eigenem Gusto verwirklichen kann. Bisher haben wir in einer Dachwohnung im Hotel gelebt. Eigentlich schön und romantisch, doch Intimsphäre gibt es kaum, denn wenn du die Treppe hinuntergehst, tauchst du ja direkt in dein eigenes Unternehmen ein, bist Chefin und Unternehmerin, musst gestylt und fit sein. Unser neues Haus neben unserer Heidemühle bietet mehr Komfort. Es wurde mit ökologischen Baustoffen errichtet. Obwohl es tatsächlich neu ist, wirkt es mit seinen Lehmwänden und Holzbalkendecken von innen bereits jetzt wie ein altes Bauernhaus, was sehr schön ist und uns schon von Anfang an Behaglichkeit und Geborgenheit sowie ein gutes Lebensgefühl vermittelt. In zwei Seminaren habe ich zudem Interessantes über das Bauen nach Vastu erlernt. Dies ist das indische Pendant zum Feng Shui. Vermittelt hat uns diese Lehren ein Dozent, der selbst zehn Jahre in Indien lebte. Haus und Umgebung, so vermitteln alle Lehren gleichermaßen, haben direkten Einfluss auf dein Leben. Wenn deine Hülle, deine dritte Haut, gut ist, dann sind auch wesentliche Voraussetzungen für dein Lebensglück geschaffen. Dann kommt es zu dir, es ist im Fluss. Interessant war es, die Handwerker dabei zu begleiten, wie sie genau diese baulichen Wünsche umsetzten.

Die Meisten waren zunächst erstaunt, dann aber doch inspiriert von den Möglichkeiten, die naturnahe Baustoffe bieten, und natürlich auch vom guten Ergebnis. Ich habe in der Vergangenheit viel zum Thema Wohnen und Einrichten gelesen, zumal dies ja auch mit meinem studierten Beruf zu tun hat. Inspiriert hat mich dabei ganz besonders das Buch der sibirischen Einsiedlerin Anastasia, die im Detail beschreibt, welchen Einfluss unsere Umgebung auf unser Leben hat. Vielleicht halte ich es ja künftig auch so. Wenn ich in wenigen Wochen in unser neues Haus einziehe, könnte ich das Leben in ihm dokumentieren und beschreiben, wie es sich anfühlt, welche Veränderungen eintreten und welche neuen Möglichkeiten ein solches Wohnen bietet. Grundsätzlich schwöre ich auf die Potenziale, welche in guten, kreativen Ideen stecken. Auch unser Hotel sowie die Inneneinrichtung sind mit vergleichsweise geringen Mitteln gestaltet worden. Das Ambiente spricht für sich, die Gäste fühlen sich wohl. Viele, die erstmals über die Schwelle treten, sind angetan vom hellen, freundlichen Ambiente und der Behaglichkeit. Besonders schön finde ich, wenn Neues und Altes gemischt wird, ein bestimmter Mix entsteht, der dem Ganzen die individuelle Note verleiht.

Mit der Natur leben und sie nicht losgelöst sehen

Wo es für mich hingeht? Ich denke, immer mehr in Richtung naturnahes Leben. Ich möchte mich hin zum eigenen Obst- und Gemüsegarten, eigenen Hühnern, zur Selbstversorgung und Nachhaltigkeit orientieren. Meiner Tochter nahezubringen, mit der Natur zu leben und sie nicht losgelöst von allem anderen zu sehen, ist für mich eine wichtige Aufgabe. Dementsprechend befindet sich mein eigener Sehnsuchtsort in meinem Heimatort. Ich bin froh, dass ich hier leben darf, wo ich schon als Kind und Jugendliche unterwegs war. Wenn ich durch unseren Wald laufe, erinnere ich mich gern an die glücklichen Momente, die wir hier verbracht haben. Zudem leben viele Freunde und Bekannte hier, so dass man immer ein gutes Netzwerk an Leuten hat, mit denen man sich austauschen und Zeit verbringen kann.

Im Hotel und auch in den Nachbargebäuden hat die Familie ganz bewusst naturnahe Baustoffe eingesetzt und eigene, kreative Ideen verwirklicht. Die Natur nicht losgelöst sehen, sondern in alles einzubeziehen, das ist ihre Botschaft.

www.heidemuehle.de

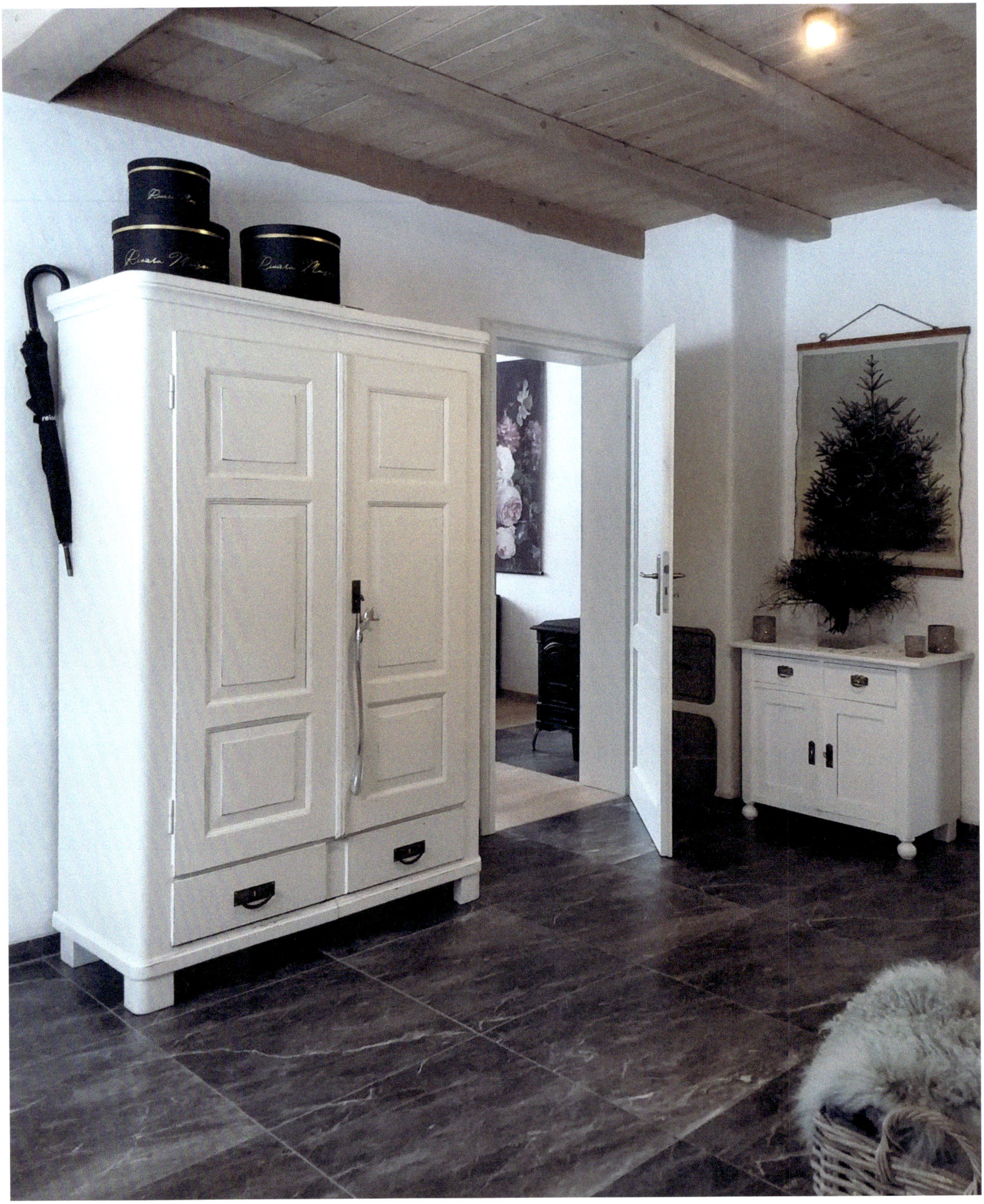

Die Architektin und Hotelbetreiberin Grit Sellack schwört auf ein ökologisches und nachhaltiges Umfeld, um glücklich und ausgeglichen zu leben. Seit Längerem befasst sie sich mit der Lehre des Vastu, dem indischen Pendant zum Feng Shui. Unter dieser Maßgabe hat die Familie für sich auf dem eigenen Grundstück ein neues Haus gebaut, in dem sie die besonderen Vorteile der ökologischen Baustoffe auf ihre Art entdecken und dokumentieren will.

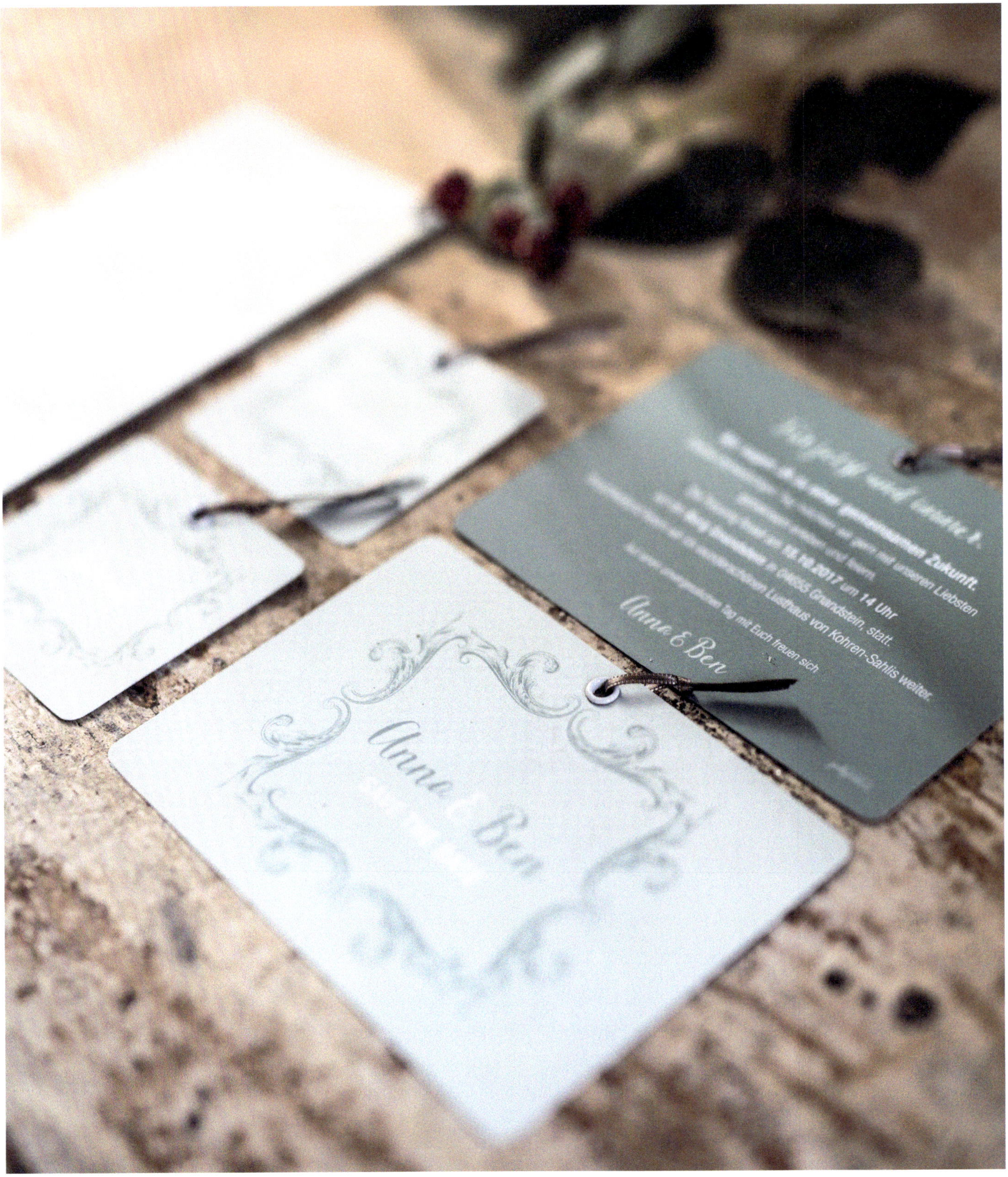
Anne & Ben
Lusthaus von Kohren-Sahlis weiter.

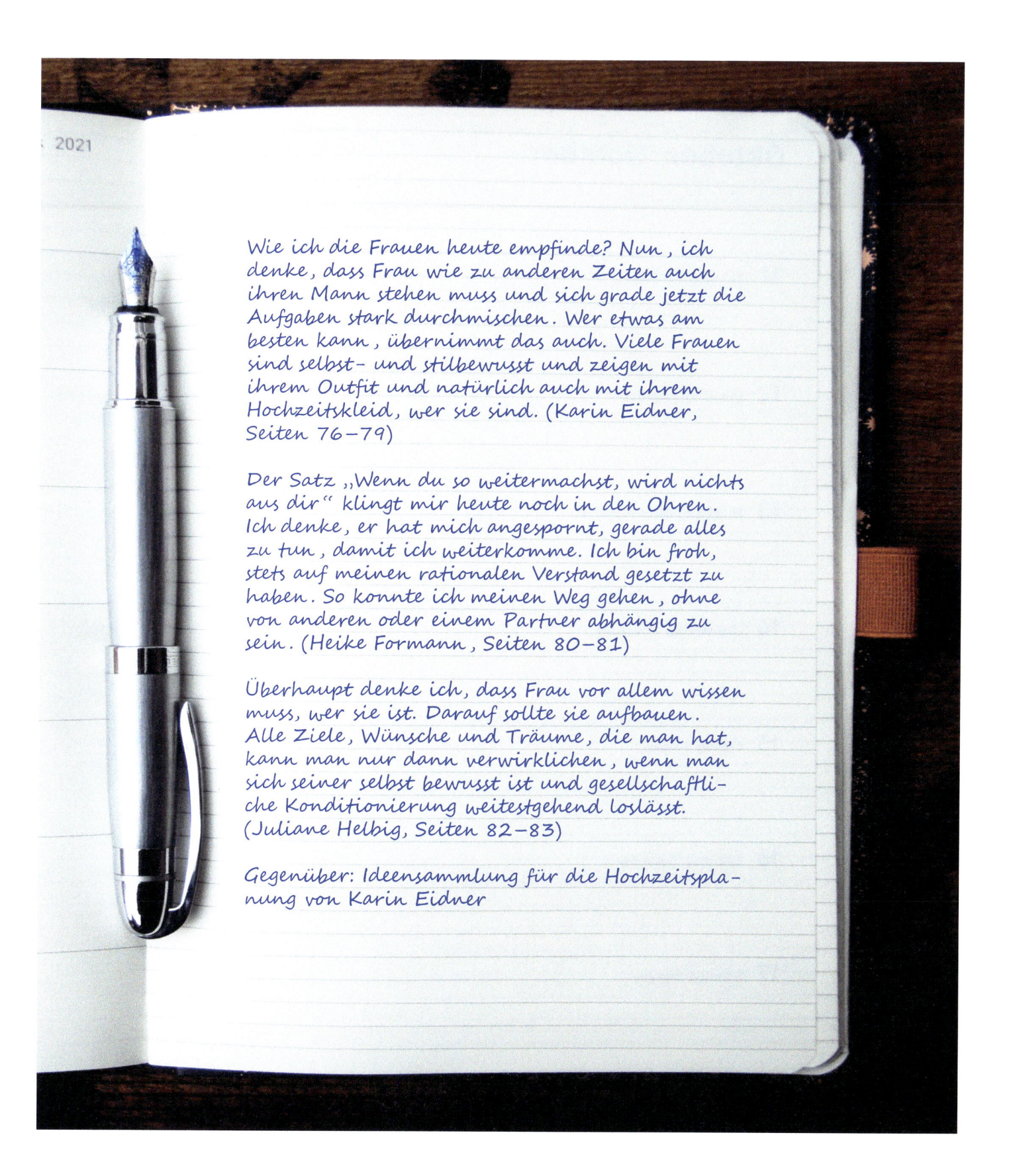

Wie ich die Frauen heute empfinde? Nun, ich denke, dass Frau wie zu anderen Zeiten auch ihren Mann stehen muss und sich grade jetzt die Aufgaben stark durchmischen. Wer etwas am besten kann, übernimmt das auch. Viele Frauen sind selbst- und stilbewusst und zeigen mit ihrem Outfit und natürlich auch mit ihrem Hochzeitskleid, wer sie sind. (Karin Eidner, Seiten 76–79)

Der Satz „Wenn du so weitermachst, wird nichts aus dir" klingt mir heute noch in den Ohren. Ich denke, er hat mich angespornt, gerade alles zu tun, damit ich weiterkomme. Ich bin froh, stets auf meinen rationalen Verstand gesetzt zu haben. So konnte ich meinen Weg gehen, ohne von anderen oder einem Partner abhängig zu sein. (Heike Formann, Seiten 80–81)

Überhaupt denke ich, dass Frau vor allem wissen muss, wer sie ist. Darauf sollte sie aufbauen. Alle Ziele, Wünsche und Träume, die man hat, kann man nur dann verwirklichen, wenn man sich seiner selbst bewusst ist und gesellschaftliche Konditionierung weitestgehend loslässt. (Juliane Helbig, Seiten 82–83)

Gegenüber: Ideensammlung für die Hochzeitsplanung von Karin Eidner

KARIN EIDNER

Hochzeitsplanerin in Penig

Jahrgang 1966

Immer mit neuen Herausforderungen umgehen

Für mich ist das Leben ein Weg, der immer wieder neue Überraschungen bereithält. Einmal verläuft er angenehm geradeaus und du kannst genau sehen, wie es weitergeht. Dann wieder kommst du an steile Abhänge oder kurvige Stücke, die eine besondere Herausforderung sind. Nicht zuletzt halten Weggabelungen eine neue Aufgabe bereit – welche Richtung schlägst du ein und vor allem: Wird sie die richtige Richtung für dich sein?

Alles verändert sich ständig, auch die Art, wie Hochzeiten gefeiert werden

Als Hochzeitsplanerin habe ich es mir angewöhnt, kritisch auf mich und meine Arbeit zu schauen. Ich selbst finde es bedenklich, sich auf Erreichtem auszuruhen, vielmehr finde ich es gut, neue Ziele anzusteuern, interessante Leute zu treffen, für die ich dann den schönsten Tag im Leben vorbereite, plane und letztlich ausrichte. Dabei musst du ständig neu und innovativ denken, alles verändert sich laufend, auch die Art, wie Hochzeiten gefeiert werden. Gut ist es, bei dem ganzen feierlichen Ernst auch locker und witzig zu sein und zu bleiben. Zusammen zu feiern, das ist ja ein Anlass, an dem sich Familie und Freunde treffen. Und heutzutage kennen sich manche noch gar nicht, sind sich bislang nicht begegnet. Umso wichtiger, für eine lockere Atmosphäre mit Unterhaltungsinseln und genügend Abwechslung zu sorgen.

So ist eine gelungene Abendveranstaltung nicht immer – wie traditionell üblich – vom Vermögen des DJs abhängig, die Leute von den Plätzen zu reißen und zum Tanzen zu animieren. Jede Form des Zusammenseins und Aufeinandertreffens – und sei sie noch so ausgefallen – dient letztlich dazu, dass die Leute locker werden und miteinander kommunizieren. Wie ich die Frauen heute empfinde? Nun, ich denke, dass Frau wie zu anderen Zeiten auch ihren Mann stehen muss und sich gerade jetzt die Aufgaben stark durchmischen. Wer etwas am besten kann, übernimmt das auch. Viele Frauen sind selbst- und stilbewusst und zeigen mit ihrem Outfit und natürlich auch mit ihrem Hochzeitskleid, wer sie sind. Das beginnt bei der Auswahl des Stoffes und dem besonderen Schnitt. Neben dem Prinzessinnentraum gibt es weitaus mehr Frauen, die mit besonderer Garderobe für sich und ihre Gäste ein erkennbares Zeichen setzen. Es sagt: Ich habe Charakter, schaut her, das bin ich!

Und Frauen sind gerade bei der Vorbereitung der Hochzeiten auch die Federführenden, wenn es um die Ausstattung des Festes und die vielen, vermeintlich unwesentlichen, aber dann doch wichtigen kleinen Details geht.

Es gibt keine zweite Chance, es besser zu machen

Mich selbst fasziniert an diesem Beruf vor allem die Vielfältigkeit der Aufgaben. Ich habe Textiltechnik studiert und später in der Planung eines Produktionsbetriebes gearbeitet. Da haben wir gelernt, Abläufe zu definieren und auch uns selbst gut zu strukturieren. Wie auch damals trage ich heute eine große Verantwortung. Es ist dieser eine Tag, dieses eine Fest, das gelingen muss – komme, was da wolle. Eine Wiederholung oder zweite Chance zum Bessermachen dafür gibt es nicht. Dabei musst du bedenken, dass du nur so gut sein kannst wie deine Dienstleister es sind. Ein gutes Netzwerk zu knüpfen und zu pflegen – das ist in diesem Metier ganz besonders wichtig.

Ich muss den roten Faden in der Hand behalten

Jedes neue Paar, dessen Hochzeitsplanung ich übernehme, füllt im Laufe der Zeit einen Ordner. Es gilt, eine Vielzahl von Aufgaben vorzubereiten und so zu erledigen, dass sie später Begeisterung und Freude bei den Gästen auslösen. Seien es die schöne Tischdekoration, der besondere Blumenschmuck oder die gelungenen Fotos, die der beauftragte Fotograf über den Tag hin schießt. Wenn ich dann auftauche, muss ich auf jeden Fall den roten Faden im Kopf haben und ihn auch weiter in der Hand behalten, damit alles gut gelingt. Du arbeitest ja mit Menschen und hast eine Vielzahl unterschiedlicher Situationen am Tag, da sind kleine oder auch größere Verschiebungen normal. Da musst du flexibel bleiben, darfst dich trotz allem nicht aus dem Konzept bringen lassen.

Eine Hochzeit ist immer ein Fest mit vielen kleinen liebevollen Details. Diese zu planen und umzusetzen ist die Aufgabe der Hochzeitsplanerin Karin Eidner, die jeweils ein ausführliches Konzept für ihre Brautpaare anlegt, damit später alles wie geplant verläuft. Ihr schönster Lohn: wenn nach der Feier alle glücklich und zufrieden sind, die Gäste strahlen und sich bei ihr für die gelungene Arbeit bedanken.

www.hochzeitsplaner-eidner.de

Das größte Dankeschön für mich ist, wenn ich ein gutes Feedback bekomme. Wenn die Leute strahlen, wenn ich mich verabschiede und sie sich noch einmal bedanken. Ganz besonders wird die Atmosphäre bei den freien Trauungen, die immer mehr zunehmen. Dann – zusammen mit der Planung der Hochzeitsrede – erfährst du so viel über die Menschen, dass du schon fast eine eigene kleine Geschichte über sie schreiben könntest.

Was mir Halt und Selbstbewusstsein gibt? Nun, ich denke, es ist ein ständiger innerer Monolog. Ich stelle mir häufig Fragen wie: „Willst du das wirklich? Oder wirst du gerade in eine Richtung gedrängt, die gar nicht zu dir passt?" Der bequemste Weg ist natürlich auch nicht immer der beste. Mut zu Veränderungen musst du immer haben, veränderst du dich nicht selbst, dann verändern dich die anderen. Auch Umkehren oder Abdriften sind möglich, denn eine Entscheidung – sei sie auch noch so weitreichend – muss ja nicht zwangsläufig ein Leben lang Bestand haben. Verändert sich die Situation, musst du umdenken und diese revidieren können.

Damals gab es klare Regeln und Zukunftsvorstellungen

Grundsätzlich ist ein Leben – egal ob als Frau oder als Mann – weitaus interessanter, je mehr ich es selbst bestimmen kann. Abwechslung und Herausforderungen erweitern den Horizont und bringen neue Ideen. Natürlich haben wir es heute besser als die Frauen der vergangenen Generationen. Damals haben sie weitestgehend das getan, was der Mann von ihnen wollte. Regeln wie Bescheidenheit und Zurückhaltung waren Tugenden, die vor allem den Mädchen nahegelegt wurden. Ich selbst bin in der ehemaligen DDR aufgewachsen. Damals gab es klare Regeln und Zukunftsvorstellungen: Schule, Studium, Beruf, Ehe und Kinder. Alles, was darüber hinaus ging und mit Kreativität zu tun hatte, konnte problematisch werden.

Einmal ein Paar in den Siebzigern trauen

Sehnsuchtsorte sind für mich die Natur, mein Heimatort, aber auch Urlaube in Italien oder Südfrankreich, die wir sehr lieben. Die freie, ungezwungene südliche Lebensart sagt uns – meinem Mann und mir – sehr zu. Wenn es möglich ist, dann würde ich zudem wieder nach Afrika reisen. Ich finde die unbeschreibliche Natur, die vielen verschiedenen Sinneseindrücke, die Farben, das Licht und die Geräusche einmalig. Und ich liebe es auch, wenn es einmal – wie nur dort erlebbar – ganz still ist oder nachts stockfinster wird.

Was ich mir wünsche? Eigentlich habe ich schon fast alles, was ich mir wünschen könnte, doch eines würde mich faszinieren: ein besonders reifes und erfahrenes Paar zu trauen, das vielleicht schon in den Siebzigern ist, das ganz genau weiß, worauf es sich einlässt und daher auch besonders zu schätzen weiß, was ihm an einem solchen Festtag alles geboten wird.

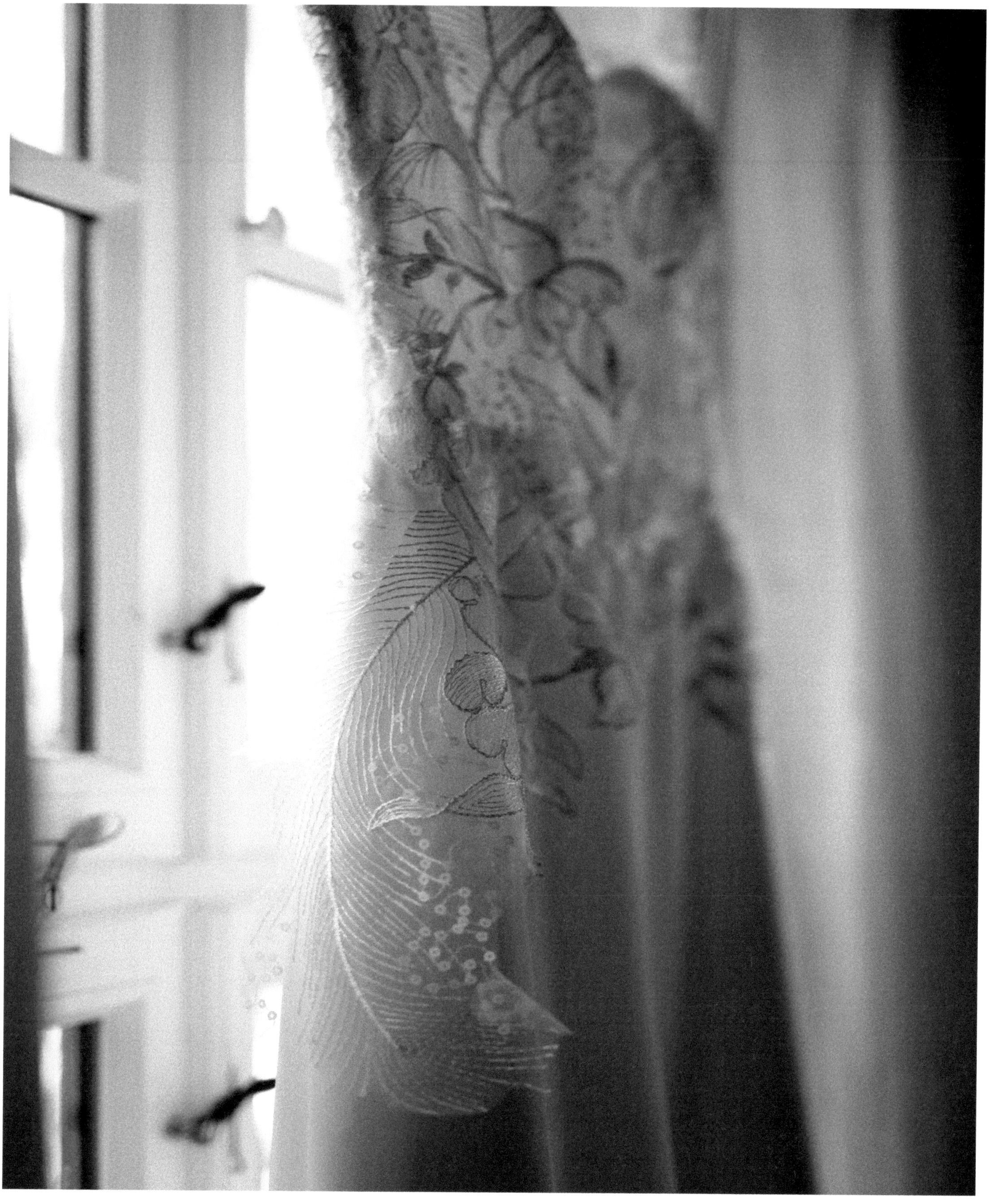

HEIKE FORMANN

Geschäftsführerin der Seniorenpflege Wurzener Land GmbH in Hohburg mit Studienabschlüssen in Verwaltungsrecht & Betriebswirtschaft

Jahrgang 1964

Keine faulen Kompromisse eingehen

Ich denke, wir haben alle so unsere Prägungen. Aber trotzdem ist das Leben zu kurz für faule Kompromisse. Ich komme aus einer Arbeiterfamilie, meine Eltern haben im Dreischichtsystem gearbeitet. Es gab eine klassische Rollenverteilung zwischen Frau und Mann. Meine größere Schwester hat viel auf mich aufgepasst. Wir Kinder hatten unsere Aufgaben, wenn wir heimkamen, lagen schon Zettel für den Tag auf dem Tisch. Mein Äußeres passte nicht zur Familie. Alle waren von kleiner, kräftiger Gestalt, ich war dagegen sehr groß, dünn und schmal. Mitunter führte das sogar dazu, dass ich mich nicht richtig zugehörig fühlte und mich auf Fotos lieber wegduckte, als im Vordergrund zu stehen – eine Strategie, die mich lange verfolgte und sogar heute manchmal noch die Oberhand gewinnt. Als Ausgleich und weil es mir so viel Freude bereitete, war ich eine wissensdurstige Schülerin und begann viel zu lesen. Das passte nicht in das Bild meiner Eltern, die den Erfolg in der Hände Arbeit sahen und sehr pragmatisch eingestellt waren. Deshalb habe ich auch nicht die Polytechnische Oberschule besucht, wie ich es mir eigentlich gewünscht hätte, und absolvierte stattdessen eine Ausbildung zur MTA für Funktionsdiagnostik. Geheiratet habe ich früh, wie sehr viele andere Frauen meiner Generation. Im Sommer 1989 wurde ich Mutter einer kleinen Tochter, die bis heute mein großes Glück geblieben ist. Nach einem Jahr Elternzeit war es Zeit für eine neue berufliche Herausforderung und so übernahm ich die Leitung der Begegnungsstätte für Blinde und Sehbehinderte in Rochsburg. Ich erlebte die Wandlung der Sozialsysteme und den Wegfall bisheriger Finanzierungsgrundlagen.

Ich bin froh, stets auf meinen Verstand gesetzt zu haben

Als Generalbeauftragte des Landesvorstandes für Blinde und Sehbehinderte Sachsen e. V. war es meine Aufgabe, das erste Integrative Pflegeheim für blinde, sehbehinderte und sehende Pflegebedürftige in Sachsen zu konzipieren und damit eine wirtschaftliche Grundlage für den Standort Rochsburg zu sichern. Während dieser Zeit holte ich mein Abitur nach, welches mir später die Studienabschlüsse in Verwaltungsrecht und Betriebswirtschaft ermöglichte. Ich bin froh, auf meinen rationalen Verstand gesetzt zu haben. So konnte ich meinen Weg gehen, ohne jede Abhängigkeit. Die intakte Familie endete nach neun Jahren, doch auch als Alleinerziehende konnte ich gut für mein Kind, für mich und meine Karriere sorgen.

Mein Lebensweg führte mich von der ländlichen Idylle in die Großstadt Leipzig. Ein aufreibender Wechsel, denn Loslassen zählt nicht zu meinen Stärken. Vor meiner Unternehmertätigkeit im Jahr 2018 sammelte ich als Heimleiterin und später als Regionaldirektorin viele praktische Erfahrungen und unzählige Kontakte, die noch heute meine Netzwerkarbeit bereichern. In dieser Zeit begann auch meine ehrenamtliche Tätigkeit im Landesvorstand des bpa Sachsen e. V., dem Berufsverband für private Leistungserbringer im Bereich der Pflege und Behindertenhilfe.

Irgendwann an einem wunderschönen Frühlingsnachmittag lernte ich einen Investor kennen, der im Lossatal eine Pflegeeinrichtung bauen wollte und auf der Suche nach einem geeigneten Betreiber war. Unser beider Visionen passten ziemlich gut zueinander: Er wollte etwas von seinem unternehmerischen Erfolg an die Region zurückgeben und ich meine langjährige Berufserfahrung in einen Neubau mit einem selbstbestimmten Konzept einbringen. Und doch hatte ich meine Zweifel, ob mein Mut bis zum Ende des Weges reichen würde. Heute weiß ich, dass ich den richtigen Schritt getan habe. Wir sind ein ganz besonderes Haus geworden, in dem ich moderne Wohnformen für pflegebedürftige Senioren umsetzen kann. So gibt es mehrere Wohngruppen, in denen die Bewohner wie Familien zusammenleben. Wir kochen unser Essen selbst, auf jeder Etage gibt es andere Menü- und Speisepläne. Die Bewohner können je nach Lust und Laune mitkochen oder auch bei anderen Verrichtungen mithelfen, die sie auch zu Hause tun würden. Das wird von vielen dankbar angenommen, fördert es doch die Selbstständigkeit und hilft, Kontakte zu knüpfen. Es soll sich für alle so anfühlen, als ob es eine große Familie wäre, in der sich einer um den anderen kümmert. Die meisten unserer Bewohner stammen aus den umliegenden Dörfern, kennen sich teils von früher und genießen am Ende ihres Lebensweges die vertraute ländliche Idylle. Die nächsten Ziele? Wir bauen nebenan ein weiteres Haus, in dem Senioren noch relativ selbstständig in ihren Wohnungen leben und wahlweise professionelle Hilfe in Anspruch nehmen können. So können auch Paare zusammenbleiben und -leben, selbst wenn nur einer pflegebedürftig ist. Gerade arbeiten wir an der Umsetzung, die Planungsphase ist abgeschlossen und ich bin stolz, auch dieses Haus mit aufzubauen.

Warum ich meine Berufung in der Altenpflege sehe? Ich denke, das hat viel mit mir selbst und meiner inneren Haltung zu tun. Ich habe Respekt vor der Arbeits- und Lebensleistung dieser Generation, die unter großen Entbehrungen den Grundstein für unseren Wohlstand gelegt hat. Diesen Menschen zuzuhören hilft sich zu erden und manchmal auch in Demut zu üben.

Heike Formann ist mit ganzem Herzen dabei, wenn sie von ihrem Seniorenzentrum in Hohburg spricht. Sie hat das Haus und dessen Strukturen für den Bauherrn und Träger geplant und im Alltag umgesetzt. Entstanden ist ein modernes, transparentes Zuhause für Menschen, die ihren Lebensabend nicht allein, sondern zusammen mit anderen verbringen. Neue Wohnformen, innovative Ideen und ein offenes, freundliches Miteinander unterstützen das Konzept.

www.seniorenzentrum-hohburg.de

JULIANE HELBIG

Gestalterin für Kommunikationsdesign & Inhaberin der Firma „Mädelz Werbung" in Leipzig

Jahrgang 1990

Sich selbst finden und darauf aufbauen

Immer wieder rutschte ich in das Kleine-Mädchen-Schema

Mit dreiundzwanzig Jahren bin ich in die Selbstständigkeit gestartet. Ich bin dabei ganz intuitiv vorgegangen. Ich habe mich auf den Weg zu Unternehmen gemacht, habe vorgesprochen und dabei viele interessante Kontakte geknüpft. Grundsätzlich war es schwierig, mit Anfang bzw. Mitte zwanzig ernst genommen zu werden. Immer wieder rutschte ich in das Kleine-Mädchen-Schema. Viele trauten mir damals kaum handwerkliche Fähigkeiten zu, dafür dachten sie, dass ich schon alles „hübsch mache". Vor allem deshalb hatte ich bei einigen Terminen auch meine rote Latzhose an. Und auch auf meinen Werbefotos habe ich die Bohrmaschine oder die Heißluftpistole in der Hand.

Erkennen, wer du bist, und darauf aufbauen

Erst mit der Zeit haben mich meine männlichen Kunden ernstgenommen. Heute mache ich ganz bewusst das, was ich gut kann. Ich habe meinen ganz eigenen Stil gefunden, bin authentisch, selbstbewusst und natürlich. Ich möchte so bleiben, wie ich bin. Überhaupt denke ich, dass Frau vor allem wissen muss, wer sie ist. Darauf sollte sie aufbauen. Alle Ziele, Wünsche und Träume, die man hat, kann man nur dann verwirklichen, wenn man sich seiner selbst bewusst ist und gesellschaftliche Konditionierung weitestgehend loslässt. In den vergangenen Jahren habe ich viele Frauen als Kundinnen gewinnen können. Vorher hatte ich überwiegend mit Männern zusammengearbeitet. Meine Erfahrungen: Frauen hinterfragen seltener mein Können und meine Kompetenz. Sind sie einmal von meiner Arbeit überzeugt, vertrauen sie mir fast blind. Besonders schön finde ich es, dass es eine große Solidarität unter Frauen gibt. Wer einmal mit dir zufrieden ist, vermittelt dich gern weiter. Wie ich meinen ganz eigenen Weg gefunden habe? Als Unternehmerin musst du ohnehin ein spezielles Produkt entwickeln, um langfristig Erfolg zu haben, jeweils das geeignete Konzept für bestimmte Typen von Menschen finden. Dabei geholfen hat mir nicht nur die gestalterische Ausbildung, sondern auch das Training im Neurolinguistischen Programmieren. Damit hat man viele Möglichkeiten, auf Menschen und deren Ziele und Wünsche einzugehen.

Gerade bin ich dreißig geworden. Das ist ein Alter, in dem man immer mehr zu sich selbst findet. Vor einiger Zeit dachte ich, dass Businessfrauen um die vierzig viel ernster genommen werden als ich selbst. Männer haben es da offensichtlich leichter, auch wenn sie erst Anfang zwanzig sind, interessiert man sich sofort für ihre Firmengründung. Warum das so ist? Heute weiß ich, dass vieles mit dem eigenen Selbstbewusstsein und Auftreten zu tun hat. Frau sollte auch Frau bleiben und ihre Stärken und Schwächen kennen. Eine Frau zu sein hat auch Vorteile. Man muss nicht in ein schwarzes oder mausgraues Kostüm schlüpfen, man darf auch individuell und stilvoll unterwegs sein. Wichtig ist in jedem Fall, zu sich selbst zu stehen. Ich glaube, dass dann auch das Gegenüber ein gutes Gefühl bekommt. Sich zu sehr anzupassen halte ich für falsch.

Juliane Helbig lebt in Leipzig. Oben ist sie beim Cross Deluxe 2020 zu sehen. Neun Kilometer Hindernisparcours am und im Markkleeberger See hat sie bewältigt. Unten ist Juliane bei einer Schaufensterverklebung in Potsdam 2019 fotografiert worden.

Ihre eigene Firma will Juliane vor allem in den Dienst der Innovation stellen. Die Welt ein klein wenig besser zu machen und gute Produkte zu entwickeln, das ist ihr Ziel. Mit dreißig hat sie erkannt, dass vor allem das eigene Selbstbewusstsein und die Individualität ausschlaggebend dafür sind, wie man als junge Frau wahrgenommen wird. In das Kleine-Mädchen-Schema lässt sie sich nicht mehr pressen.

www.maedelzwerbung-leipzig.de

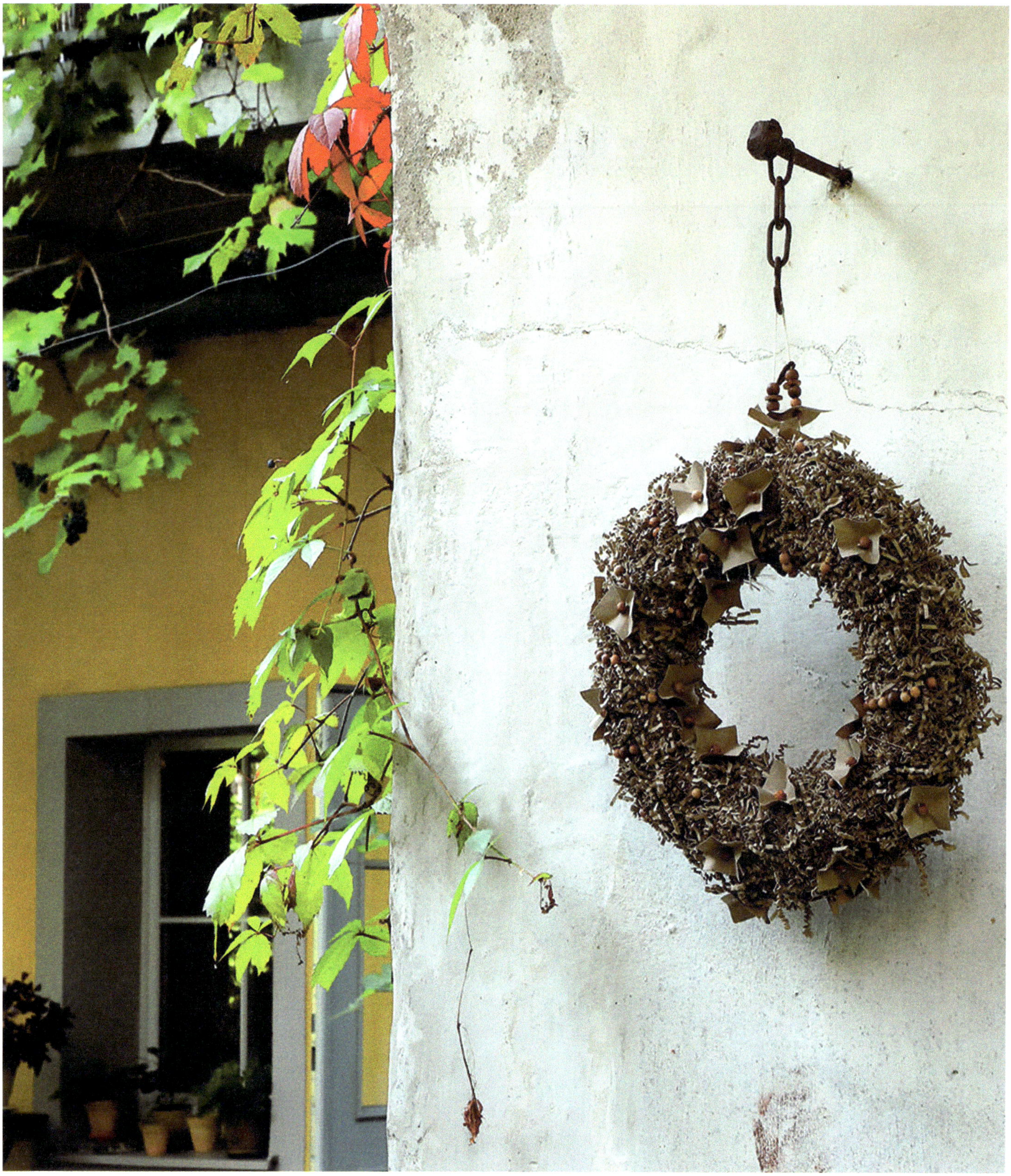

Ich glaube an Vorsehung und manchmal zeigt sich etwas Wichtiges und Richtiges erst viel später. Jetzt ist für meinen neuen Start genau der richtige Zeitpunkt. Ich habe schon so Vieles hergestellt, was nur darauf wartet, ausgestellt und gesehen zu werden. Nichts ist so stark wie eine Idee, deren Zeit gekommen ist. (Silvia Bracke, Seiten 80–83)

Sichtbar wird für mich auch, dass es seit einiger Zeit einen deutlichen Umbruch in der persönlichen und beruflichen Entwicklung von Frauen gibt. Das zu tun, was man möchte und seinen ganz eigenen Weg zu finden, das greift – ganz unabhängig vom Alter – immer mehr um sich. (Fanny Bracke, Seiten 84–87)

Als junge Architektin wurde ich anfangs oft für die Sekretärin gehalten. Heute habe ich 27 Jahre Berufserfahrung, keiner zieht mehr meine Kompetenz in Zweifel. Mit Problemen umzugehen, Verantwortung zu übernehmen, das habe ich mit der Zeit gelernt. (Irena Dahms, Seiten 88–91)

Den Satz „Mit dir kann man nicht reden, du bist viel zu emotional", haben schon viele Frauen gehört. Dabei ist es in Ordnung verletzt zu sein und zeugt von Stärke, seine eigenen Gefühle zu zeigen. Frau sollte zugeben, dass sie sich angegriffen fühlt. (Joana Prather, Seiten 92–95)

Gegenüber: Blickfang mit Kranz am Napoleonhaus bei Silvia Bracke in Görlitz

SILVIA BRACKE

Handelsfachwirtin im Binnenhandel sowie Malerin & Kunsthandwerkerin im eigenen „atelier nr 7" in Görlitz

Jahrgang 1959

Nichts ist so stark wie eine Idee zur rechten Zeit

Für meinen neuen Weg hat mir meine Tochter einen wesentlichen Anstoß gegeben. Wäre sie nicht zurückgekommen, hätte ich den Schritt in die Selbstständigkeit so nicht gewagt. Obwohl ich schon immer gern kreativ gearbeitet habe, blieb es bei der Wunschvorstellung, Kunst zu meinem Beruf zu machen. Ich begab mich gedanklich auf die Reise, wollte endlich meinen Traum leben. Upcycling: Der Begriff und das damit verbundene Konzept der heutigen Zeit beinhalten Nachhaltigkeit, Wiederverwertung und Umgestaltung vorhandener Dinge. Das war mir schon immer wichtig. Vielleicht hat das Leben in der ehemaligen DDR notwendigerweise dazu beigetragen. Man kann es ja mal aufheben, vielleicht kann man es irgendwann brauchen. In meinem Heimatort hieß es oft: „Die macht aus allem was." Mein ganzer Stolz damals war eine selbstgeschneiderte Steppjacke. Als Füllmaterial habe ich weiche Scheuerlappen verwendet. So war es halt, wenn man nichts anderes hatte, irre! Das Wichtigste für mich: Diese Jacke war besonders, einzigartig, ein Unikat und nur ich hatte ein solches Teil. Das Nähen habe ich in früher Jugend gelernt, dazu viele andere traditionelle Fertigkeiten und diverse Handarbeitstechniken wie Stricken. Vieles davon habe ich mir selbst beigebracht. Und oft waren es Kontakte, die mich weiterbrachten. Meine Mutter hatte eine Bekannte und die besaß eine Nähmaschine. Darauf habe ich meine Modelle dann fertiggenäht. Eigentlich bin ich gelernte Handelsfachwirtin im Binnenhandel. Ich habe nach meinem Studium als Ausbilderin für Kaufleute gearbeitet. Nicht zuletzt vermittelst du da ja auch die Kunst des Verkaufens. Dieses Wissen, welches sehr viel Menschenkenntnis erfordert, hat mir auch jetzt wieder geholfen. Ich liebe es, auf individuelle Wünsche von Besuchern einzugehen. Wenn sich meine Ideen mit diesen Wünschen treffen, ist es perfekt und macht mich glücklich. Auch als Leiterin einer Nachhilfeschule konnte ich viele Jahre Logistik, Organisationstalent und pädagogisches Geschick trainieren. Das war für mich eine Schule fürs Leben.

Das Vorhaben, mit meiner Tochter etwas gemeinsam aufzubauen, kam wie schon erzählt durch deren Entscheidung, sich selbstständig zu machen und in die Heimat zurückzukommen. Da wir also ein Ziel hatten, beschlossen wir nach vielen Stunden des Gespräches über Planung, Umsetzung und Abwägung des Für und Wider diesen Weg gemeinsam zu gehen. Gesagt, getan: Wir suchten in Görlitz und Umkreis lange nach einem geeigneten Ort für unser gemeinsames Unternehmen und wurden in Reichenbach fündig.

Das „atelier nr 7" war geboren, bestehend aus der Intarsienmanufaktur und der Serokreativwerkstatt. Als Mutter war ich nicht nur glücklich, dass eines meiner Kinder wieder nach Hause gekommen ist. Ich konnte außerdem in einer eigens von uns eingerichteten Werkstatt mit ihr arbeiten. Welches Mutterherz schlägt da nicht in den höchsten Tönen? Da hat einfach alles zusammengepasst. Seit April vergangenen Jahres gibt es uns auch im „Napoleonhaus" in Görlitz. Es hat seinen Namen, weil es schon Jahrhunderte steht und – so ist es verbürgt – Napoleon in ihm genächtigt hat. Ich selbst habe zu diesem Haus schon lange eine Verbindung. Vor zehn Jahren hatte ich bereits das erste Mal die Ambition, etwas Eigenes in meinen jetzt angemieteten Räumen zu machen. Aber damals war es nicht stimmig. Aber nie hat mich dieser Standort losgelassen. Ich glaube an Vorsehung und manchmal zeigt sich etwas Wichtiges und Richtiges erst viel später. Jetzt ist für meinen neuen Start genau der richtige Zeitpunkt. Ich habe schon so vieles hergestellt, was nur darauf wartet, ausgestellt und gesehen zu werden. Nichts ist so stark wie eine Idee, deren Zeit gekommen ist.

Gerade habe ich – weil das Feedback so gut ist – noch einen zweiten Raum angemietet. Trotz Pandemie und damit verbundener Einschränkungen bin ich sehr glücklich über die Entwicklung. Ich glaube, es liegt auch daran, dass meine Objekte als Gebrauchskunst bezeichnet werden können. Entsprechend verwende ich ausschließlich gebrauchte Dinge – Notenpapier, Tageszeitungen, Werbeprospekte, Pappe, Lampen, Federkernmatratzen und so weiter. Sind Dinge aus, müssen neue Ideen her. Allerdings besitze ich in meinem Alter einen riesigen Fundus an Material. In der Malerei ist es ähnlich. Meine Bilder sind experimentelle Spaziergänge mit Farben. Als Autodidaktin bin ich offen für verschiedenste Techniken und Materialien vom Aquarell über Lacke bis hin zur Königsdisziplin Öl. Besucher sind oft verblüfft, wenn sie beim Nachfragen nach den Künstlern der Galerie erfahren, dass alle Arbeiten von mir selbst gefertigt wurden. Dieses anerkennende Lächeln in ihren Augen macht mich sehr glücklich.

Ich habe für meine neue Existenz ein eigenes Konzept entwickelt. Meine Tochter hat mich dabei sehr beflügelt. Wir haben uns gegenseitig ergänzt. Als Mutter und Tochter kennt man sich ja sehr gut und lange. Man weiß, wie die andere tickt und ich wusste, dass es eine gute Idee ist, etwas gemeinsam zu machen. Wichtig ist, dass man dabei tolerant ist, sich gegenseitig Freiheiten lässt und Ideen austauscht. Außerdem muss man bereit zu sein, als Ältere von der Jüngeren zu lernen. Nicht zuletzt habe ich vieles in Sachen Genauigkeit und Sorgfalt gelernt. Sich Zeit lassen, zu warten und etwas auch mal wieder beiseitezulegen, das war eine gute Erfahrung, die ich mir von meiner Tochter abschauen konnte.

Viele sagen: „Wenn ich Rentner bin, dann mache ich das, was ich schon immer machen wollte." Ich habe nicht auf das Rentnerdasein gewartet und lebe meinen Traum schon jetzt. Ich bin den Weg gegangen, den ich gehen wollte. Vor allem, wenn man reifer an Jahren ist, dann ist es wichtig, Neues zu wagen und zu beginnen. Das ist ein echt beflügelndes Gefühl. Ich bin dankbar für das, was in den letzten Jahren entstanden ist, und freue mich auf die noch kommende Zeit.

Blick ins Atelier der Kunsthandwerkerin. In ihrem Atelier in Görlitz stellt Silvia Bracke all das aus, was unter ihren Händen Gestalt annimmt. Vor allem sind es bereits gebrauchte und für andere wertlos gewordene Dinge, die sie auf kreative Art zu neuem Leben erweckt.

www.serokreativ.de/galeriebesuch

Die Schönheit einer jahrhundertealten Architektur und unzählige kreative Arbeiten von Silvia Bracke gehen im Görlitzer Napoleonhaus eine ganz besondere Verbindung ein. Touristen und Einheimische, die den Weg zu ihr finden, staunen jedes Mal aufs Neue, welch kreative Verwandlung vermeintlich wertlos gewordene Materialien unter ihren Händen genommen haben.

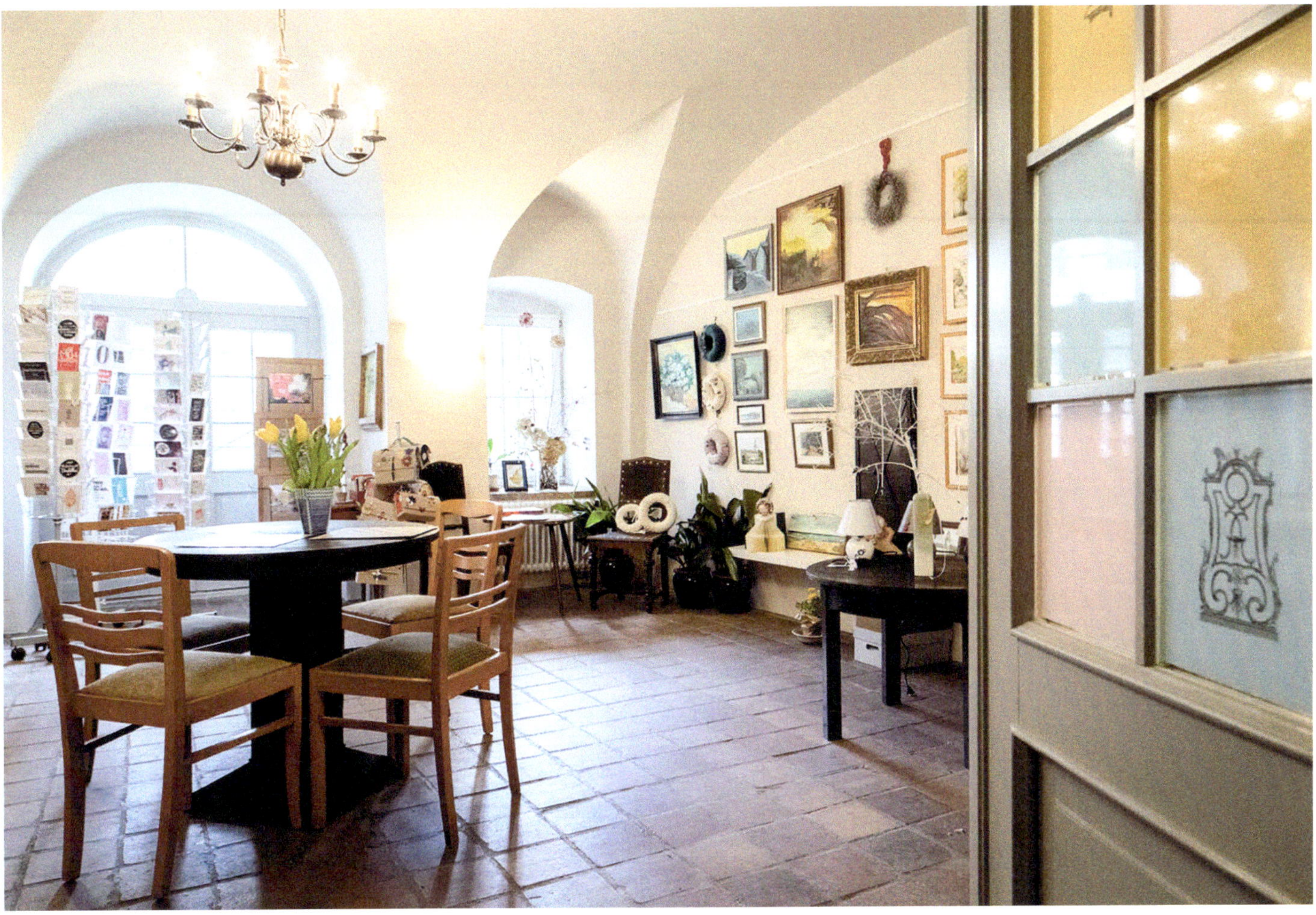

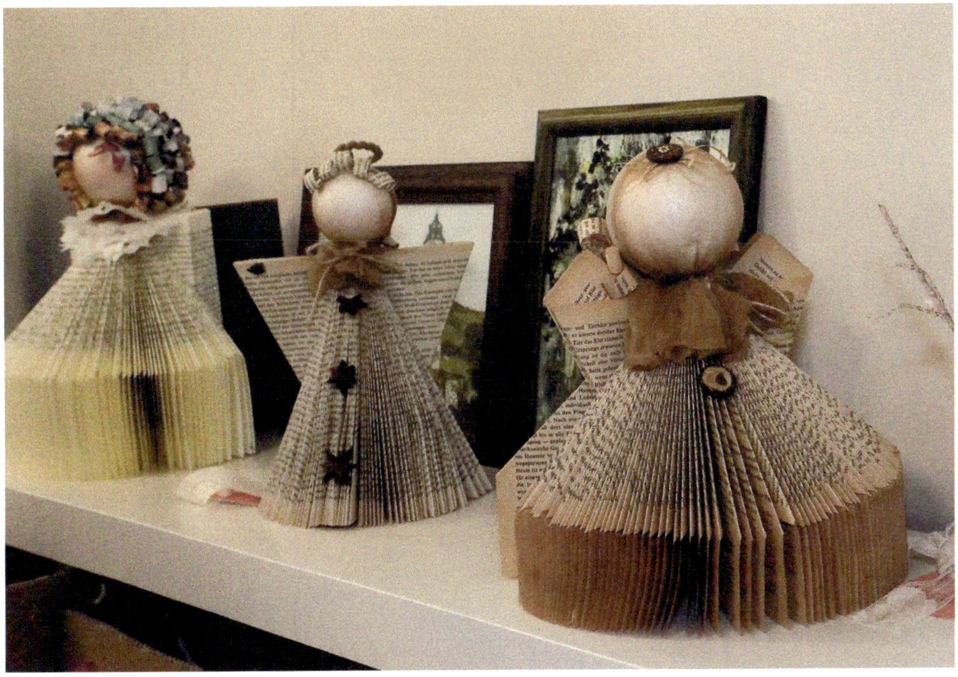

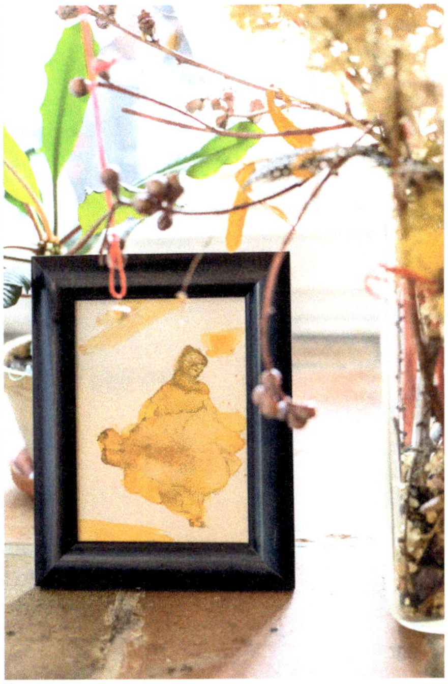

FANNY BRACKE

Intarsiendesignerin & Kunsttischlerin sowie Inhaberin der Intarsienmanufaktur Sachsen in Reichenbach/OL

Jahrgang 1985

Seit ich meine Firma habe, zweifle ich nicht mehr

Ich war um die dreißig, als ich als Frau und Unternehmerin begann, meinen Weg zu finden. Als gelernte Tischlerin habe ich das Kunsthandwerk und die Vielfalt der Intarsien kennen- und lieben gelernt. Zwei Jahre Designstudium folgten, bis ich mich selbstständig gemacht habe. Den Ausschlag gegeben hat der Kontakt mit einem Intarsien-Schneidemeister. In mir entflammte fortan die Leidenschaft, etwas mit meinen Händen zu gestalten und dabei möglichst eigenständig arbeiten zu können und kreativ zu sein. Dass ich meinen ganz eigenen Weg dann wieder in heimatliche Gefilde gegangen bin und mich dabei selbst gefunden habe, ist doppeltes Glück. Zum einen ist es gut, in einer vertrauten Region zu leben – ich bin hier aufgewachsen – und zum anderen gibt mir die Familie den nötigen Rückhalt. Ich fand mein Atelier in Reichenbach, schaffte Maschinen und Werkzeuge an und begann, das Marketing aufzubauen.

Das Besondere an dieser Kunst: Sie hat mit natürlichen Materialien zu tun, ist nachhaltig, kreativ und einzigartig. Ein traditionelles Handwerk lebt dadurch wieder auf und ich kann meine Stärken sowie besondere Fertigkeiten und Talente einfließen lassen. Und das wiederum ist wunderbar, weil es einer Berufung gleichkommt. Das Feedback ist entsprechend, wenn ich auf Messen an meinem Stand stehe und die Leute neben der Handwerkskunst auch mein Strahlen bemerken. Es fühlt sich einfach gut an, das zu tun, was ich möchte und was ich liebe.

Seit ich meine eigene Firma habe, zweifle ich nicht mehr an meinem Weg

Bei meinem eigenen Entwicklungsweg habe ich aber auch gemerkt, wie schwer es ist, sich selbst ernst zu nehmen, auf die eigene Stimme zu hören. Seit ich meine eigene Firma habe und nach Hause zurückgekehrt bin, zweifle ich nicht mehr, weder an mir selbst noch an dem Ort oder an der Arbeit, die ich mache. Es hat alles seine Richtigkeit und fühlt sich authentisch und lebendig an. Dem vorausgegangen sind allerdings einige Stationen, Jahre des Suchens, mehrere Semester eines Biologiestudiums und ein einjähriger Aufenthalt in Neuseeland im Rahmen eines Work-and-Travel-Programmes. Wichtig war und ist es auch, gute Leute um sich zu haben, die einen bestärken.

Alles zusammen hat dazu geführt, dass die innere Stimme immer lauter wurde, mit den eigenen Händen etwas zu schaffen, das aus dem Herzen kommt. Ich schätze das Handwerk sehr und in diesem künstlerischen Teilbereich des Tischlers kann ich meine Stärken voll entfalten. Es braucht Ruhe und Sorgfalt, Geduld und Kreativität, aber auch eine Vision davon, was man auf welche Art erschaffen möchte.

Trotzdem gibt es immer das Staunen, dass du alles selbst gemacht hast

Seit einigen Wochen habe ich meine Auszubildende Oksana, die hier ebenfalls einen neuen Weg beschreitet und ganz wunderbare Arbeit leistet. Und auch meine Mutter Silvia hat sich ins Atelier eingeklinkt und durch meinen neuen Weg eigene Impulse bekommen. Sie stellt Upcycling-Kunstwerke her und widmet sich der Malerei. All die Produkte und Kunstwerke kann man nicht nur in Reichenbach/OL, sondern auch im atelier nr 7 in Görlitz anschauen. Zu dritt sind wir ein Frauenteam, das die Weiterentwicklung der Manufaktur und des Ateliers mit großem Engagement vorantreibt.

Sichtbar wird, dass es einen Umbruch gibt

Sich gegenseitig zu motivieren, zu befruchten und zu unterstützen ist ein Glücksfall. Frauen kommunizieren viel, das wiederum führt zum gegenseitigen Verstehen. Sichtbar wird für mich auch, dass es seit einiger Zeit einen deutlichen Umbruch in der persönlichen und beruflichen Entwicklung von Frauen gibt. Das zu tun, was man möchte und seinen ganz eigenen Weg zu finden, das greift – ganz unabhängig vom Alter – immer mehr um sich.

Ich habe alles, was ich brauche und bin glücklich hier. Wenn ich mit meiner Hündin Raja in der Natur unterwegs bin, sind wir beide glücklich. Nicht zuletzt tanze ich sehr gern Tango Argentino, besuche Milongas und Festivals, bei denen ich neue Leute und Orte kennenlerne. Es ist mir nicht mehr wichtig, im Ausland unterwegs zu sein, ich kann vor Ort und zusammen mit den Menschen, die ich mag, sehr gut entspannen und glücklich sein.

Fanny Bracke liebt, was sie tut. Auf ein abgebrochenes Biologiestudium folgten eine Tischlerlehre sowie mehrere Semester eines Designstudiums. Während ihrer Ausbildung entflammte die Leidenschaft für Möbelstücke, deren Oberflächen feine Intarsien zieren. Heute betreibt die Reichenbacherin ihre eigene Intarsienmanufaktur und stellt ihre Möbel und Gebrauchsgegenstände auch in der Galerie ihrer Mutter Silvia in Görlitz aus (vorherige Seiten).

www.fanny-bracke.de

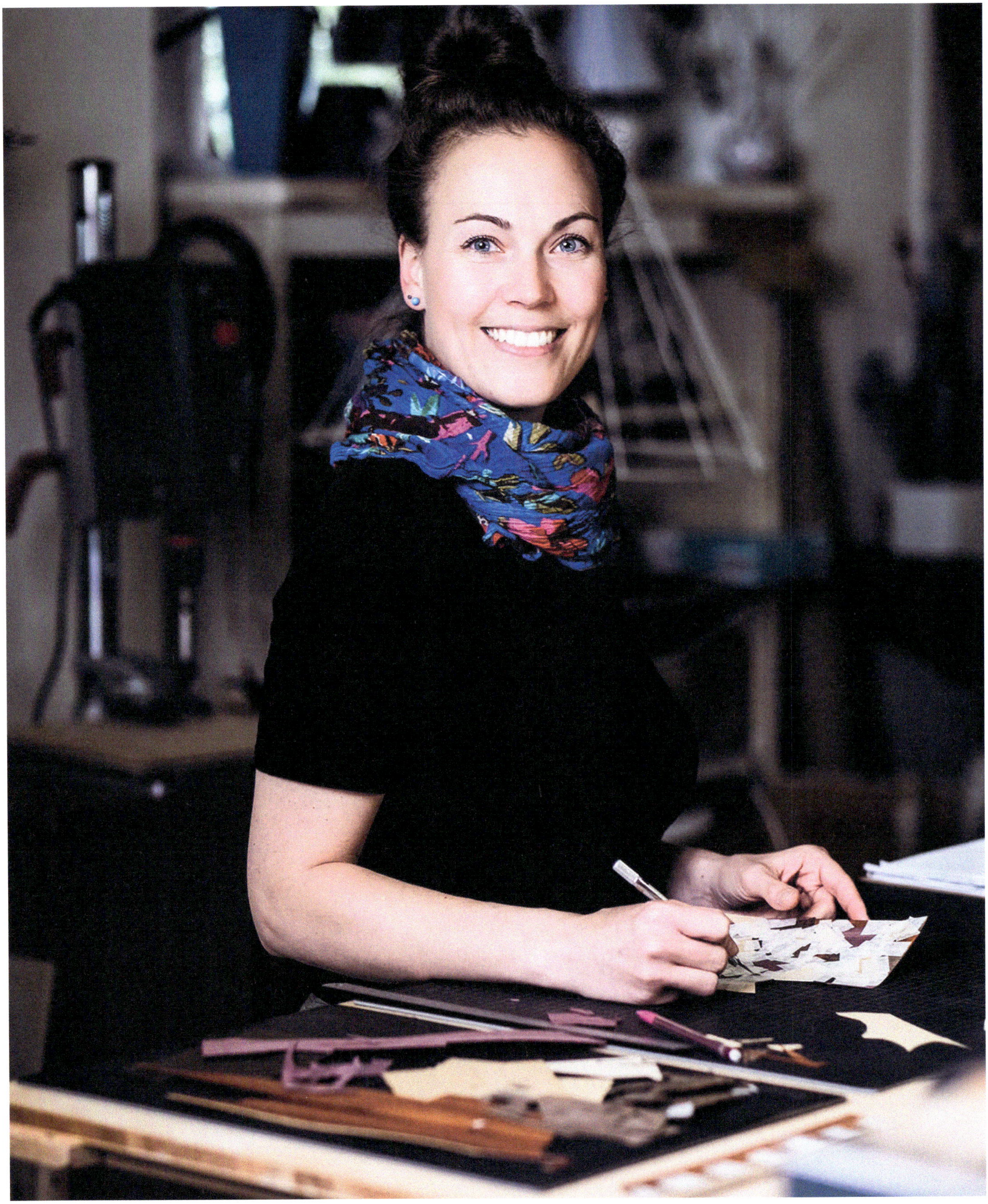

Blick in Atelier und Werkstatt der Intarsiendesignerin und Kunsttischlerin in Reichenbach. Sorgfalt und ein Gespür für Farben, Formen und Muster sind nötig, um aus Möbelstücken Kunstwerke wie diese zu machen.

IRENA DAHMS

Architektin und
Geschäftsführerin des Ingenieurbüros
für Gesamtplanung GmbH in Dresden

Jahrgang 1975

Dem Geist des Ortes gerecht werden

Ich bin seit vielen Jahren als Geschäftsführerin in einem Architektur- und Projektentwicklungsbüro tätig. Sich als Frau und Architektin im Business vorwiegend im Umgang mit dem „starken" Geschlecht durchzusetzen, das hat viel mit dem eigenen Selbstverständnis und mit Selbstbewusstsein zu tun.

Ich versuche vor allem, lösungsorientiert zu arbeiten

Mittlerweile habe ich für meine Architektur meinen ganz eigenen Stil und geeignete Umgangsformen gefunden. Heute, nach 27 Jahren Berufserfahrung, bereitet es mir sehr viel Freude, erfolgreich meine Projekte zu planen und umzusetzen. Wichtig ist mir dabei, mit Problemen und Lösungen konstruktiv und partnerschaftlich umzugehen sowie Verantwortung zu übernehmen. Ein wichtiger Aspekt ist unser Team von guten Mitarbeitern, Fachplanern und Handwerkern – ein gutes Werk braucht viele Köpfe und Hände. Mag sein, dass Frauen sich noch mehr in ihre Aufgaben reinknien als Männer. Meine Erfahrung: Egal wer du bist, du musst jeweils alles geben, um deine Visionen und Ziele erfolgreich umzusetzen. Und du musst lernen, dich zu strukturieren, klare Ziele zu setzen und den Mut und die Lust zum Credo „Mehr an Qualität und Leistung" zu behalten. Das Herausfordernde und Schöne an meiner Arbeit ist die Bandbreite von Kreativität vom Entwurf über fachliche und wirtschaftliche Anforderungen bis hin zum Änderungsmanagement auf der Baustelle, um nur einige Aspekte zu benennen. Zum einen gibt es private Kunden, deren individuelle Bauprojekte wir betreuen. Da ist es wichtig, gut zu kommunizieren und die besonderen Wünsche des Bauherrn herauszuarbeiten. Zum anderen sind da die großen Bauvorhaben in der Projektentwicklung, die von langer Hand geplant und vorbereitet werden. Wie ein aktuelles Projekt, bei dem es um betreutes Wohnen für Senioren in Dresden geht mit Gemeinschaftsräumen, Demenzwohneinheiten, einem Café und Betreuungsangeboten. Es war spannend, die Gespräche mit den vielen Interessenten zu führen. Ich bin sehr stolz auf den Erfolg, den wir mit diesem Projekt erreicht haben. Mein Credo ist es, dem „Genius loci", dem „Geist des Ortes", gerecht zu werden. Besonders gern arbeite ich an historischen Gebäuden, führe Schönes und Funktionelles zusammen und greife den typischen Charakter der Umgebung auf.

Es fühlt sich gut an, mit ökologischen Baustoffen zu arbeiten und weite, lichte Räume zu schaffen, in denen sich später im Alltag die Menschen wohlfühlen können. Besonders gut konnte ich das bei unserer eigenen Baustelle umsetzen, unserem eigenen Haus, an dessen Vervollkommnung wir ständig weiterarbeiten. Seit über zehn Jahren sind wir dabei, das historische Vorwerk Nickern zu restaurieren. Das Ensemble am Stadtrand von Dresden hat sich für mich und meine Familie zum quirligen Lebensmittelpunkt gemausert und ist Heimat, privates Refugium und Arbeitsplatz geworden. Hier planen wir einen offenen und lebendigen Co-Working-Space mit Veranstaltungsräumen für Treffen von Familie, Freunden und Mietern. Wir planen kulturelle Events, Musik, Tanz, aber auch Foren für Politik und Vereine. Die anspruchsvolle Bausubstanz mit 400 Jahren Bautradition und vielen liebevollen Details der damaligen Bauherren und Handwerker bilden für mich einen anspruchsvollen Experimentalraum für eine sorgsame, denkmalgerechte und dennoch auf zukünftige Nutzungen ausgerichtete und zeitgemäße Modernisierung.

Ich bin eine politisch interessierte Frau. Oft bin ich erschrocken über die idiologisch und fast dogmatisch geführten öffentlichen Diskussionen. Gerade im Bau fühle ich mich oft bevormundet und überzogen reguliert. Lasst den Menschen doch ihren gesunden Menschenverstand! Wir brauchen nicht für alles und jedes eine besondere Vorschrift. Dadurch wird der Alltag immer komplexer und das Bauen unnötig kompliziert und teuer.

Sehnsuchtsorte sind für mich die Bauwerke der Antike, die ich gern zur Inspiration besuche. Jedoch sollte bei einem Urlaub auf jeden Fall das Meer in der Nähe sein. Die See ist überhaupt etwas, was ich in meinem Zuhause am meisten vermisse. Ich schwimme, tauche und schnorchle leidenschaftlich gern. Und wenn es nicht möglich ist zu verreisen, entspanne ich in der nahen Kiesgrube. Ich liebe den Sommer und die Sonne – Kraft und Zuversicht finde ich in mir, denn am wichtigsten ist wohl das Wetter, was jeder in sich selbst macht.

Blick in das private Domizil der Architektin: in das Vorwerk Nickern bei Dresden, in dem die Familie lebt, wohnt und arbeitet. Auf den Fußboden, so Irena Dahms, ist die Familie besonders stolz: „Hier haben wir die antiken und mittelalterlichen Kalkestriche adaptiert. Allerdings mit modernen Werkstoffen. Und natürlich mit Fußbodenheizung, Lüftung, Dämmung und Dichtung."

www.vorwerk-nickern.de

Diese Seite: das schmuck sanierte Vorwerk von vorn und von der Straßenseite aus gesehen. Mit dem detailgetreuen Um- und Ausbau wurde zugleich eine eindrucksvolle Referenz für die ambitionierte Architektin und deren Folgeprojekte geschaffen.

Gegenüber: der Blick ins Erdgeschoss des Vorwerks durch die ehemalige Tür des Stalls, dominiert vom beeindruckenden romanischen Türportal, welches in einer Zweitverwendung eingebaut wurde.

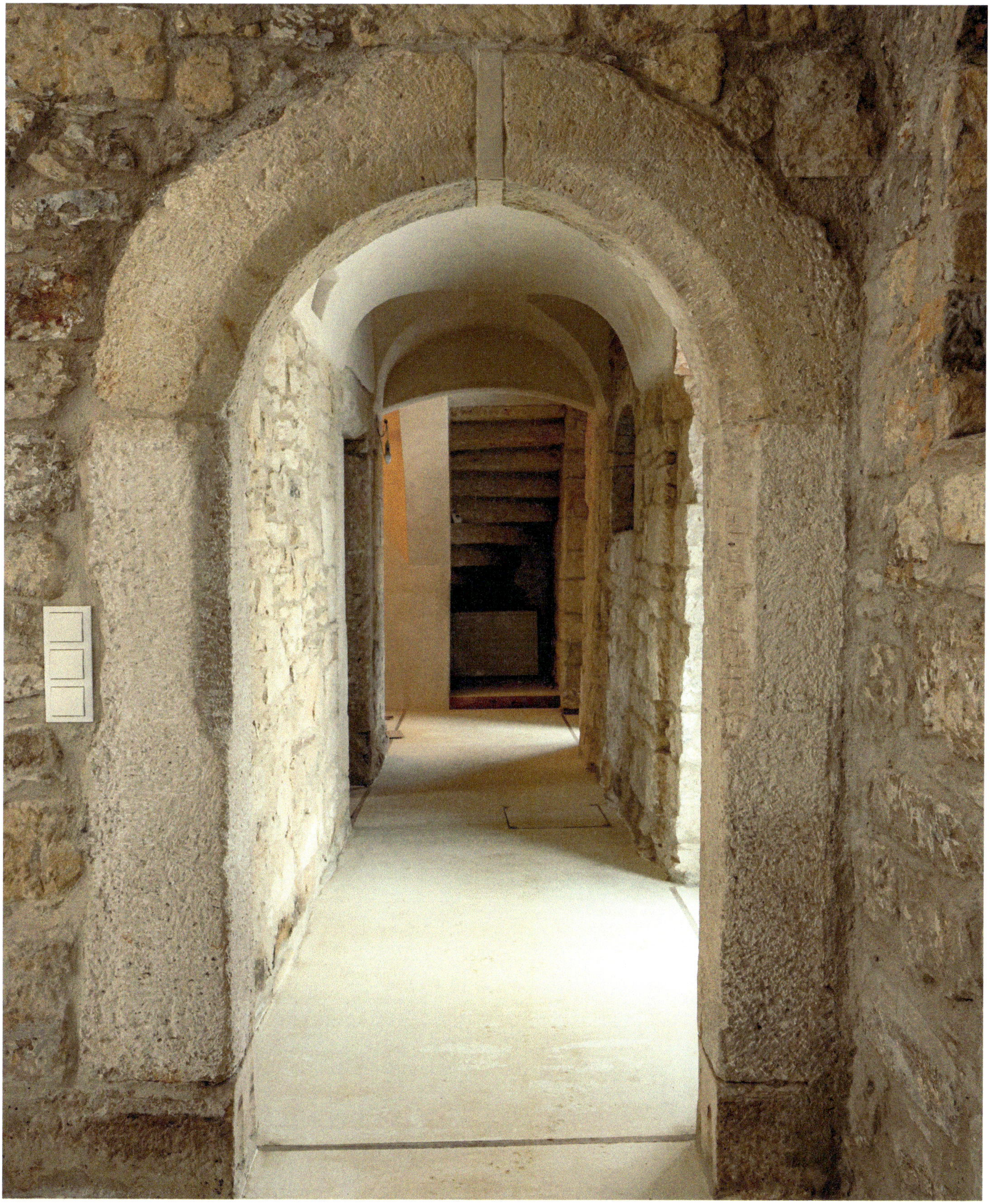

JOANA PRATHER

Wirtschafts-Informatikerin & Coach
für Frauen in Männerdomänen
in Dresden

Jahrgang 1978

Unser Potenzial liegt im Miteinander

Kraft und Stärke finde ich im Zusammensein mit Menschen und an besonderen Orten. Diese Erfahrung machte ich im Studium während meines Praxissemesters in Finnland. Mich begeistern die weiße Stille im Winter, die tausend blauen Seen im Sommer, dieses einzigartige Licht und der unendlich weite Himmel mit den schönsten Wolken, die ich je gesehen habe. In dieser abgeschiedenen Welt findet man echte Ruhe. Die Finnen selbst scheinen anfänglich unnahbar, doch sind es nach dem Kennenlernen herzliche und treue Menschen. Bis heute bin ich meinen Freunden, die ich vor 20 Jahren dort fand, tief verbunden. Die finnische Lebensart hält viele Überraschungen bereit und ist auf angenehme Art sehr einfach und warmherzig. Was mich tief beeindruckte, war der Gemeinschaftssinn der Finnen, ihre Aufrichtigkeit und Achtsamkeit gegenüber ihrer Natur, ihrer Sprache und besonders in den alltäglichen Dingen.

Mitgefühl und Nachhaltigkeit

Ich erkannte in Finnland die Werte wieder, die mir von jeher von meinen Eltern vorgelebt wurden. Und auch der Professor, der mich auf die Idee brachte, nach Finnland zu gehen, war ein Mensch, dem Ethik und die bewusste Auseinandersetzung mit den Konsequenzen unseres Handelns wichtig waren. Eine Welt, in der diese Dinge Gewicht haben, ist in gewisser Weise mein geistiger Sehnsuchtsort. Und ich finde ihn in zunehmendem Maße in meinem Berufsfeld wieder. Unternehmen treten immer öfter mit einem klaren Statement für mehr Nachhaltigkeit und Menschlichkeit an. Sie wollen sich nicht zwischen Erfolg und ihren ethischen Prinzipien entscheiden müssen. Für sie sind Vielfalt, gesellschaftliche Verantwortung, Sinnstiftung und Mitbestimmung wichtige Bausteine ihrer Unternehmenskultur und Mitgefühl ein Muss im unternehmerischen Denken. All das und meine Liebe zur finnischen Lebensart prägen meine heutige Lebensphilosophie sehr. Ich lerne gerne neue Leute kennen und bin grundsätzlich ein sehr positiver Mensch. Mir sind Mitgefühl, Freude am Tun und ethische Leitlinien sehr wichtig. Im geschäftlichen Bereich braucht es genau diese Eigenschaften, um Wettbewerb und ständigen Kampf um Erfolg zu ersetzen durch ein Miteinander, in dem wir uns gegenseitig stärken und dabei unterstützen, das zu bekommen, was wir uns für unser Leben wünschen.

Wenn unser Instinkt uns sagt, dass es richtig ist, gut mit anderen Menschen umzugehen, sollten wir das auch tun.

Achtsam mit uns selbst und beim Umgang mit anderen

Alles, was ich in die Welt gebe, kommt zu mir zurück. Das ist das Prinzip vom Karma, welches auf klaren logischen Herleitungen beruht. Daraus kann ich ganz praktisch ableiten, was ich tun muss, um zu erhalten, was ich in meinem Leben haben will. Einen wohlwollenden Umgang mit mir werde ich nur erleben, wenn ich selbst wohlwollend mit anderen bin. So kommt auch Erfolg davon, dass wir großzügig sind und andere erfolgreich machen. Noch klingt das seltsam. Doch wir dürfen lernen, Ursachen und Wirkungen neu zu verknüpfen und unser Verhalten entsprechend zu ändern. Wenn wir dieses Wissen in unserer Wirtschaft nutzen, lösen wir das Konkurrenzsystem ab und schaffen eine kooperative und empathische Welt ohne Verlierer.

Dies mitzugestalten ist meine Mission. Ich arbeite mit Unternehmen zusammen, die Wege in diese Art des neuen Wirtschaftens suchen. In meinen Einzelcoachings begleite ich vorrangig Unternehmerinnen und weibliche Führungskräfte und unterstütze sie dabei, die Verantwortung, die sie übernehmen wollen, mit Freude und Leichtigkeit auszuüben. Sie sollen authentisch und sich selbst treu bleiben dürfen. Wir machen nur dann einen Unterschied, wenn wir Potenzial voll ausschöpfen und eben genau jene Eigenschaften im Job einbringen, die uns als Frauen ausmachen. Wir wollen nicht die besseren Männer werden, sondern starke Frauen an der Seite der Männer. Noch gibt es wenige weibliche Vorbilder und dies gilt es zu ändern. Nutzen wir die Erfahrungen der männlichen Vorbilder und schaffen bewusst eigene Rollenvorbilder für Frauen in Führung, die unserem weiblichen Stil gerecht werden. Mit Frauen, die in einer Führungsposition ganz selbstverständlich und authentisch agieren, wächst auch eine neue Unternehmenskultur. Das ist die zweite Ebene, auf der ich tätig bin: Team- und Unternehmenskultur klingen sperrig, doch ist das Miteinander der Menschen, die gemeinsam arbeiten, entscheidend für den unternehmerischen Erfolg. Für mich ist es wie das Immunsystem einer Firma. Es macht Sinn, in Zeiten, in denen es gut läuft, Gesundheitsvorsorge zu betreiben und sich zu überlegen, wie sich das Arbeiten im Unternehmen anfühlen sollte. Wie wollen wir miteinander umgehen? Sollten Teams sich gegenseitig übertrumpfen oder einander unterstützen? Soll jeder seins machen und pünktlich mit der Feierabendglocke nach Hause gehen oder wollen wir uns menschlich miteinander verbunden fühlen, Anteil an Erfolgen nehmen und Geburtstage im Team feiern?

Joana Prather lebt mit ihrer Familie in Dresden. Sie bringt durch ihre Arbeit mehr Bewusstheit und gute Energien in die Businesswelt. Joana ist eng verbunden mit Finnland, dessen Lebensphilosophie sie im Herzen trägt und an andere weitervermittelt.

www.joanaprather.com

Vielen ist gar nicht bewusst, wie viel Zeit und Geld gewonnen werden kann, wenn sie das Menschliche im Unternehmen fördern, auf gemeinsame Werte fokussieren, alle einer gemeinsamen Vision folgen und achtsam mit Gefühlen umgehen. Hier unterscheiden sich aktive und gesunde Unternehmenskulturen von denjenigen, die Symptome aussitzen und erst reagieren, wenn die Schmerzen nicht mehr auszuhalten sind. Ersteres lässt sich im Rahmen von Organisationsentwicklung wunderbar im unternehmerischen Alltag integrieren und ich liebe es, mit Unternehmen zusammenzuarbeiten, die dieses Verständnis teilen und ihre Kultur gestalten wollen.

Wenn sie in Finnland ist, saugt Joana die dortige Lebensart in sich auf. Die Menschen sind herzlich und naturverbunden. Die umgebende Natur hält für jeden, der offen in sie eintaucht, atemberaubende Impressionen bereit.

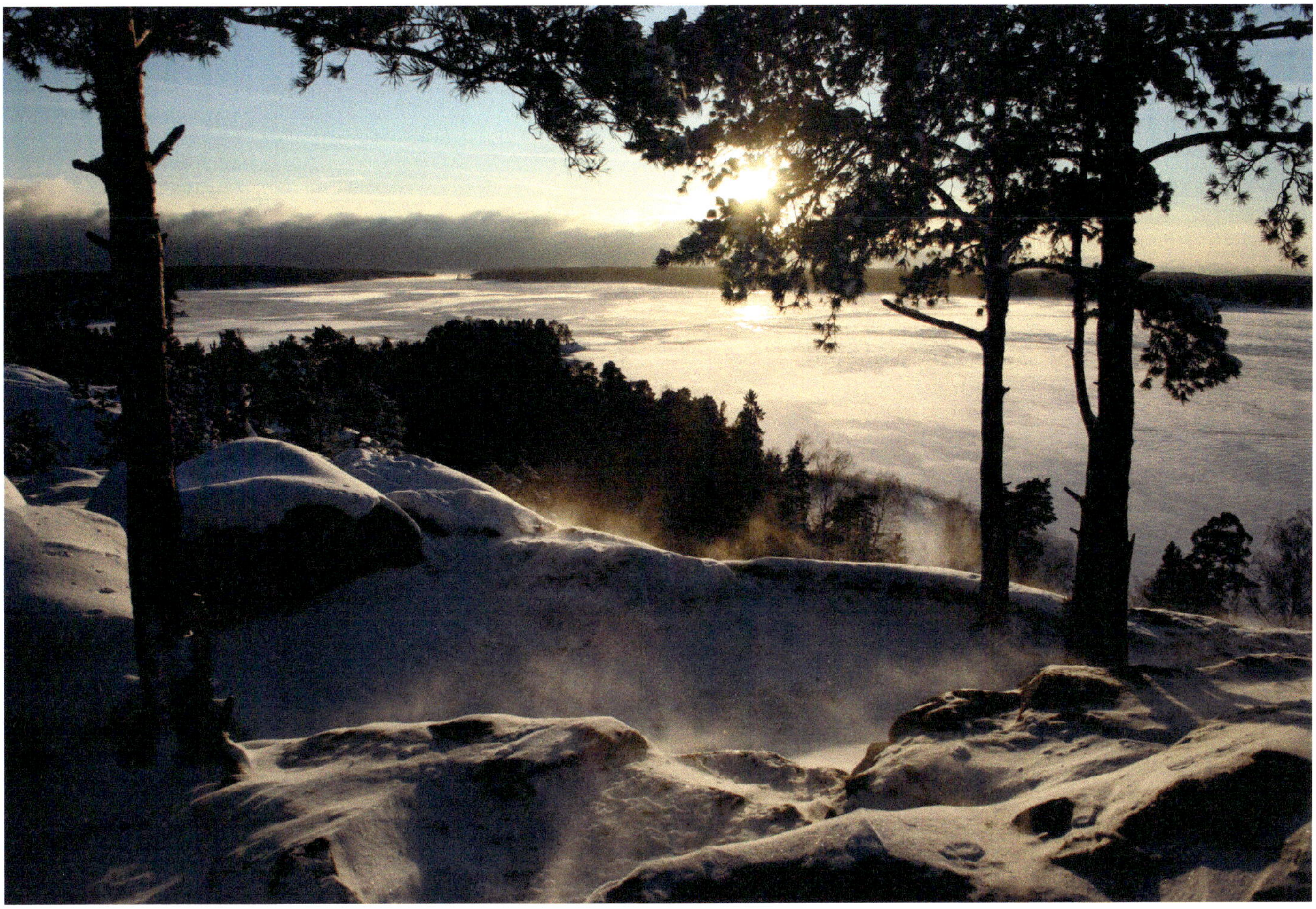

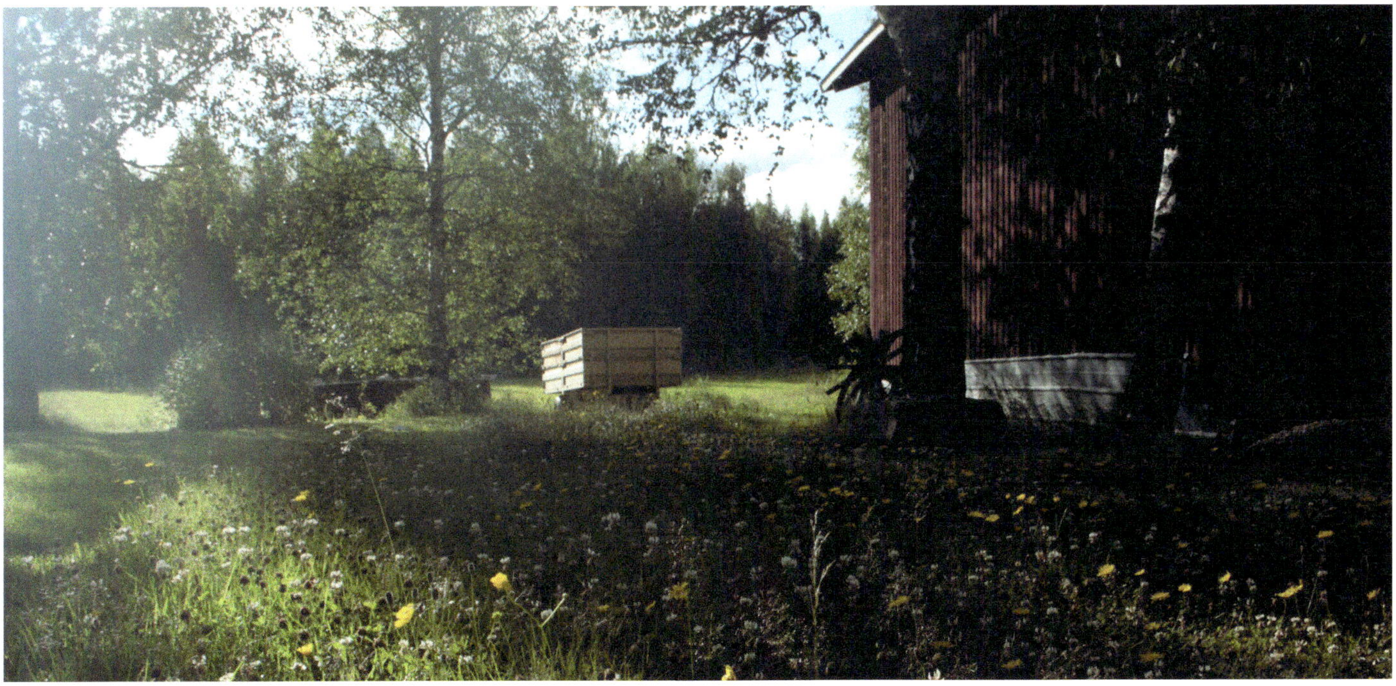

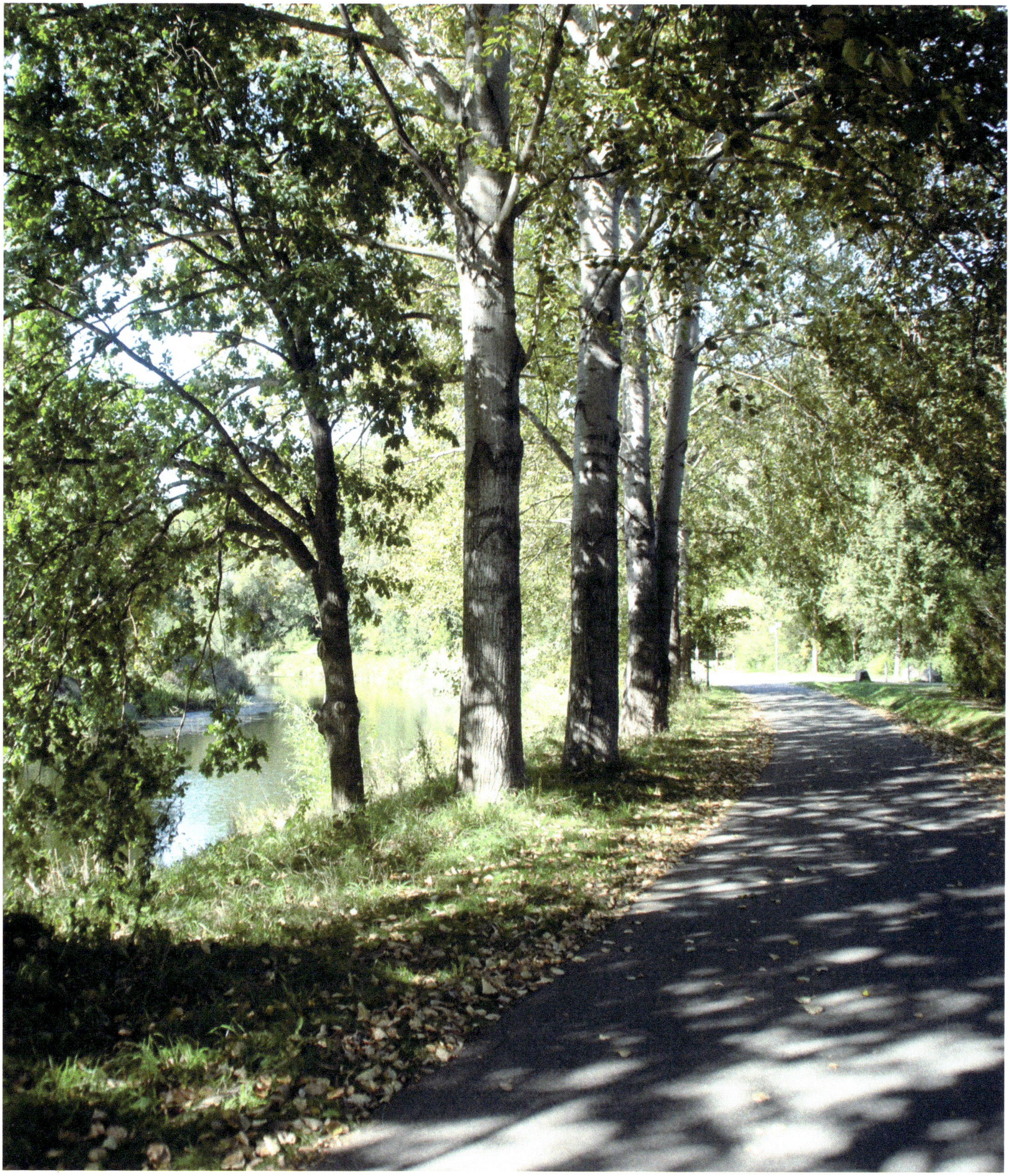

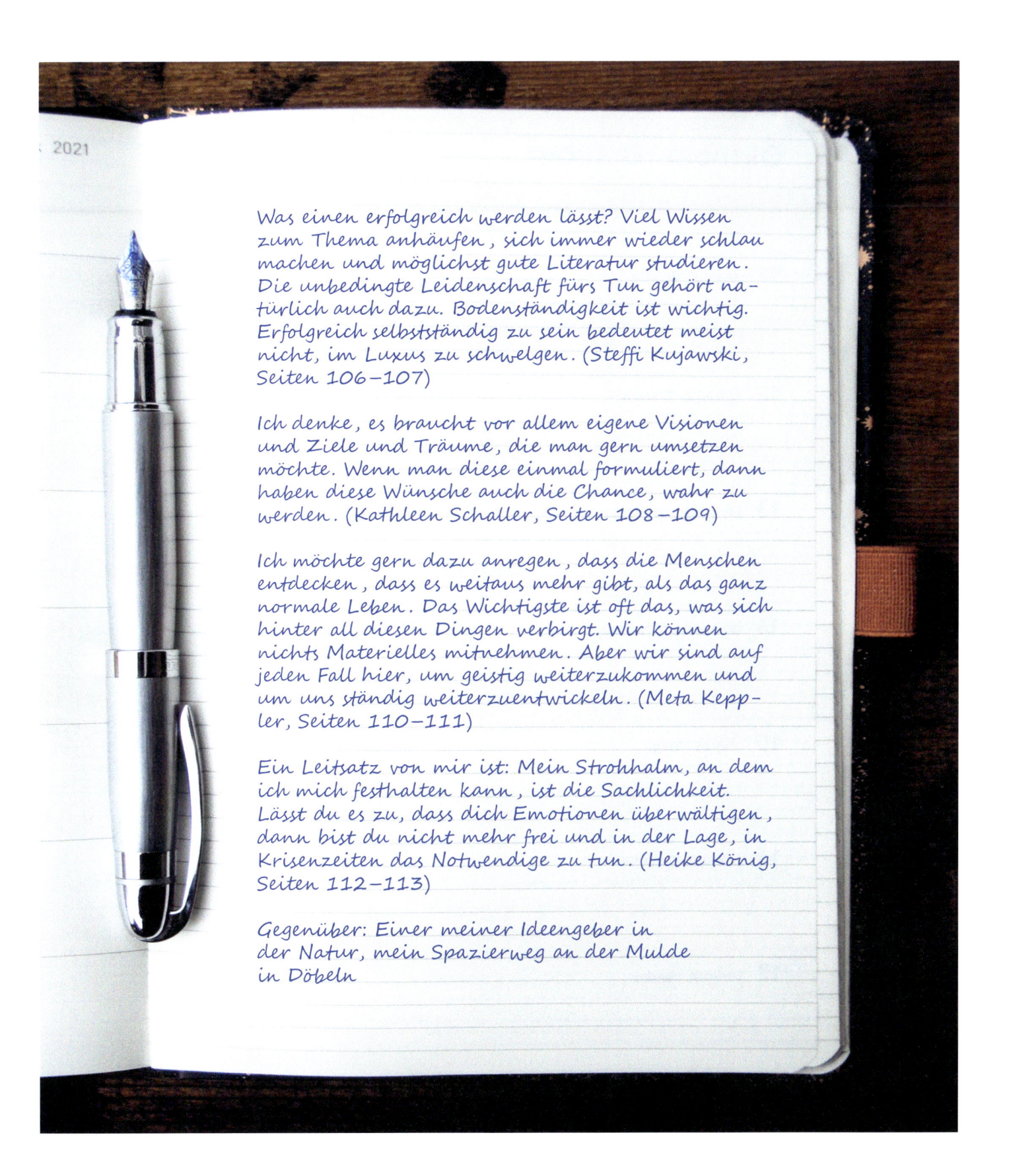

Was einen erfolgreich werden lässt? Viel Wissen zum Thema anhäufen, sich immer wieder schlau machen und möglichst gute Literatur studieren. Die unbedingte Leidenschaft fürs Tun gehört natürlich auch dazu. Bodenständigkeit ist wichtig. Erfolgreich selbstständig zu sein bedeutet meist nicht, im Luxus zu schwelgen. (Steffi Kujawski, Seiten 106–107)

Ich denke, es braucht vor allem eigene Visionen und Ziele und Träume, die man gern umsetzen möchte. Wenn man diese einmal formuliert, dann haben diese Wünsche auch die Chance, wahr zu werden. (Kathleen Schaller, Seiten 108–109)

Ich möchte gern dazu anregen, dass die Menschen entdecken, dass es weitaus mehr gibt, als das ganz normale Leben. Das Wichtigste ist oft das, was sich hinter all diesen Dingen verbirgt. Wir können nichts Materielles mitnehmen. Aber wir sind auf jeden Fall hier, um geistig weiterzukommen und um uns ständig weiterzuentwickeln. (Meta Keppler, Seiten 110–111)

Ein Leitsatz von mir ist: Mein Strohhalm, an dem ich mich festhalten kann, ist die Sachlichkeit. Lässt du es zu, dass dich Emotionen überwältigen, dann bist du nicht mehr frei und in der Lage, in Krisenzeiten das Notwendige zu tun. (Heike König, Seiten 112–113)

Gegenüber: Einer meiner Ideengeber in der Natur, mein Spazierweg an der Mulde in Döbeln

Entspannen und Meditieren am Lieblingsort

Wo entspannst du am besten? Was gibt dir Kraft und erdet dich? Die Mehrzahl der Frauen in diesem Buch hat darüber berichtet, dass es ein Ort in der Natur ist, an dem sie sich wohlfühlen und den Alltagstrott hinter sich lassen können. Dabei – so kam heraus – ist es gar nicht so wichtig, wie großartig und spektakulär genau dein Kraftplatz ist. Es kann ein Waldweg, ein See oder ein Fluss in der Nähe sein, an dem ein Fußmarsch den gewünschten Entspannungseffekt bringt. Es kann aber auch ein Ort der Ruhe und Meditation in einer Ecke der Wohnung oder im Garten sein, an dem es sich wunderbar herunterkommen lässt.

Viele kleine Freuden bringen mehr als wenige große

Neben dem großen Urlaub ist der unkomplizierte kleine – der um die Ecke am See, am Fluss, im Park oder Wald – mindestens genauso wichtig und effizient. Das Beste daran: Du kannst den Ort schnell erreichen, musst weder viel Geld noch Zeit aufbringen, um in ihn einzutauchen. Und in ihrer Gesamtheit – so haben Glücksforscher herausgefunden – bringen viele kleine Freuden mehr Glückspunkte auf der inneren Zufriedenheitsskala als wenige große.

Nicht zu unterschätzen ist der Effekt des Bewegens. Der Muskeltonus zieht „Grübel-Energien" ab und nutzt sie effizient für deinen Kreislauf und das Vorwärtskommen. Ein Effekt, der sich positiv auf die Grundstimmung auswirkt. Schon wenige Schritte an der frischen Luft reichen aus, dich auf andere Gedanken zu bringen. Dafür muss keine teure Sportkleidung oder -ausrüstung angeschafft werden. Deine bequeme Alltagskleidung und gutes Schuhwerk reichen völlig aus.

Übung macht den Meister: Öfter meditieren hilft schneller beim Entspannen

Und wenn wir schon mal beim Entspannen sind: Nutze beim Eintauchen in deinen Lieblingsort auch gern die Kraft der Meditation. Unsere Coaching-Expertinnen im Buch raten unbedingt dazu, diese Entspannungstechnik auszuprobieren, um sie vielleicht auch in anderen weniger ruhigen Momenten anwenden zu können. Je öfter du übst, umso leichter wird es dir fallen, in Stressmomenten positive Affirmationen in Form von Bildern, Geräuschen und Emotionen vor deinem Inneren entstehen zu lassen. Vielleicht hilft ja zunächst ein Clip auf dem Handy dabei, in die richtige Grundstimmung zu kommen und positive Gedanken anzuregen. Vielleicht kommst du nach einigen Übungen aber auch von ganz allein darauf, wie du frische Luft, Vogelgezwitscher oder das Rauschen der Bäume in deine Entspannungsmomente einbauen kannst.

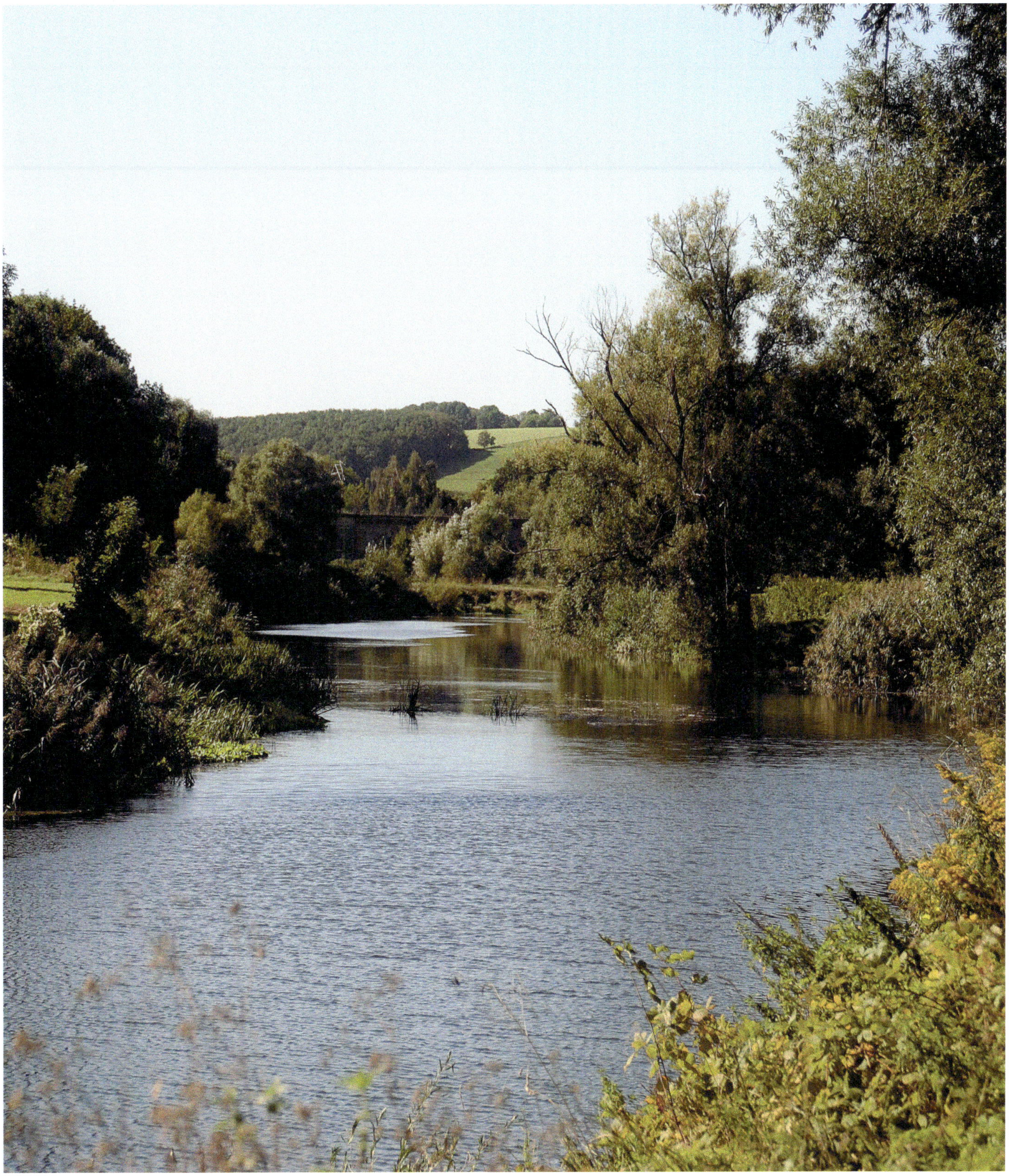

STEFFI KUJAWSKI

Inhaberin von Kaffeehaus und Rösterei „Kaffeefee Sachsen" in Wüstenbrand

Jahrgang 1960

Ich glaube, es gibt ein Unternehmer-Gen

Warum ich heute selbstständig bin und es mag, meinen Intentionen zu folgen? Ich glaube, es gibt ein „Unternehmer-Gen", das immer wieder weitergegeben wird. Schon als Kind lebte ich in einer Atmosphäre der Selbstständigkeit. Meine Großeltern hatten in Radebeul eine eigene Firma, die „Grandiosa Radebeul", in der Bestrahlungslampen und Gasanzünder hergestellt wurden. 1972 wurde sie verstaatlicht. Mein Vater führte die Tradition des Unternehmers dann weiter, indem er 1953 eine Firma für elektrotechnische Anlagen gründete, welche mein geschiedener Mann heute besitzt. Das Wagnis, eine eigene Kaffeerösterei zu gründen, habe ich dann nach der Trennung von meinem damaligen Partner umgesetzt.

Eine Unternehmensberaterin hat die Initialzündung gegeben

Meine Kinder, gute Freunde und ein Netzwerk von kompetenten Fachleuten haben mir die Kraft verliehen, meine Ziele anzugehen und letztlich zu erreichen. Einer sehr engagierten Unternehmensberaterin verdanke ich meinen Firmennamen und ganz viel Durchhaltevermögen gegen alle Widrigkeiten mit Banken und Behörden. So habe ich es geschafft, als eine der Ersten in Sachsen wieder eine Kaffeerösterei zu betreiben, zumal es hierzulande seit 1972 gar keine Handwerksbetriebe dieser Art mehr gab. Den Duft gut zubereiteten Kaffees habe ich bei meiner Großmutter lieben gelernt, die auch mit Zimt und Kakao experimentierte. Als das Thema dann zu mir kam, habe ich in Moritzburg mit einer eigenen kleinen Rösterei begonnen, die dann aber schnell zu eng wurde.

Viel Wissen anhäufen, gern arbeiten und gute Produkte anbieten

Ich denke, man muss viel Wissen zum Thema anhäufen, sich immer wieder schlau machen und möglichst gute Literatur studieren. Die unbedingte Leidenschaft fürs Tun gehört grundsätzlich dazu. Bodenständigkeit und seiner Firmenphilosophie treu bleiben ist wichtig. Erfolgreich selbstständig zu sein bedeutet meist nicht, im Luxus zu schwelgen. Der Gewinn sollte möglichst wieder dem Geschäft zugutekommen.

Nicht zuletzt muss Frau bereit sein, mehr als andere zu arbeiten. Für mich macht das eigene Unternehmen vor allem Sinn, weil ich trotz aller Risiken, frei entscheiden kann und unabhängig bin. Wenn man dann noch ein Produkt anbietet, welches hinsichtlich der Transparenz der Herstellung, des fairen Handels, der gesundheitlichen Aspekte und des Genusses punkten kann, dann gibt es keine schönere Motivation, jeden Tag sein Bestes zu geben.

*Hinter jedem Business steckt
auch ein sozialer Gedanke*

In den letzten Jahren habe ich die Chance gehabt, direkten Kontakt zu kleinen Kaffeeproduzenten knüpfen zu können, die individuell betriebene Plantagen haben. Viele von ihnen sind weitergezogen und haben ihre Betriebe aufgegeben, weil sie davon nicht mehr leben können. Industriell gefertigter Kaffee wird maschinell geerntet und anders aufbereitet. Umso mehr riecht und schmeckt man die von Hand geernteten, duftenden Bohnen, die sorgfältiger ausgelesen werden und alle einen ähnlichen Reifegrad haben. Nicht zuletzt steckt hinter meinen Handelswegen ein sozialer Gedanke. Verantwortung für Menschen zu übernehmen, mit denen man es zu tun hat, ist ein wichtiger Aspekt.

*Das Geschaffene ehren und
Selbstbewusstsein ausstrahlen*

Glücklich bin ich nicht nur in der Natur oder an besonders schönen Orten. Glücklich bin ich auch in Momenten, in denen ich Zeit und Muße habe, das Geschaffene entsprechend zu würdigen. Dazu gehörte unter anderem ein gelungenes Kaffeehauskonzert zum zehnjährigen Jubiläum meiner Firma, zu dem nicht nur Gäste, sondern auch Freunde und Familie geladen waren. Es liegt mir eigentlich nicht so, im Mittelpunkt zu stehen. Trotzdem sind aus meiner Sicht für eine Frau und Unternehmerin ein gesundes Selbstbewusstsein sowie das Wissen um die eigene Fachkompetenz, eine gewisse Gelassenheit und Selbstverständlichkeit beim Tun wichtig.

Die Kaffeefee Sachsen ist in einer ehemaligen Textilfabrik zu Hause. Da, wo früher Feinstrickwaren hergestellt wurden, röstet die Inhaberin heute hochwertigen Kaffee, den sie im täglichen Kaffeebetrieb oder zu Feierlichkeiten zusammen mit leckerem Gebäck serviert. Besonders wichtig für Steffi Kujawski: hochwertigen Kaffee mit transparenten Handelswegen anzubieten.

www.kaffeefee-sachsen.de

KATHLEEN SCHALLER

Inhaberin der
„Genuss-Werkstatt"
in Reichenbach

Jahrgang 1977

Ziele formulieren, damit sie wahr werden

Ich denke, dass man als selbstständige Frau und Mutter vor allem Menschen braucht, die hinter einem stehen. Mit meiner eigenen Firma habe ich mich auch von meiner Familie inspirieren lassen, die nun schon seit vier Generationen selbstständig ist. 1892 gab es zunächst einen Metzgerladen im Ort. Einer der Söhne, der Großvater meines Mannes, machte die Firma groß, erwarb Land und ließ die Fleisch- und Wurstproduktion Schaller expandieren. Im Krieg belieferte die Firma die afrikanische Front – ein Umstand, der später zur Enteignung führte.

Es ist eine Familie der starken Frauen, so dass die Großmutter meines Mannes sich auch dann nicht unterkriegen ließ, als die Lage hoffnungslos schien und sie erst einmal bei ihrem Bruder hinter der Theke als Verkäuferin weiterarbeitete. Dann kam es in der ehemaligen DDR noch einmal zu einem Neustart, Haus und Grundstück wurden erworben, Fleischerei und Großhandel neu gegründet. Weil das Unternehmen weniger als zehn Angestellte hatte, wurde es nicht verstaatlicht und konnte in Familienhand bleiben. Im Volksmund war die Firma als „Fleischsalat-Schaller" bekannt. Nach der Wende wurden dann auf unserem jetzigen Standort die heutigen neuen Firmengebäude errichtet. 2007 hat mein Mann die Firma von seinem Vater übernommen.

*Wir setzen heute vor allem
auf regionale Produkte*

Zunächst war gar nicht klar, dass ich einmal seine Kollegin werde und neben der seinen noch eine weitere eigene Firma gründen werde. Ich habe damals als Bürokauffrau zunächst in einem Baubetrieb gearbeitet. Doch mit jedem Kind, das ich bekam, wanderte ich weiter in die Hinterzimmer, erledigte zuletzt die Buchhaltung. Das befriedigte mich nicht, da ich meistens allein war und mich irgendwie abgehängt fühlte. Dann erlernte ich den Beruf einer Ergotherapeutin, war eine Weile in einer Praxis tätig und ließ mich zur Ausbilderin qualifizieren. Ein Weg und eine Aufgabe, die mir viel Freude machten.

Irgendwann wurde in der Firma meines Mannes eine Stelle frei, wir überlegten gemeinsam und ich entschied mich – weil es mich interessierte – in diese Branche umzuschwenken.

Zur Herstellung von Fleisch- und Wurstwaren gehörte immer schon ein gutgehender Partyservice, den meine Schwiegermutter innehatte. Ein Umstand, der den Start mit meiner „Genuss-Werkstatt" erleichterte. Wir setzen heute vor allem auf regionale Produkte und bieten neben bekannten, traditionellen Rezepturen auch italienische Gaumenfreuden an, den richtigen Wein, Oliven oder Nudeln zu Fleisch, Wurst und Käse – ein Konzept, das die Leute gern mögen.

Wenn man seine Ziele und Träume formuliert, können sie wahr werden

Warum man erfolgreich wird? Ich denke, es braucht vor allem eigene Visionen, Ziele und Träume, die man gern umsetzen möchte. Wenn man diese einmal formuliert, dann haben diese Wünsche auch die Chance, wahr zu werden. Daneben braucht es Familie, Freunde und Mentoren, die einen unterstützen und bestärken. Wichtig ist es aus meiner Sicht auch sich auszutauschen, Netzwerke zu bilden, um immer wieder neues, innovatives Input zu bekommen.

Schön ist die Ostsee im Winter, wenn nicht so viele Touristen dort sind

Stärke und Kraft hole ich mir – zusammen mit meiner Familie – auch von unseren „Happy Places". Wir sind oft in der heimischen Natur unterwegs, fahren aber auch gern in das Ferienhaus unserer Freunde nach Österreich. Nicht zuletzt finden wir die Ostsee im Winter sehr schön, wenn da nicht so viele Touristen unterwegs sind.

Mit ihrer eigenen Genuss-Werkstatt setzt Kathleen Schaller aus Reichenbach vor allem auf Rezepturen mit regionalen Produkten und Zutaten, verbunden mit einer modernen Küche mit frischen Kräutern, Hausmannskost und kreativ gestalteten Platten. Familie, Team und Kollegen, so sagt sie, sind wichtig für das Gelingen eines Konzeptes, das Augen und Gaumen gleichermaßen begeistern soll.

www.meine-genuss-werkstatt.de

META KEPPLER

Künstlerin & Betreiberin des Zentrums für Transzendente Kunst mit Hofateliers, Werkschau sowie Hofgalerie und Hofkreis in Coswig

Jahrgang 1943

Mein Kraftort befindet sich in mir selbst

Malerisches Talent, so denke ich, wurde mir schon in die Wiege gelegt und dieser Gabe bin ich bis zum heutigen Tag auch treu geblieben. Meine künstlerische Karriere hat sich dabei im Laufe meines Lebens in verschiedenen Etappen weiterentwickelt. Im ersten Beruf war ich Textildesignerin und habe mich parallel künstlerisch in Theorie und Praxis weitergebildet. Nach den Erziehungsjahren (ich habe drei Kinder) und einer Zeit, in der ich in der Firma meines Mannes mitgeholfen habe, studierte ich noch einmal vier Jahre lang Kunst an einer staatlichen Freien Akademie. Ein Weg, der von Erfolg gekrönt wurde. Heute lebe und arbeite ich in Coswig als Künstlerin mit eigenem Atelier und Galerie. Und ich bin Mutter, Großmutter und Urgroßmutter. Wenn man mich braucht, bin ich da.

Ich bin hier, um meinen eigenen Lebensplan zu erfüllen

Zurzeit bereite ich eine neue Ausstellung vor. Ich trage so vieles in mir, was noch bearbeitet und präsentiert werden will. Ich bin gläubige Christin und erschaffe vieles aus einer inneren geistigen Quelle heraus. Wie ich weitergekommen bin? Oft denke ich, dass das Leben streng mit mir umgegangen ist. Ich habe aber immer ein großes Vertrauen in mich selbst gehabt. Ich werde meinen ganz eigenen Lebensplan erfüllen, der sich so nach und nach weiter entrollen darf. Familie und meine gesellschaftlichen Einbettungen, eines hat das andere befruchtet. Und die einzelnen Aufgaben sind ganz selbstverständlich ineinander übergegangen.

Es ist auch erleichternd, Vergangenes loszulassen

Frau und Alter? Nun, in jüngeren Jahren haben ganz andere Dinge eine Rolle gespielt. Da gab es die Pflichten als Mutter und Verantwortliche für Haus und Hof, als Ehefrau und Begleiterin meines Ehemannes, privat und geschäftlich sowie nebenbei als nimmermüde Weiterbildende in Sachen Kunst. Ein neuer Lebensabschnitt bringt andere Aufgaben mit sich. In meinem Inneren war und bin ich ein Freigeist und das kann ich nun intensiv leben. Meine Kindheit und das Erwachsenwerden in Reutlingen, im Kreis meiner Eltern und vier Geschwister, haben mich bestärkt und belehrt. Schon als Kind konnte ich mich weitestgehend selbst für oder gegen etwas entscheiden.

Das hat mir mein ganzes Leben lang geholfen. Mit dem Alter ist auch die Empathie gewachsen, das Verständnis für die Individualität des Menschen. Ich habe gelernt, jeden so sein lassen zu können, wie er ist. Ziele und Wünsche? Ich bin auf meinem Weg und gehe ihn bis zum Ende mit allem, was dazugehört. Heute bin ich sehr spirituell ausgerichtet und gebe meine Erfahrungen und mein Wissen gerne weiter. Galerie- und Werkschaubesuche enden oft – mal im großen oder kleinen Kreis – mit tiefgreifenden Kunstgesprächen.

Der Kraftort befindet sich in mir selbst

Über die Kunst kann ich anregen, dass die Menschen entdecken, dass es weitaus mehr gibt als das ganz normale Leben. Es gilt zu erkennen, was sich hinter allem verbirgt. Wir sind hier auf der Erde, um uns geistig weiterzuentwickeln. Das können wir eines Tages auch mitnehmen. Alles Materielle hingegen lassen wir zurück. Orte, die mir Kraft geben, befinden sich in meinem Inneren, in mir selbst, unabhängig davon, wo ich mich gerade aufhalte. Viele Menschen suchen im Außen, verspüren eine Sehnsucht, die mit allem Wichtigen und Unwichtigen gestillt werden soll. Doch das, was wir suchen, finden wir vor allem in uns selbst. Das gibt uns die Kraft und die Energie für all die großen und kleinen Herausforderungen des Lebens, die gemeistert werden wollen.

Menschen, die voneinander lernen können, finden sich

Es werden immer Menschen zueinander finden, um voneinander zu lernen, im Bewussten wie im Unbewussten. Für mich ist es wichtig, zu dem zu stehen, was ich für mich selbst als richtig und wichtig erachte. Jedoch achte ich die Meinung anderer und lote dann für mich aus und erkenne manchmal auch den Spiegel, der mir vorgehalten wird. Dafür bin ich sehr dankbar. Auch angesichts vieler anderer Meinungen bleibe ich mir treu und standhaft. Ich glaube an das Gute im Menschen, es ist die Basis für ein harmonisches und friedliches Zusammenleben.

Meta Keppler lebt, wohnt und arbeitet in Coswig bei Dresden. Mit ihren interessanten Arbeiten hat die Künstlerin in vielen nationalen und internationalen Ausstellungen von sich reden gemacht. In ihrem Domizil hat sie zudem ein Zentrum für Transzendente Kunst und einen Treffpunkt für Kunst, Kommunikation und Begegnung geschaffen.

www.metakeppler.de

HEIKE KÖNIG

Verlegerin & Autorin sowie
Geschäftsführerin des Apicula Verlages
in Plauen

Jahrgang 1965

Mein Strohhalm zum Festhalten ist die Sachlichkeit

Ein Leitsatz von mir ist: Mein Strohhalm, an dem ich mich festhalten kann, ist die Sachlichkeit. Lässt du es zu, dass dich Emotionen überwältigen, dann bist du nicht mehr frei und in der Lage, in Krisenzeiten das Notwendige zu tun. Ich habe eine Lebensgeschichte, die genau mit diesem inneren Pragmatismus zu tun hat. Ich produziere nicht nur Bücher mit Inhalten für Kinder, sondern auch Produkte, die einen pädagogischen Ansatz haben.

Die Dauer eines Trainings kann wahre Wunder bewirken

Das hat einen besonderen Grund, der viele Jahre zurückliegt. Mit zwei Jahren hatte mein Sohn einen schweren Unfall, der uns beide – ihn und mich – in eine sechsjährige Auszeit katapultierte. Gemeinsam kämpften wir – Ärzte, Therapeuten und ich – um das Leben meines Kindes. Es lag hilflos da, hing an Beatmungsgeräten und Schläuchen und es wurde prognostiziert, dass Tino wegen der schweren Hirnverletzung immer schwerstbehindert bleiben würde. Doch ich wollte und konnte mich mit dieser Art von Endgültigkeit und Motivlosigkeit nicht zufriedengeben. Ich gab meine Arbeit auf und kümmerte mich fortan intensiv um die Reha von Tino. Ich wurde Motivatorin, Managerin und Therapeutin. Ich verbrachte die nächsten acht Monate in Kliniken und kümmerte mich auch danach mit meinem ganz eigenen Trainingsprogramm jahrelang darum, dass mein Sohn all die Fähigkeiten und Fertigkeiten, die ihn ausmachen, nach und nach langsam wieder erlernte und merkte dabei, dass die Dauer und Art eines solchen Trainings wahre Wunder bewirken können.

Heute lebt Tino in einer Wohngruppe in München. Pfleger und Pädagogen kümmern sich darum, dass der einmal eingeschlagene Weg weiter erfolgreich verlaufen wird. Er ist ein ganz normaler und teilweise auch frecher Teenie, der auf die Realschule geht. Sein Ziel ist es, nach seinem Abschluss das Fachabitur zu schaffen. Von seinen einstigen Behinderungen ist nur noch wenig zu spüren. Neulich hat er sogar davon gesprochen, Breakdance zu erlernen. Für mich als Mutter ist eine Lebensaufgabe, eine Art Mission haftengeblieben. In einer solch angespannten Zeit wirst du wieder auf deine ganz eigenen Grundwerte zurückgeworfen. Was ist wirklich wichtig? Wie kann ich mit dem selbst Erlernten auch anderen helfen?

Ich habe in der Zeit viel gelesen, mich mit Krankheitsbildern beschäftigt, die mit unserem Denken und Fühlen zu tun haben. Fragen wie die, wie unser Gehirn aufgebaut ist, auf welche Art Fähigkeiten und Fertigkeiten gebildet werden, haben mich jahrelang beschäftigt.

*Mit den richtigen Ansätzen
kannst du viel bewirken*

Mit den richtigen Ansätzen kannst Du viel bewirken und mit den richtigen Denkweisen und auch präventiven Schritten wirst du kleine und auch größere Wunder erleben. Mit den einmal erlernten Methoden und dem praktischen Wissen habe ich dann begonnen, Kinderbücher und Spiele zu produzieren, die sich mit unseren Emotionen auseinandersetzen und gleichermaßen für Eltern, Kinder und auch für Pädagogen geeignet sind. Letztlich ist ein ganzes Paket, ein Kurskoffer „Vidulus" mit dem Titel „Meine Gefühle und ich" daraus entstanden, den wir unseren Kindern, Eltern und Pädagogen mit auf den Weg geben. Mit ihm sollen soziale und emotionale Fähigkeiten gestärkt werden. Ich habe zusammen mit meinem Döbelner Geschäftspartner Ronny Sziegel einen Verlag gegründet, Leute eingestellt, die unsere Projekte gemeinsam mit uns verwirklichen. In Plauen, in einer ehemaligen Gardinenfabrik, hat unser Verlag heute seinen Sitz. In den oberen Räumen gibt es ein Lesecafé, Seminarräume und im Erdgeschoss das Eventwerk, einen riesigen Indoorspielplatz mit diversen Möglichkeiten zum Toben und Entspannen. Wir werden künftig Weiterbildungen, Spiel, Spaß und Sport anbieten und miteinander verbinden. Für unser Engagement sind wir auf der London Book Fair ausgezeichnet und Gewinner des „International Learning Award 2020" geworden. Nicht zuletzt befassen wir uns heute – weil es uns wichtig ist – thematisch auch mit der Prävention gegen Kindesmissbrauch. Mit Buch und Broschüre werden Kinder und Eltern gleichermaßen für das Thema sensibilisiert und emotional gestärkt. Mein Fazit: Was ich in den vergangenen Jahren aufgebaut und geschaffen habe, gibt mir selbst auch Kraft und Mut. In jeder noch so schwierigen Zeit steckt die Möglichkeit, etwas für sich selbst und andere zu tun. Diese Gewissheit lässt mich auf dem einmal eingeschlagenen Weg weitergehen und zuversichtlich sein.

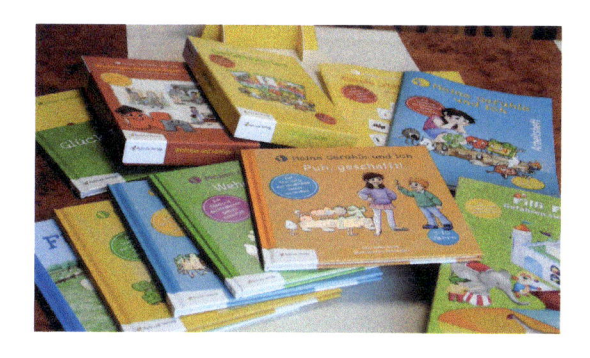

In einer ehemaligen Gardinenfabrik in der Holbeinstraße hat Heike König aus Plauen ihrem Apicula-Verlag einen Sitz gegeben. In den früheren Verwaltungsräumen gibt es ein Lesecafé, Seminarräume und die Büros, in denen die Unternehmerin mit ihrem Team arbeitet. In den unteren Räumen betreibt sie das „Eventwerk Plauen" mit Mindarena, Escaperoom und Lasertag.

www.apicula-verlag.de

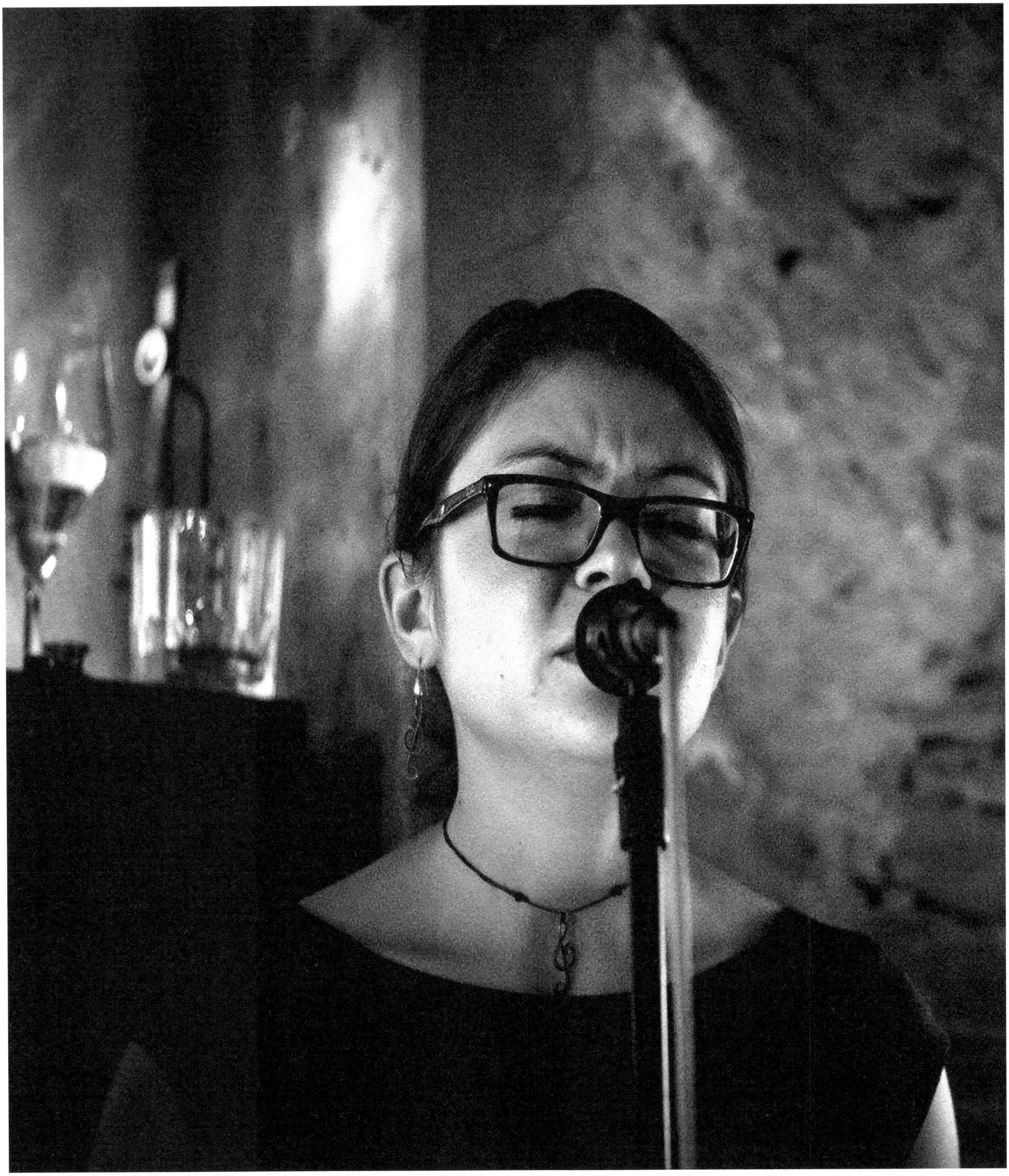

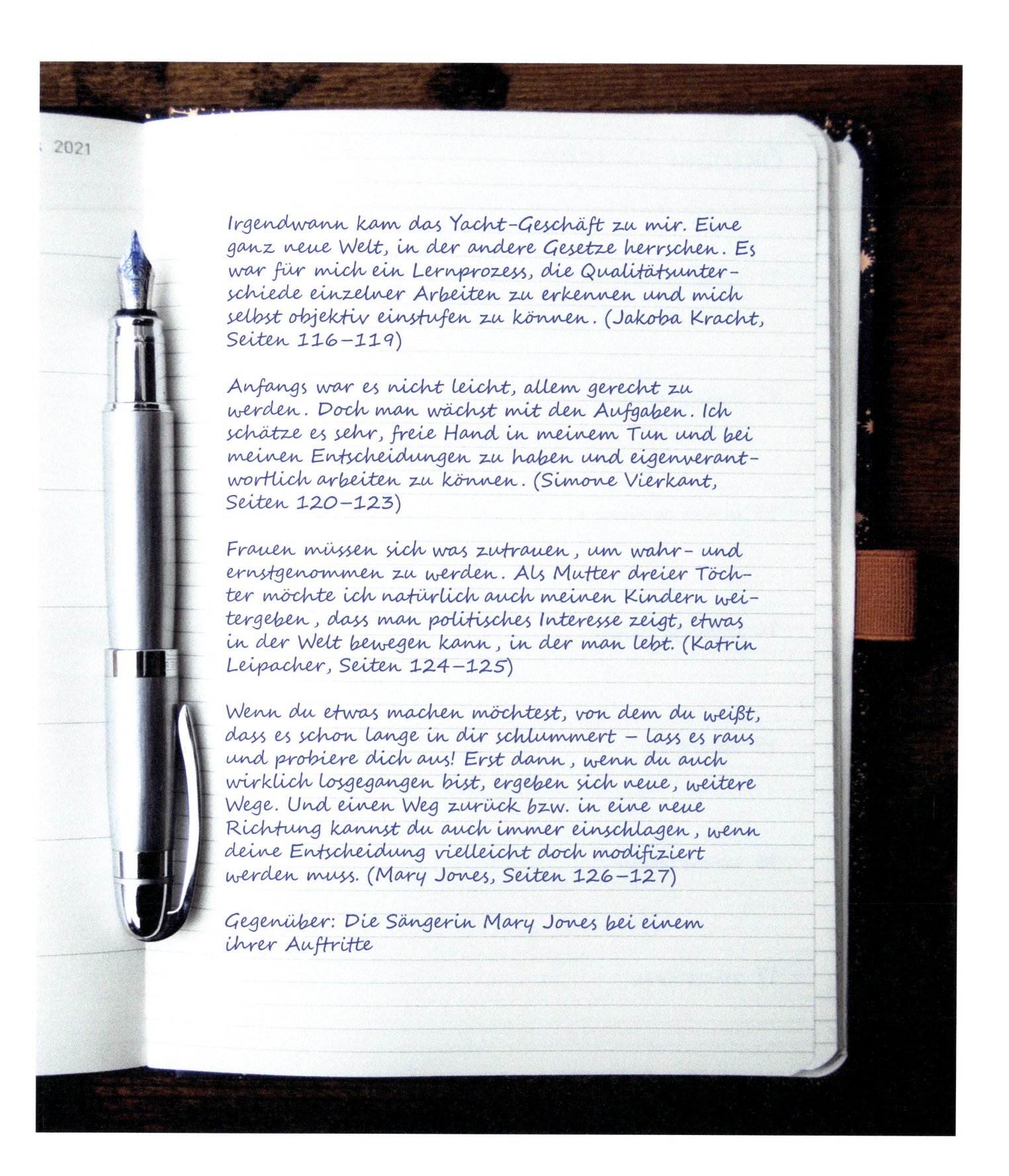

Irgendwann kam das Yacht-Geschäft zu mir. Eine ganz neue Welt, in der andere Gesetze herrschen. Es war für mich ein Lernprozess, die Qualitätsunterschiede einzelner Arbeiten zu erkennen und mich selbst objektiv einstufen zu können. (Jakoba Kracht, Seiten 116–119)

Anfangs war es nicht leicht, allem gerecht zu werden. Doch man wächst mit den Aufgaben. Ich schätze es sehr, freie Hand in meinem Tun und bei meinen Entscheidungen zu haben und eigenverantwortlich arbeiten zu können. (Simone Vierkant, Seiten 120–123)

Frauen müssen sich was zutrauen, um wahr- und ernstgenommen zu werden. Als Mutter dreier Töchter möchte ich natürlich auch meinen Kindern weitergeben, dass man politisches Interesse zeigt, etwas in der Welt bewegen kann, in der man lebt. (Katrin Leipacher, Seiten 124–125)

Wenn du etwas machen möchtest, von dem du weißt, dass es schon lange in dir schlummert – lass es raus und probiere dich aus! Erst dann, wenn du auch wirklich losgegangen bist, ergeben sich neue, weitere Wege. Und einen Weg zurück bzw. in eine neue Richtung kannst du auch immer einschlagen, wenn deine Entscheidung vielleicht doch modifiziert werden muss. (Mary Jones, Seiten 126–127)

Gegenüber: Die Sängerin Mary Jones bei einem ihrer Auftritte

JAKOBA KRACHT

Malerin & Bühnenbildnerin
sowie Inhaberin der Firma
„GOLD ORNAT" in Dresden

Jahrgang 1963

Es ist wichtig, den eigenen Wert zu kennen

Wie mein beruflicher Erfolg gekommen ist? Nun, ich habe an der Dresdner Kunsthochschule Bühnen- und Kostümbild studiert und mich nach einigen Jahren am Theater mit künstlerischer Raumgestaltung selbstständig gemacht. Mit Gold als Gestaltungsmaterial bin ich eher zufällig in Berührung gekommen. Anfangs bin ich sehr vorsichtig und ängstlich damit umgegangen. Ich habe lange gebraucht, um mich selbst als Vergolderin zu bezeichnen. Doch meine Faszination für das hauchdünne Metall ist schnell gewachsen und damit auch der Mut zu experimentieren und als Quereinsteigerin unkonventionelle Gestaltungen zu realisieren. Besonders interessieren mich Goldmuster und -ornamente, für deren Herstellung ich ständig nach neuen Techniken suche. Auch nach all den Jahren hat diese Faszination nicht nachgelassen.

*Wenn ich etwas vergolde,
bekommt es eine andere Gestalt*

Wenn ich etwas vergolde, bekommt es grundsätzlich eine andere Gestalt. Lichtreflexe, Strahlung und damit einhergehende Veränderungen begeistern mich. So leicht das Blattgold ist, so anspruchsvoll ist es, dieses aufzutragen. Man muss sehr sorgfältig arbeiten, jedes kleine Staubkörnchen wird beim Auftragen sichtbar. Erst dann, wenn du deine Schablone abziehst, siehst du deine tatsächliche Arbeit vor dir. Auf diesen besonderen Moment freue ich mich jedes Mal. Ich habe auch heute noch große Ehrfurcht vor diesem edlen Material. Dabei hat die Faszination oft weniger mit dem tatsächlichen Wert zu tun. Und auch ich selbst wäre wohl nicht daran hängengeblieben, wenn es nur um den Materialwert oder ums pure Handwerk ginge.

Obwohl ich von Anfang an ziemlich außergewöhnliches Gold-Design anbieten konnte, war es ein langer, schwieriger Weg, bis ich wirklich Anerkennung fand und interessante Aufträge erhielt. Ein wichtiger Erfolg war, endlich von Yachtbaufirmen als Vergolderin herangezogen zu werden und in diese fremde, teilweise irritierende Welt einzutauchen. Es geht um Schönheit, um das Besondere, Einzigartige und Außergewöhnliche und dies ist für jemanden wie mich sehr inspirierend. Es ist für mich aber auch Anlass gewesen, mich mit der Frage zu beschäftigen, wie diese Vermögensungleichheit zustande kommt.

Einen großen Teil der Aufträge kann ich in meinem Atelier ausführen, aber ab und an arbeite ich in der Werft direkt auf den Schiffen. Die Yachten werden in Werften in Bremen oder Hamburg gebaut, aber ich war auch schon in Holland und auf Malta, um zu vergolden. Solch ein Schiff ist in der Endphase wie ein Ameisenhaufen mit einem babylonischen Sprachgewirr, denn vorwiegend männliche Spezialisten aus der ganzen Welt sind dort tätig.

*Ruhig arbeiten und
sich durchsetzen*

Es ist dann wichtig, den eigenen Wert zu kennen, ruhig zu arbeiten und sich durchzusetzen. Es gibt nicht viele Vergolder, die sich auf Yachtbau spezialisiert haben. Einige kenne ich. Es kommt vor, dass wir auf dem gleichen Schiff arbeiten, da ist es wichtig, sich gut zu verstehen und offen und respektvoll miteinander umzugehen. Diese entspannte Einstellung ist auch erst mit den Jahren, die ich in diesem Beruf arbeite, zu mir gekommen. Anfangs hatte ich Angst vor Konkurrenz, aber heute kann ich mit vollem Selbstbewusstsein zu mir stehen und die Zusammenarbeit genießen. Was mich auf meiner Bahn gehalten hat? Ich bin schon sehr zeitig in die künstlerische Ausbildung gegangen. Ich habe diesen Beruf in der ehemaligen DDR studiert, weil ich dachte, dass ich dann wenigstens ein Minimum an Freiheit hätte. Zudem bin ich in einem Künstlerumfeld großgeworden. Ich wollte ursprünglich Malerei und Grafik studieren, habe mich aber letztlich für Bühnenbild entschieden – eine wichtige Grundlage für meine weitere berufliche Orientierung. Geht es doch beim Bühnenbild um die künstlerische Gestaltung von Räumen, was mir sehr geholfen hat, meine eigene Nische zu finden.

Natürlich gibt es auch Situationen, in denen man zweifelt. Aber dann bist du deinen Weg schon so lange gegangen und hast so viele Erfahrungen gesammelt, dass die Zuversicht, einen guten neuen Weg zu finden, letztlich überwiegt. Was mir besonders wichtig ist: dass ich nach wie vor dafür brenne, mit dem Werkstoff Gold zu arbeiten. Mein Ziel ist es, immer wieder kreative Partnerschaften mit Designern und Innenarchitekten einzugehen und zu neuen Ideen herausgefordert zu werden.

Das Arbeiten mit hochwertigem Blattgold gehört seit 2005 zur Dresdner Künstlerin Jakoba Kracht. Für ihre neue Nische hat die Dresdnerin ihre Firma „Gold Ornat" gegründet. Das Hauptgeschäft heute: die Innenraumgestaltung von Yachten. In ihrer Branche ist die studierte Bühnen- und Kostümbildnerin mittlerweile eine Ausnahmeerscheinung. Mit ihren erworbenen Fertigkeiten und frischen Ideen hat sie ein Novum auf dem Markt des Vergoldens geschaffen.

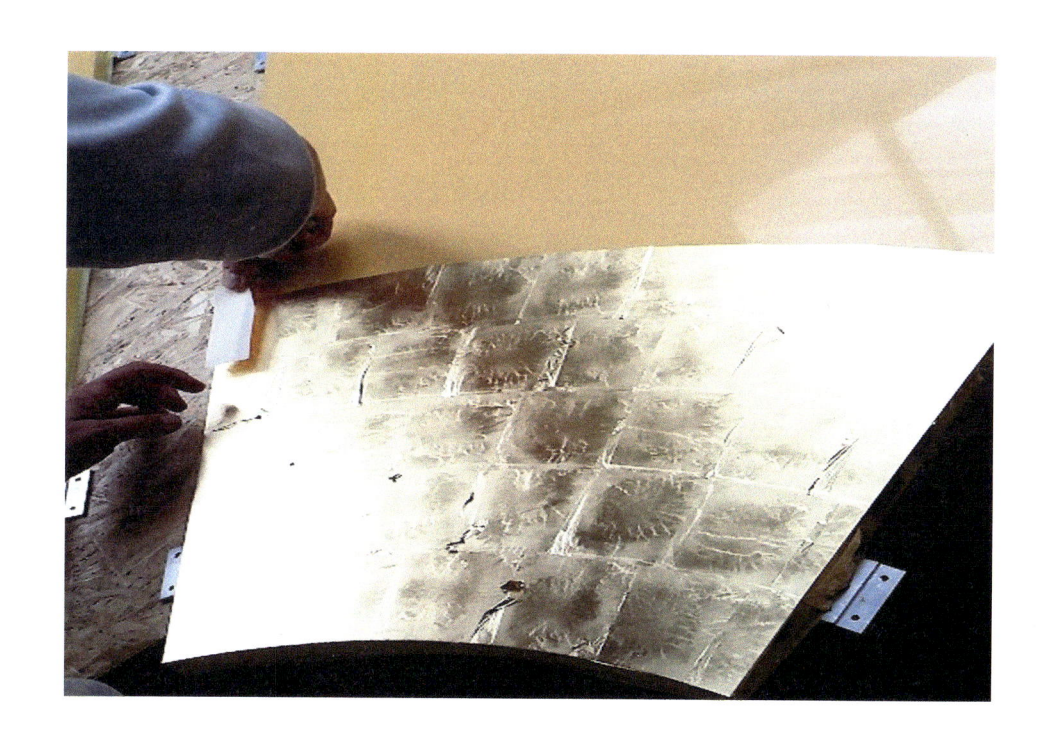

www.goldornat.com

Nordpolarmeer
Asien
Europa
Afrika
Australien
Indischer Ozean

Jakoba Kracht (gegenüber oben) in ihrem Atelier in Dresden. Hier vergoldet sie Oberflächen für Yachten, die später auf den Meeren der Welt unterwegs sind. Aber nicht nur für betuchtes Klientel im Ausland ist die Vergolderin tätig. Wand- und Deckengestaltungen übernimmt sie auch in heimischen Gefilden wie im Leipziger Loft (oben). Jakoba Kracht hat für ihre Auftraggeber die Decke im Dachgeschoss einer klassizistischen Villa vergoldet. Die schöne Wohnung, so erzählt sie, liegt direkt am Fluss, nahe des Stadtwaldes: „Damit sie trotz ihrer Größe lebendig wirkt, habe ich zuerst eine Struktur gespachtelt und diese dann mit Rosenobel-Doppelgold mit Platin überzogen. Diese Mischung fabriziert einen etwas kühleren, modernen Goldton, der den Stil der Einrichtung verstärkt. Es ist ein interessantes, fast metaphysisches Gefühl, unter dieser Golddecke zu sitzen, da sich der Raum nach oben zu öffnen scheint. Wegen der Lichtreflexionen sieht sie nie gleich aus! Und wenn sich das Feuer des Kamins im Gold spiegelt, ist die Atmosphäre vollkommen."

SIMONE VIERKANT

Soziologin & Medienwissenschaftlerin sowie Geschäftsführerin des „Lehmhaus am Anger" in Schkeuditz

Jahrgang 1982

Sich durchsetzen und Frau bleiben

Kraft, Mut und Ausdauer habe ich in meinen Kinder- und Jugendtagen von meinem Elternhaus mitbekommen. Wir haben gelernt, stark zu sein, nicht zu verzweifeln, wenn etwas schief geht, und als Familie immer zusammenzuhalten. Aufgeben war keine Option, sondern es galt immer, Herausforderungen anzunehmen und das Beste aus einer Situation zu machen. Seit 2012 bin ich Geschäftsführerin vom „Lehmhaus am Anger". Ich kam aus dem PR-Bereich und hatte mit Hotel und Tourismus beruflich nie zu tun. Aber ich wusste um mein Organisationstalent und mein Ehrgeiz war geweckt. Der Hof war ein ungeschliffener Diamant – ich erkannte sein Potenzial sofort. Die Herausforderung anzunehmen und ihn Stück für Stück zu dem zu wandeln, was er heute ist, hat mich enorm gereizt. Zudem schätze ich es sehr, freie Hand in meinem Tun und bei meinen Entscheidungen zu haben und eigenverantwortlich arbeiten zu können.

Das Lehmhaus am Anger ist eine inhabergeführte Pension und Veranstaltungslocation. Ich richte zusammen mit meinen Mitarbeitern Feste aus und bin für die Leitung und Geschäftsführung zuständig. Vor allem Brautpaare verlieben sich oft sofort in unser einzigartiges Ambiente. Und jedes von ihnen ist anders, hat andere Vorstellungen und Bedürfnisse. Daher ist es besonders wichtig, flexibel zu sein, den Wünschen gemäß zu agieren, aber auch konkrete Rahmenbedingungen für solch groß angelegte Events festzustecken. Ein passendes Team ist dabei natürlich besonders wichtig. Ohne meine Leute wäre es nicht möglich, all unsere Gäste glücklich zu machen.

Was würdest du tun, wenn du keine Angst hättest?

Für mich ist es neben der „großen Politik" auch im Kleinen vor Ort wichtig, etwas zu verändern und anzuschieben. Demokratie lebt vom Mitmachen: Wenn eine Demo mir wichtig erscheint, gehe ich hin und versuche so, den Anliegen Nachdruck zu verleihen. Mein Motor bei allem, beruflich wie privat, ist die Frage: Was würdest du tun, wenn du keine Angst hättest? Wir Frauen brauchen uns nicht davor zu fürchten, stark und durchsetzungsfähig zu sein. Denn wenn man nichts wagt, bewegt sich auch nichts.

Glück hat mit Familie, Freunden und der uns umgebenden Natur zu tun

Glücklich bin ich, wenn ich mit meiner Familie und meinen Freunden zusammen bin. Am liebsten in der Natur – da geht mein Herz auf. Ich bin in Brandenburg in einer wunderschönen Umgebung aufgewachsen, war als Kind immer nur draußen.

Genau diese Naturverbundenheit hat mich mein ganzes Leben lang begleitet und auch meine Sehnsucht nach einem naturnahen Wohnen bestärkt. Daher sind wir jetzt von einer eher kargen, städtischen Umgebung in eine Wohnung gezogen, die nah am Leipziger Auwald liegt. In dieser „grünen Lunge" kann ich gut joggen, wandern und entspannen.

Achtsamer mit uns und mit unserer Umwelt umgehen

Ich wünsche mir sehr, dass die Menschen endlich aufwachen. Die Erde ist ein paradiesischer, lebensbejahender Planet – doch die Zerstörung schreitet immer weiter voran, zum Teil nicht mehr reparabel. Was im Großen passiert, wird auch im Kleinen sichtbar. Viele sind nur auf ihren eigenen Vorteil bedacht, sind nicht bereit, für das Gemeinwohl zu verzichten. Hier sind besonders wir Frauen gefragt, uns ganz bewusst mit unserer weiblichen Energie einzubringen. Niemand sollte seine vermittelnden, sozialen Eigenschaften als Schwäche betrachten. Denn die meisten Probleme lassen sich nicht mit Dominanz und Aggression lösen. Viel besser ist es, die Meinung des anderen anzuhören, verschiedene Sichtweisen zu akzeptieren und im Gespräch zu bleiben.

Das romantische „Lehmhaus am Anger" ist mit den Jahren zu einem Ort geworden, an dem Gäste gern nächtigen und Hochzeiten feiern. Strategisch günstig an der Autobahn und trotzdem naturnah gelegen, bietet es den perfekten Rahmen für Tagungen und Feste jeglicher Art. Ein gut eingespieltes Team sorgt zusammen mit Simone Vierkant für den Erfolg des Schkeuditzer Unternehmens.

www.lehmhaus-am-anger.de

und dann bin ich den Pilgerweg gegangen

Ich bin vor kurzem zum ersten Mal den Ökumenischen Pilgerweg gegangen. Ich habe immer davon geträumt, einfach aus der Haustür zu treten und loszugehen, ganz ursprünglich. Und genau das habe ich getan. Die Besonderheit war: Wir haben Corona-Pandemie und es war Winter. Bei Eis und Schnee zu laufen, das hat etwas Existenzielles. Du lernst dich ganz neu kennen, wenn du mit voller Montur (Cape, Winterklamotten und 10kg-Rucksack) losläufst. Du kannst nicht ohne Weiteres irgendwo rasten und gemütlich dein Brot essen. Denn dafür ist es zu kalt. Auf Weggefährten, mit denen man sich austauschen könnte, trifft man nicht. So durchquerte ich Waldstücke, Felder, kam in Städten an und suchte Andacht in den wenigen Kirchen, die offen waren. Oft allein. Ein Umstand, der mich genau dem näherbrachte, was ich erreichen wollte: Abstand zum Alltag finden und eine Herausforderung anzunehmen. Mittendrin habe ich ein paarmal gedacht: Wieso sitzt du nicht zu Hause auf dem Sofa, wieso machst du es dir so schwer? Doch aufgeben wollte ich nicht. So bin ich eine ganze Woche lang von zu Hause in Leipzig bis nach Erfurt und dann noch weiter bis Gotha gelaufen. 180 Kilometer in sieben Tagen. Ich habe alles gut vorbereitet, den Weg und die Supermärkte, in denen ich Essen kaufen konnte, vorher genau geplant. Es war trotz alledem teilweise existenziell, allein auf weiter Flur, das nächste Dorf zwei Stunden entfernt. Die Füße taten weh, ich musste vor Einbruch der Dunkelheit in meinem Quartier sein. Doch Angst hatte ich nie. Und letztlich hat es funktioniert. Nicht direkt mittendrin – da war ich zu sehr mit der Bewältigung des Weges beschäftigt. Aber hinterher, da war ich sehr stolz auf mich und habe neue Entschlüsse gefasst. Einfach loszulaufen und so wieder Freiheit und sich selbst zu spüren, das ist immer eine gute Idee. Wenn du allein und auf dich gestellt bist und das schaffst, dann macht das etwas mit dir: Du kehrst gestärkt und geerdet wieder heim.

Die Pilgerin auf Tour und bei einer Rast in Pettstädt. Links oben sind die Jakobsmuschel als Symbol und darunter das Schuhwerk nach einem anstrengenden Marsch durch die winterliche Natur zu sehen.

Das ganze Jahr über feiern Paare im „Lehmhaus am Anger" den schönsten Tag ihres Lebens. Eine besondere Herausforderung für Chefin und Mitarbeiter, aber dank der familiären und herzlichen Atmosphäre ist das Haus mittlerweile zum Geheimtipp avanciert. Dass sich Gäste wohlfühlen, dafür sorgt ein eingespieltes Team. Für jedes Fest wird das romantische und naturnahe Ambiente besonders individuell ausgestaltet.

KATRIN LEIPACHER

Landschaftsarchitektin
& Geschäftsführerin des
Auenhofs in Ostrau

Jahrgang 1973

Frauen sollten sich was zutrauen

Ich möchte, dass die Leute sich hier wohlfühlen. Deshalb engagiere ich mich seit zwölf Jahren als stellvertretende Bürgermeisterin der Gemeinde für die Belange der Region. Eine solche Funktion als Frau innezuhaben, so bin ich sicher, ist keine Frage der Geschlechterrolle, sondern des Interesses, das man für ein Ehrenamt hat. Ich bin als jüngere Frau mit damals noch kleinen Kindern gefragt worden, ob ich Mitglied im Gemeinderat werden möchte und habe Ja gesagt. Als Vorsitzende unseres Leader-Entscheidungsgremiums befasse ich mich zudem mit der Effizienz regionaler Projekte.

*Man muss sich weiterentwickeln,
dem Leben einen Sinn geben*

Frauen müssen sich was zutrauen, um wahr- und ernstgenommen zu werden. Als Mutter dreier Töchter möchte ich auch meinen Kindern weitergeben, dass man politisches Interesse zeigt, etwas in der Welt bewegen kann, in der man lebt. Natürlich wird unser Tun unbewusst durch das bestimmt, was wir in Kinder- und Jugendjahren mitbekommen haben. Die Hälfte meines Lebens habe ich hier verbracht. Aufgewachsen bin ich aber in Wuppertal.

Die Waldorfschule, welche ich besucht habe, hat mir freiheitliches Denken und Kreativität mit auf den Lebensweg gegeben. Auch die Entscheidung, hier einen Biohof zu gründen, war entsprechend spontan und aus dem Bauch heraus getroffen. Man muss sich doch weiterentwickeln, dem Leben Inhalt und Sinn geben, damit es Freude macht, hier zu sein. Ich lebte in Dresden, hatte da studiert, meinen Mann kennengelernt und wusste, dass er gern aufs Land ziehen wollte. Durch einen Professor meiner Hochschule erfuhr ich vom anstehenden Verkauf der Ostrauer Gärtnerei. So bin ich hergefahren, es war fast schon dunkel, die Gebäude und Felder lagen verwaist da, aber das Land und die Umgebung waren schön und die Atmosphäre stimmte.

Begonnen haben wir ganz einfach und unprätentiös ohne Strom und mit recht notdürftigen Mitteln. Erst nach und nach ist all das entstanden, was uns heute umgibt. Natürlich weißt du anfangs gar nicht, worauf du dich da eingelassen hast. Sonst würdest du es wohl auch nicht machen. Etwa wenn der Sturm die Dächer der Gewächshäuser zerreißt oder die Trockenheit die Erträge schmelzen lässt.

*Die Leute mit guten Lebensmitteln
zu versorgen macht glücklich*

Aber wenn du dann einmal deinen Weg gehst, solltest du ihn auch weitergehen. Dass etwas hätte anders laufen können, ist später hypothetisch und spielt keine eigentliche Rolle mehr. Viel wichtiger ist es, sich auf aktuelle Aufgaben zu konzentrieren. Es ist nach wie vor die Verantwortung für gute, hochwertige Nahrungsmittel, die unser Tun ausmacht. Die Leute mit guten Lebensmitteln zu versorgen, das macht uns glücklich und zufrieden. Das meiste Obst und Gemüse bauen wir saisonal auf unseren eigenen Flächen an, einige Sorten kaufen wir auch dazu, um ein attraktives Angebot zu haben. Zudem arbeiten wir mit unzähligen anderen regionalen Anbietern zusammen. Dazu kommt, dass wir hier einen Frauenbetrieb haben. Von aktuell zehn Mitarbeitern sind sieben weiblich und bewältigen die anstehenden Aufgaben mit Bravour. Dazu muss man sagen, dass es sich meist um körperlich schwere Arbeiten handelt. Ich bin sehr froh, ein solches Team zu haben. Vieles wird fast blind und ohne große vorherige Absprache bewältigt. Ich denke auch, dass es vor allem eine Eigenschaft der Frauen ist, sich um alle und um alles zu kümmern, damit der Betrieb reibungslos läuft.

*Wenn ich draußen in der
Natur bin, ist alles perfekt*

Ich fühle mich hier vollständig akzeptiert und bin glücklich mit dem, was ich mache. Sehnsuchtsorte an sich gibt es eigentlich nicht, auch wenn ich die Urlaube und Auslandsaufenthalte genossen habe. Wenn ich draußen auf dem Feld und in der freien Natur bin oder eine meiner Töchter mit dem Pferd über die Felder reiten sehe, ist alles gut und perfekt.

Die Entscheidung, einen Biohof in Sachsen zu gründen, kam eher spontan. Bereut haben es Katrin und ihre Familie nicht, obwohl der Weg zum erfolgreichen Unternehmen bisweilen steinig war und die klimatischen Bedingungen teilweise problematisch sind.

www.biogemuese-sachsen.de

MARY JONES

(Maria Ebert)
Sängerin aus
Stollberg im Erzgebirge

Jahrgang 1990

Ich gewinne die Herzen mit meiner Stimme

Musik ist mein Leben und ohne das Singen könnte ich mir mein Dasein nicht vorstellen. Eigentlich – so hat meine Familie immer erzählt – singe ich fast schon seit der Wiege. Als ganz kleines Mädchen konnte ich schon mehr Liedtexte auswendig als meine ältere Schwester. Mit sechs Jahren ging ich zum Ballettunterricht, ich bekam klassischen Gesangsunterricht, meinen Eltern sei Dank! Ich habe beizeiten gelernt, meine Stimmbänder einzusetzen, habe einzeln auf der Bühne und im Chor gesungen. In ganz jungen Jahren sammelte ich auch schon Erfahrungen als Sängerin in einer Band.

*Ich gewinne ihre Herzen, das
kann ich sehen und spüren*

Nach und nach habe ich durch die vielen unterschiedlichen Herausforderungen mein Faible für Blues und Jazz entdeckt. Norah Jones inspirierte mich maßgeblich. Als vor ein paar Jahren meine Festanstellung endete, war klar, dass ich singen und mich damit selbstständig machen würde. Gesagt, getan. Und es klappte auch, die Auftritte häuften sich. Wäre Corona nicht gekommen, hätte ich längst schon ein neues Album veröffentlicht.

Ich komponiere und schreibe mit Hilfe kompetenter Freunde. Was mir die Sicherheit auf der Bühne gibt? Das Feedback meiner Hörer. Ich gewinne ihre Herzen, das kann ich sehen und spüren. Egal was ich früher auch schon alles anstellte, welche Arbeit ich erledigte, welche Kunden ich beraten habe – ich habe stets das Vertrauen der Leute in mich gespürt und das hat mir dann wiederum Kraft und Halt gegeben. Ich bin anderen zugewandt, freundlich und offen, so würde ich das beschreiben. Und das kommt auch wieder zu mir zurück.

Wenn ich singe, dann schließe ich meine Augen und genieße jeden Moment. Ich tauche tief in die Emotionen ein und gebe alles. Dann darf man einfach nicht die Erdung verlieren, das ist wichtig. Man könnte meinen, mir ist so gut wie alles in den Schoß gefallen. Das ist natürlich nicht so. Ich habe sowohl beruflich als auch privat schwierige Zeiten hinter mir. Eine Weile habe ich auch damit gehadert, weil ich dachte, dass es anderen meist besser geht als mir. Dass sie es leichter und weniger Sorgen haben. Das stimmt natürlich nicht. Aber ich denke, mein langer und ambivalenter Weg hat mich gerade zu der Person gemacht, die ich heute bin.

Ich habe gelernt, gelassener mit Niederlagen umzugehen. Und ich habe auch verstanden, dass die vermeintlich heile Welt der anderen nicht das ist, was sie zu sein scheint. Natürlich ist ein Künstlerleben auch immer mit Unsicherheit verbunden. Und privat bekommt man im Leben auch nicht immer das, was einem gerade guttut. Aber es ist viel besser, wenn man sich um sich selbst kümmern muss, dann lernt man, auf beiden Beinen zu stehen und sich auch bei Gegenwind nicht wegwehen zu lassen.

*Die Leute haben richtig
Sehnsucht nach Livemusik*

Was ich mir wünsche? Dass Kunst und Kultur in der Gesellschaft ihren Stellenwert behalten. Dass die Menschen begreifen, wie wichtig die Bühne ist und wie schön es ist, das Gemeinschaftserlebnis eines realen Auftrittes von Künstlern zu genießen. Die Leute haben richtig Sehnsucht nach Livemusik. Das weiß ich von meinen Konzerten. Und dem möchte ich auch weiter entsprechen. Das hält mich und gibt mir Kraft für die Zukunft. Gerade bin ich wieder dabei, neue Songs zu veröffentlichen – ein Song-Book, das man im Netz erwerben kann. Doch wer meine Musik wirklich erleben will, der muss zu meinen Konzerten kommen. Meine Vision: Ich möchte eines Tages von meiner Musik leben können. Dafür gebe ich alles und ich glaube auch daran, dass es mir gelingt, wenn ich es gut mache.

*Wenn du etwas machen möchtest, lass es raus,
einen neuen Weg kannst du immer einschlagen*

Meine Fans und meine Freunde stehen hinter mir, natürlich auch meine Familie, besonders meine Schwester, die in Florida lebt und sich auf ihre Weise und mit ihren Projekten – genau wie ich – für Menschlichkeit, Nachhaltigkeit und ein besseres Leben stark macht. Wenn wir können, sehen wir uns mindestens einmal pro Jahr.

Mein Credo: Wenn du etwas machen möchtest, von dem du weißt, dass es schon lange in dir schlummert – lass es raus und probiere dich aus! Erst dann, wenn du auch wirklich losgegangen bist, ergeben sich neue, weitere Wege. Und einen Weg zurück oder in eine neue Richtung kannst du auch immer einschlagen, wenn sich die Entscheidung vielleicht noch nicht richtig anfühlt. Es ist wichtig, mutig zu sein.

Musik ist ihr Leben. Mary Jones (Maria Ebert) liebt es, auf der Bühne zu stehen und ihre Zuhörer zu verzaubern. In ihren jungen Jahren hat sie ganz unterschiedliche Erfahrungen gesammelt – ein Umstand, der sie stark gemacht hat.

www.maryjones.de

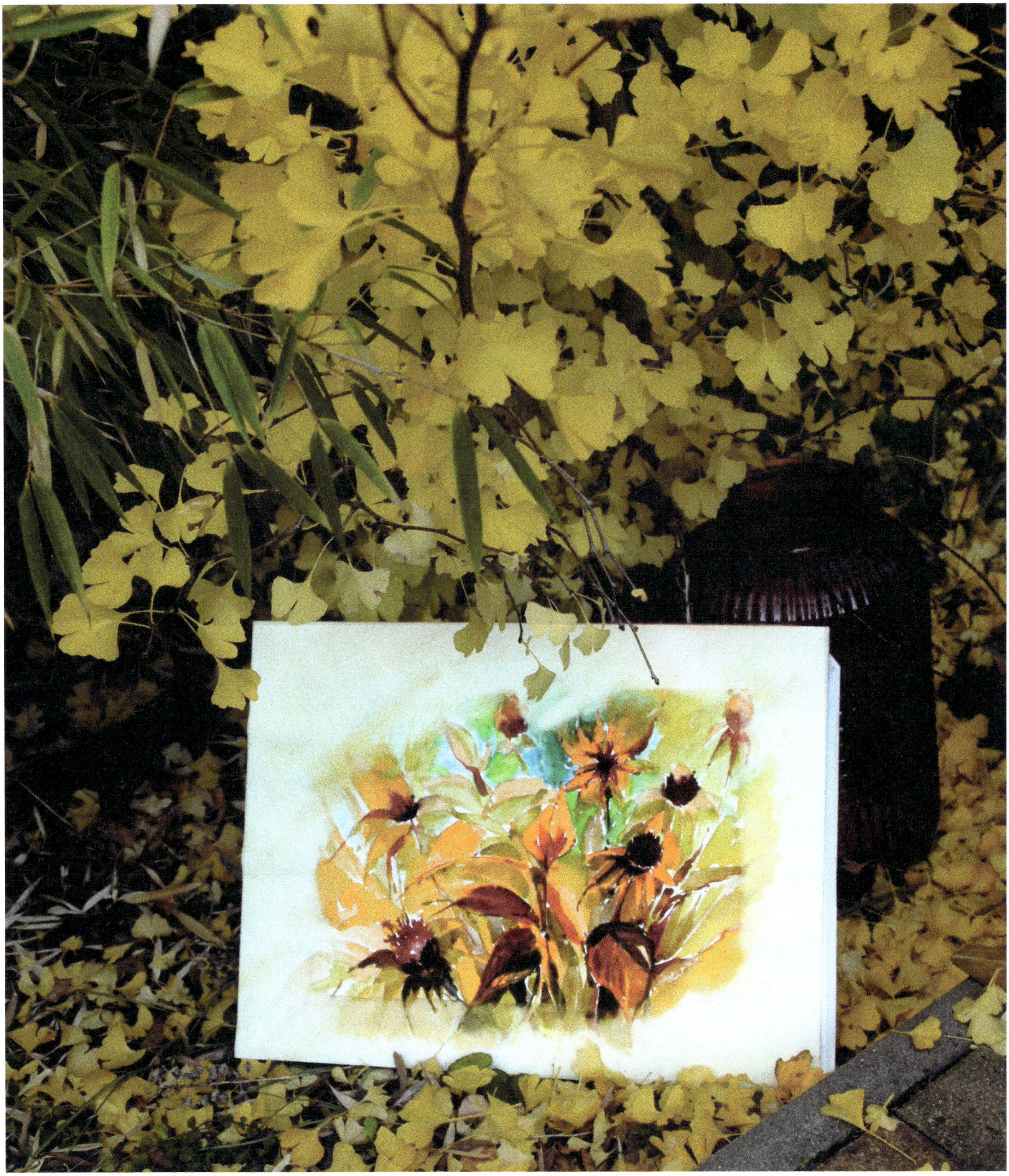

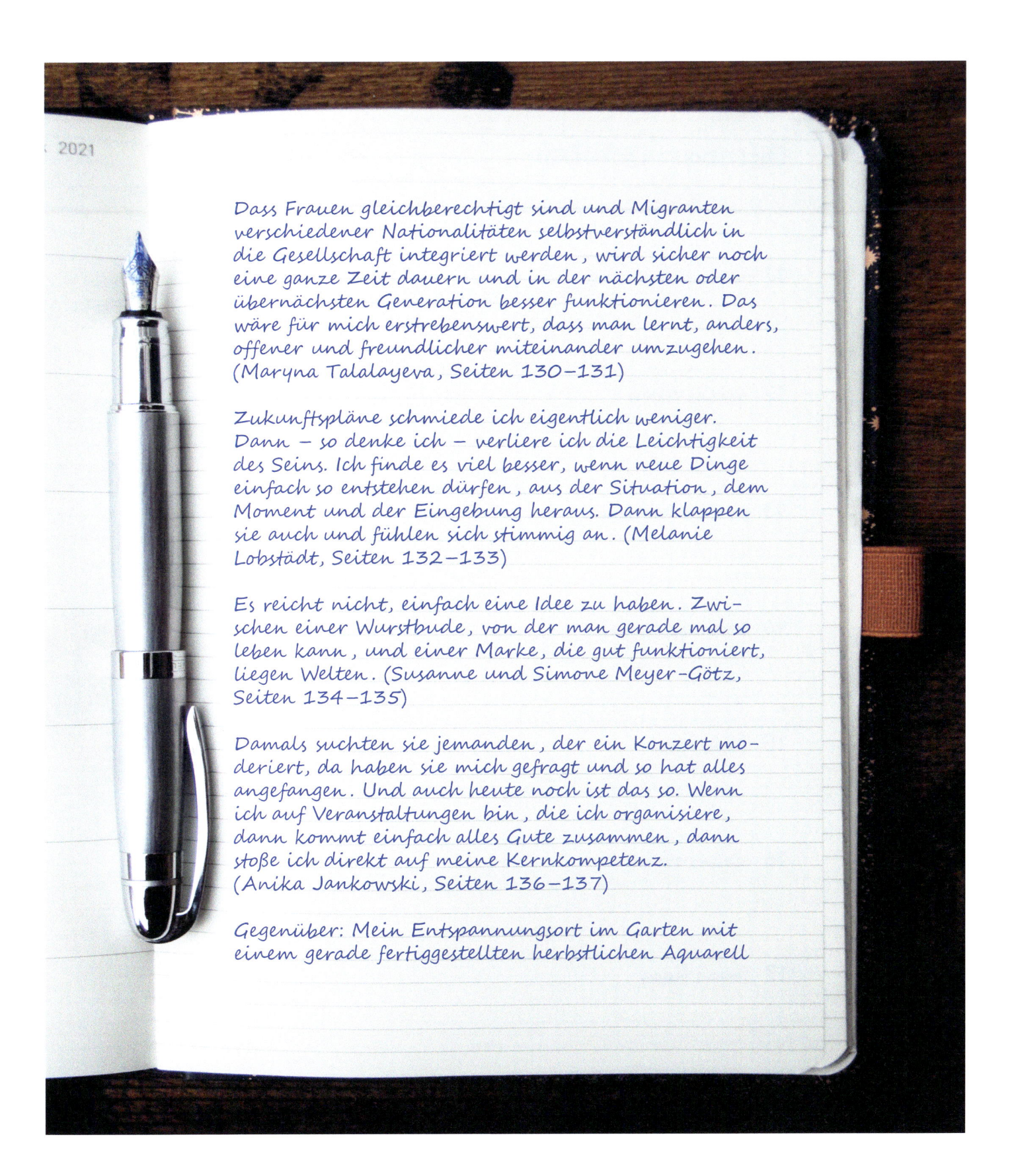

Dass Frauen gleichberechtigt sind und Migranten verschiedener Nationalitäten selbstverständlich in die Gesellschaft integriert werden, wird sicher noch eine ganze Zeit dauern und in der nächsten oder übernächsten Generation besser funktionieren. Das wäre für mich erstrebenswert, dass man lernt, anders, offener und freundlicher miteinander umzugehen. (Maryna Talalayeva, Seiten 130–131)

Zukunftspläne schmiede ich eigentlich weniger. Dann – so denke ich – verliere ich die Leichtigkeit des Seins. Ich finde es viel besser, wenn neue Dinge einfach so entstehen dürfen, aus der Situation, dem Moment und der Eingebung heraus. Dann klappen sie auch und fühlen sich stimmig an. (Melanie Lobstädt, Seiten 132–133)

Es reicht nicht, einfach eine Idee zu haben. Zwischen einer Wurstbude, von der man gerade mal so leben kann, und einer Marke, die gut funktioniert, liegen Welten. (Susanne und Simone Meyer-Götz, Seiten 134–135)

Damals suchten sie jemanden, der ein Konzert moderiert, da haben sie mich gefragt und so hat alles angefangen. Und auch heute noch ist das so. Wenn ich auf Veranstaltungen bin, die ich organisiere, dann kommt einfach alles Gute zusammen, dann stoße ich direkt auf meine Kernkompetenz. (Anika Jankowski, Seiten 136–137)

Gegenüber: Mein Entspannungsort im Garten mit einem gerade fertiggestellten herbstlichen Aquarell

MARYNA TALALAYEVA

Lehrerin für Deutsch und Englisch sowie Inhaberin der Fremdsprachenschule „for everyone" in Dresden

Jahrgang 1979

Offen aufeinander zugehen

Ich stamme aus der Ukraine und habe unsere Fremdsprachenschule vor dreizehn Jahren ins Leben gerufen. Damals habe ich nur ein Zimmer gehabt, in dem ich selbst unterrichtet habe. Im Laufe der Jahre sind wir auf 30 Mitarbeiter angewachsen, von denen fast alles Frauen sind, nur drei männliche Mitarbeiter gibt es im Unternehmen. Nach Deutschland gekommen bin ich durch meinen Ehemann, der hier promoviert hat. In meinem Heimatland habe ich Lehramt für Englisch und Deutsch studiert, meine Abschlüsse sind aber nicht komplett anerkannt worden, so dass ich mich hier noch einmal auf die Schulbank setzen und die entsprechenden Abschlüsse nachholen musste. Und auch danach gab es für mich als junge Lehrerin kaum Möglichkeiten, eingestellt zu werden, so sehr ich mich auch darum bemühte.

Spannend ist es, mit Frauen aus allen möglichen Ländern zu arbeiten

So habe ich kurzerhand beschlossen, mich auf eigene Füße zu stellen und Menschen in den von mir erlernten Sprachen zu unterrichten. Ich mietete einen Raum an, holte mir die nötigen Zertifizierungen und begann damit, erste Teilnehmer zu akquirieren. Es funktionierte. Schon bald wurden es mehr Menschen. Heute arbeiten wir mit sämtlichen Behörden zusammen, die uns erwachsene Schüler mit Migrationshintergrund vermitteln. Wir betreiben drei Filialen in Dresden und beabsichtigen, unser Angebot nach Berlin auszuweiten. Spannend ist es, mit Frauen aus allen erdenklichen Ländern in Kursen zu arbeiten, die einen ganz unterschiedlichen sozialen und familiären Hintergrund haben. Frauen aus dem arabischen Raum können die Schule ohne Genehmigung des Ehemannes manchmal nicht allein besuchen. Im asiatischen Raum ist das schon unproblematischer. Insgesamt gleichen sich die Frauenrollen mit der Zeit ihres Daseins aber an. Die Schülerinnen lernen voneinander, auch was das Selbstbewusstsein anbelangt. Zudem muss man wissen, dass zirka 40 Prozent unserer Neuankömmlinge Analphabeten sind. Nach einem Jahr können die meisten lesen und schreiben und haben die Grundlagen dafür erworben, auch eine fremde Sprache zu erlernen. Ganz besonders wichtig war und ist für uns das digitale Lernen geworden. Im Jahr der Corona-Pandemie haben wir damit begonnen, uns mit entsprechenden digitalen Hilfsmitteln auszurüsten, Rechner oder Handys für den Unterricht zu nutzen.

Das funktioniert mittlerweile, so dass wir ohne größere Probleme in den zweiten Lockdown gehen können. Meine Meinung: Man sollte jeweils flexibel mit den Gegebenheiten umgehen. Meine Schwester beispielsweise lebt in den USA. Sie hat fünf Kinder, die alle mit Hilfe der Eltern zu Hause und online unterrichtet werden. Überhaupt ist die Gesellschaft dort offener, es gibt so viele Einwanderer, dass Neuankömmlinge nicht als fremd wahrgenommen werden. Ein Umstand, der das Leben da leichter und unkomplizierter sein lässt. Mit den Jahren habe ich mich als Unternehmerin aber ganz gut eingelebt, obwohl ich mich weder hier noch in meiner alten Heimat wirklich wie zu Hause fühle. Es ist vergleichsweise schwer, in geschlossenen Gesellschaften anzukommen, in denen ausländische Zugezogene auch nach vielen Jahren mitunter noch wie Fremde behandelt werden.

Für die Zukunft würde ich mir wünschen, dass unsere Gesellschaft bunter und freier wird

Für die Zukunft würde ich mir wünschen, dass unsere Gesellschaft bunter und freier wird, dass die vielen Menschen, die in unser Land kommen, integriert werden und dass alle möglichst umfassend voneinander profitieren.

Nur dann – so bin ich sicher – kann eine gute, neue Gesellschaft entstehen, in der es als schön empfunden wird, dass es multikulturelle und bunte Hintergründe und Lebensweisen gibt. Und ich wünsche mir zudem, dass es immer mehr Frauen gibt, die ein selbstbestimmtes Leben führen können. Obwohl wir hier vergleichsweise emanzipiert und modern zu sein scheinen, sind es vor allem immer noch die Frauen, die Kinder und Beruf unter einen Hut bekommen müssen.

Für mich als Ukrainerin war und ist es selbstverständlich, zu arbeiten und mich auf eigene Füße zu stellen. Meine Mutter hat immer gearbeitet und das auch mir nahegelegt. Und auch mein Vater, der im Bergbau tätig war und später in Moskau studierte, hat sich beim Untergang der Sowjetunion nicht unterkriegen lassen. Er hat einen Gemüsehandel gegründet, mit dem er sich erfolgreich über Wasser halten konnte. Dass Frauen gleichberechtigt sind und Migranten verschiedener Nationalitäten selbstverständlich in die Gesellschaft integriert werden, wird sicher noch eine ganze Zeit dauern und in der nächsten oder übernächsten Generation besser funktionieren. Das wäre für mich erstrebenswert, dass man lernt, anders, offener und freundlicher miteinander umzugehen.

In den Filialen der Fremdsprachenschule „for everyone" können erwachsene Teilnehmer ganz unterschiedlicher Nationalitäten die Fremdsprache ihrer Wahl erlernen. Für dieses Ziel hat die Lehrerin Maryna Talalayeva vor über einem Jahrzehnt ihr eigenes Unternehmen gegründet. Damals hat sie allein unterrichtet, heute beschäftigt die Dresdnerin 30 Mitarbeiter.

www.fremdsprachenschule-foreveryone.de

MELANIE LOBSTÄDT

Designerin & Inhaberin des
Stoffladens „Melonie" in Leipzig

Jahrgang 1981

Vieles ergibt sich mit Leichtigkeit

Das Faible für Stoffe und Schnitte gehört zu meinem Leben – aber eigentlich bin ich Polizistin. Ich bin mit 19 nach Leipzig gekommen. Später, nach der Ausbildung, war ich in der Bereitschaftspolizei, im Abteilungsstab und in der Öffentlichkeitsarbeit des BOS-Digitalfunk im Innenministerium tätig. Durch meine Kindheit und Jugend auf dem Land – ich tanze schon seit meinen Kindertagen – bin ich aber auch mit dem Schneidern von Kostümen in Berührung gekommen. Das Nähen habe ich schon mit etwa zehn Jahren bei meiner Oma auf einer alten Veritas-Nähmaschine erlernt.

Ich habe auf meine kreativen Fertigkeiten zurückgegriffen

Ein schicksalhafter Schritt, denn losgelassen hat mich die Liebe zum Nähen und zu schönen Textilien nie so richtig, zumal ich Mädchen und Frauen trainierte. Aus diesem Grund haben wir auch immer wieder passende Kostüme für unsere Auftritte gebraucht. Für unsere Tanzformationen habe ich selbst die Entwürfe angefertigt, bevor sie professionell von einer Schneiderin umgesetzt wurden. Diese langjährige Expertise ist dann letztlich auch zur Grundlage für unsere heutige „Melonie-Akademie" geworden, in der wir in unserem Handwerk in allen Ebenen das Nähen und das Anfertigen von Schnittkonstruktionen unterrichten.

Mein Werdegang hat sich entsprechend der Leidenschaft fürs Nähen und Gestalten entwickelt. Als ich in Leipzig lebte, habe ich auf meine kreativen Fertigkeiten zurückgegriffen. Mein Sohn wurde geboren, ich begann damit, ihm Kinderbekleidung zu schneidern. Meine absolute Leidenschaft für Stoffe und Schnitte habe ich dann etwas später entdeckt, als ich damit begann, mir selbst passende Kleidung zu nähen. Das glückte auch auf Anhieb, da ich legere Schnitte und dehnbare Stoffe wählte. Die nehmen es nicht so übel, wenn etwas nicht hundertprozentig passt (lacht). Und weil es im Freundes- und Bekanntenkreis auffiel, dass ich schick angezogen war und Einzelstücke trug, die es nirgendwo zu kaufen gab, habe ich dann für die eine oder andere Freundin ebenfalls geschneidert. Schon bald beschloss ich, aus meinem Hobby ein Geschäft zu machen. Das erste hatten wir in Gohlis, wobei wir Wohnung und Laden zusammen anmieteten. So konnte ich meine Kinder stressfrei betreuen. Später gab es dann einen weiteren Laden, den ich mir mit einer Mitmieterin teilte. Den Schritt in die Innenstadt haben wir nicht bereut.

Erst jetzt können wir auf ein Klientel zurückgreifen, das die Vielfalt an Stoffqualitäten und unser Label zu schätzen weiß. Wir verkaufen nicht nur Naturstoffe, wir haben auch eine Kollektion an eigenen Schnitten kreiert, mit denen wir unseren KundInnen zeigen können, wie die einzelnen Materialien verarbeitet werden, wie vielfältig die Möglichkeiten der Umsetzung und Verarbeitung sind.

Das Nähen habe ich den Frauen auch schon in meinen anderen Läden beigebracht. Jetzt haben wir über unseren Verkaufsräumen einen eigenen Kursraum, der für KundInnen zur Verfügung steht, die das Schneidern erlernen möchten. Dafür habe ich eine Reihe kreativer Dozentinnen gewinnen können, so dass die Professionalität weiter gewachsen ist. Ich selbst bin für mein Business ein Jahr lang im Stoffvertrieb unterwegs gewesen – eine unschätzbare Lernerfahrung für das, was ich heute ausübe. Du lernst die Branche von einer ganz anderen Seite kennen, erlebst deine Mitbewerber als Kunden, erfährst, was sie mögen und was sich in welchen Bereichen gut verkauft. Unbeschadet dessen habe ich mein ganz eigenes Label und meinen eigenen Stil entwickeln können. Es geht natürlich nicht immer darum, was andere sagen, du musst selbst ausprobieren, was gut läuft und den SchneiderInnen und DesignerInnen (meist sind es Frauen) gefällt. Mitunter macht auch erst eine ganz neue Idee, ein neuer Schnitt einen Stoff zu dem ultimativen Knaller, der einen neuen Trend auslöst. So lassen ja auch die Designer nicht nur ihre eigenen Kreationen, sondern auch bestimmte Qualitäten, Muster und Gewebearten zertifizieren. Der eigene Laden ist für mich eine Art Basisstation, die ich brauche, um all das umzusetzen, was mir im Kopf herumschwirrt. Dass ich mit meinem Konzept auf dem richtigen Weg bin, habe ich besonders in diesem Jahr gemerkt. Immer mehr Frauen setzen aufs Selbermachen, haben wieder mehr Zeit, da sie im Homeoffice arbeiten. Zudem geht der Trend natürlich immer mehr zur Nachhaltigkeit und hin zu wenigen, aber guten Lieblingsstücken, die du zu fast jeder Gelegenheit tragen und wunderbar variieren kannst. Ich selbst habe ebenfalls einen kleinen aber feinen Klamottenfundus, den ich je nach Anlass gut kombinieren kann.

Wo ich auftanken kann? Bei dem, was ich liebe natürlich – die Arbeit gehört dazu. Dazu haben wir einen großen Garten und gehen mit unseren beiden Hunden gern und oft hinaus in die Natur. Zukunftspläne schmiede ich eigentlich weniger. Dann – so denke ich – verliere ich die Leichtigkeit des Seins. Ich finde es viel besser, wenn neue Dinge einfach so entstehen dürfen, aus der Situation, dem Moment und der Eingebung heraus. Dann klappen sie auch und fühlen sich stimmig an.

Feine und natürliche Stoffe gehören zum Markenzeichen des Leipziger Stoffladens „Melonie". Die Inhaberin Melanie Lobstädt kennt sich durch ihre Berufserfahrungen nicht nur bestens im Stoffhandel aus, sie näht auch selbst leidenschaftlich gern und hat für ihre Schneiderkurse zudem einige professionelle Designerinnen und Dozentinnen gewinnen können.

www.melonie.de

SUSANNE UND SIMONE MEYER-GÖTZ

Designerin und Betriebswirtschaftlerin
Inhaberinnen von „Curry & Co." in Dresden

Jahrgang 1976 und 1981

Das Business bleibt spannend und das lieben wir

Wir sind in Sachen Gastronomie eigentlich Quereinsteigerinnen und kommen aus einer Anwaltsfamilie. Über die Konsequenzen unserer Idee haben wir uns damals vor 15 Jahren gar keine großen Gedanken gemacht. Und vielleicht war das auch gut so. Die Räume in der Louisenstraße in der Dresdner Neustadt waren da und es ging darum, sie mit Ideen zu beleben. So haben wir als Schwestern erst Curry & Co. und dann eine Bar aufgemacht. Das Thema interessierte uns einfach, zumal wir dachten, in Sachen deftige Wurst könne die Gegend noch eine Ergänzung gebrauchen. Gesagt, getan. Aus einer Filiale wurden schließlich zwei, drei, vier Anlaufstellen, an denen die Leute unsere nach traditioneller Art zerschnittenen veganen sowie Schweine- und Rinderwürste mit leckeren Saucen probieren können. Und weil es so gut läuft, haben wir mit unserer Franchise-Idee nachgelegt. Die ersten vier Verträge wurden bereits unterschrieben. Wo wir damit hinwollen? Noch mehr nach draußen: Curry & Co. deutschlandweit und später vielleicht auch in den Nachbarländern etablieren. Es macht einfach Spaß, eine Marke ins Leben zu rufen und sie dann immer weiter wachsen zu sehen. Und es ist schön, das Unternehmen in Familie zu bewerkstelligen. Wir können uns aufeinander verlassen und haben die doppelte Frauenpower. Als Designerin und BWL-Absolventin ergänzen wir uns perfekt. Während die Eine verantwortlich für Zahlen ist, hat die Andere mit der Außenwirkung zu tun. Dass dabei eine Fülle von Ideen zum Tragen kommt, bereichert das Ganze. So fällt uns stets etwas Neues ein, das wir dann gemeinsam besprechen und je nach Effizienz oder Lust und Laune auch in die Tat umsetzen.

*Du glaubst gar nicht, wie viel Arbeit
in den einzelnen Kreationen steckt*

Die Frage, welches nun die „richtige" Currywurst ist, spielt unseres Erachtens eine untergeordnete Rolle. Die Gäste und Kunden entscheiden das letztlich selbst. Schmecken muss das Ganze. Wir achten auf gute Zutaten und leckere Saucen, die das Menü abwechslungsreich machen. Du glaubst gar nicht, wie viel Arbeit in einer neuen Kreation steckt. Angefangen von den Rezepten bis hin zum Verkosten und Kalkulieren ist es ein Heidenaufwand, ein einzelnes Menü auf gesunde Füße zu stellen. Ich denke, von unserem Know-how profitieren letztlich auch unsere Franchisenehmer.

Es reicht nicht, einfach eine Idee zu haben. Zwischen einer Wurstbude, von der man gerade mal so leben kann, und einer Marke, die gut funktioniert, liegen Welten. So bekommen unsere „Curryaner" natürlich nicht nur die Ingredienzen für den Gaumen, sondern auch das ganze übrige Equipment und können sich dadurch von anderen Anbietern unterscheiden.

Authentizität, Verbindlichkeit und Freundlichkeit

Was das weibliche Unternehmertum ausmacht? Vielleicht sind wir ein wenig pragmatischer und effizienter und stecken weniger Energie in unsere persönlichen Befindlichkeiten. Es geht um Ziele und darum, dass wir das erreichen, was wir uns vorgenommen haben. Nicht selten sind Gastronomen – es ist immer noch eine männliche Domäne – erstaunt und sogar befremdet, es mit zwei jungen Frauen zu tun zu haben. Wir finden das nach wie vor sehr spannend und bemühen uns um Authentizität, Verbindlichkeit und Freundlichkeit. Damit – so finden wir – kommt man immer noch am weitesten.

Was man als gute Unternehmerin noch braucht: Selbstvertrauen, Unternehmergeist, Abenteuerlust, gute Partner, ein Gespür für clevere Investitionen, Risikobereitschaft und Realismus. Nicht alle Unternehmungen sind gleichermaßen erfolgreich und auch das sollte möglich sein – sich selbst zu reflektieren und nicht alles so ernst zu nehmen, wenn es mal nicht ganz so gut klappt. Ganz wichtig ist aus unserer Sicht auch das gute Gespür für Menschlichkeit und Verantwortung. Du gehst – egal ob es Mitarbeiter oder Franchisenehmer sind – mit ambitionierten, aber ganz unterschiedlichen Leuten um und bringst sie mit deiner Idee auch irgendwie auf einen neuen beruflichen Weg. Das macht ja auch viel mit einer Person. Entsprechend sorgfältig musst du Gespräche führen, planen und ausführen. Business und Zahlen müssen stimmen und realisierbar sein. Da wir in den vergangenen 15 Jahren hinreichende Erfahrungen sammeln konnten, haben wir die Möglichkeit, diese auch an unsere Partner weiterzugeben. Was uns erdet und Kraft gibt? Unser Umfeld und unsere Unternehmungen, die zugegeben immer auch ein wenig mit unserer Firma zu tun haben.

Dass man mit der Currywurst Geld verdienen und kreativ sein kann, stellen Susanne und Simone Meyer-Götz unter Beweis. Die kreativen Unternehmerinnen finden es spannend, sich immer wieder neu zu erfinden und auszuprobieren und ihre Firma wachsen zu sehen. Sie gründen eine Filiale nach der anderen. Was sie stolz macht: dass es immer mehr Franchisenehmer gibt, die das Konzept übernehmen möchten.

www.curryundco.com

ANIKA JANKOWSKI

Kultur- und Musikmanagerin
& Inhaberin des Musikverlages
„Oh, my music" in Dresden
Jahrgang 1987

Dann bin ich direkt bei meiner Kernkompetenz

Frauen sind in Kunst und Kultur sehr oft unterprivilegiert, obwohl allein in unserem Land eine Unmenge an Künstlerinnen tätig sind. Es gibt Freundinnen und Kolleginnen, welche die Stimmen an einem Tag in einem Sender zählen und dann darauf aufmerksam machen, dass weitaus mehr Männer als Frauen zu Gehör kommen. Das verwundert oft, wird dann aber recht verständnisvoll zur Kenntnis genommen. Nicht viel anders verhält es sich, wenn Mütter sich als Künstlerinnen selbstständig machen. Allein bei der Frage, welche Möglichkeiten der Kinderbetreuung und entsprechenden Unterstützung es gibt, scheiden sich die Geister. Erst vor Kurzem habe ich zusammen mit weiteren Mitstreiterinnen „Music Women Germany" gegründet, wo Künstlerinnen ein geeignetes Netzwerk finden, um sich bekannt zu machen und mit anderen auszutauschen.

Ich würde mir wünschen, dass die Rahmenbedingungen für berufstätige Frauen in Kunst und Kultur noch besser werden, dass all jene, die in diesen Fächern studieren, ihren Beruf letztlich auch ausüben. Derzeit gibt es ein starkes Missverhältnis zwischen den künstlerischen Ausbildungsgängen und der späteren Karriere.

*Wer prominent ist, geht nach
Berlin oder Hamburg*

Zum Musikmanagement bin ich durch eigene Veranstaltungen gekommen, die ich schon als Jugendliche initiiert und durchgeführt habe. Mit siebzehn habe ich damit begonnen, Rock- und Popkonzerte zu veranstalten, weil es bei uns in Bischofswerda nichts Vergleichbares gab. Gleichzeitig haben wir eine Jugendkulturinitiative ins Leben gerufen. Eine gute Zeit, in der ich wertvolle Erfahrungen gesammelt und viel gelernt habe. Nach dem Abi habe ich dann folgerichtig Kulturmanagement in Görlitz studiert und dann den Master in Musikmanagement gemacht. Parallel habe ich immer wieder neue Veranstaltungen inszeniert und begleitet, bis ich 2009 nach Dresden gekommen bin. Ein Jahr später begann ich, in der Dresdner Scheune zu arbeiten. Immer wieder bin ich dabei mit Künstlern in Berührung gekommen, die aus sich selbst heraus agieren und keine eigentliche Lobby haben. Dazu kommt, dass Sachsen in Sachen Kunst und Kultur für Soloselbstständige relativ strukturarm ist, aber ein äußerst breites Angebot an Kunst- und Kulturschaffenden hat.

Die Folge: Wer prominent und bekannter wird, geht nach Berlin oder Hamburg – ein Armutszeugnis für unser Land. So dachte ich, dass genau das meine Aufgabe sein könnte, einen Verlag für Künstler und Musiker zu erschaffen, in dem man ihnen all das anbieten kann, was sie bekannt macht und auch monetär stärkt. Du kannst zu mir kommen, wenn du Noten gedruckt haben willst oder ein neues Album aufnehmen und für das alles die richtigen Leute kennenlernen möchtest.

Gut funktionierende Netzwerke haben eine Eigendynamik

Nicht zuletzt habe ich heute auch einen guten Überblick über Förderprogramme und entsprechende Antragsmöglichkeiten. Viele machen sich gar keine Gedanken darüber, dass an die GEMA zwar Beiträge abzuführen sind, im Gegenzug an den Künstler aber auch Tantiemen für Eigenkompositionen zurückgeführt werden. Marketing, die Sichtbarmachung, die Werbung und Weiterbildung sind Dinge, welche bei vielen Künstlern schon aus Zeitgründen zu kurz kommen. Mitunter ist es nur so, dass du jemanden kennst, der jemanden kennt, um die richtigen Leute zusammenzubringen. Ich denke, dass ich allein schon vieles angeschoben habe, von dem ich mitunter gar nichts erfahre, denn gut funktionierende Netzwerke bergen ja bekanntermaßen eine Eigendynamik in sich. Warum ich das tue und damit erfolgreich bin? Nun, zunächst denke ich, dass du bei mir eine Mischung aus Organisationstalent und Liebe zur Musik findest. Ich komme aus einer musikalischen Familie und vieles von dem, was ich heute mache, ist einfach zu mir gekommen und hat mich fasziniert. Ich hatte als Teenager einen guten Klavierlehrer. Damals suchten sie jemanden, der ein Konzert moderiert, da haben sie mich gefragt und so hat alles angefangen. Und auch heute noch ist das so. Wenn ich auf Veranstaltungen bin, die ich organisiere, dann kommt einfach alles Gute zusammen, dann stoße ich direkt auf meine Kernkompetenz.

Dresden und die Neustadt sind zudem eine wunderbare Umgebung, um all das durchzuziehen. Oben im Haus zu wohnen und im Erdgeschoss ein Büro zu haben, das ist nahezu ideal. Hier ist eine Umgebung, in der man sich untereinander hilft. Es gibt wahnsinnig viele Kreative und Leute, die verstehen, was du machst. Und auch in Sachen Freizeit und Unterwegssein ist der Ort perfekt. Hinter dem Haus fließt die Prießnitz, gibt es Natur, Wiesen und Bäume und in wenigen hundert Metern bist du schon an der Elbe.

Wer Musik macht, braucht gute Netzwerke. Aber Marketing, die Sichtbarmachung, die Werbung und Weiterbildung sind Dinge, welche bei vielen Künstlern schon aus Zeitgründen zu kurz kommen, so Anika Jankowski. Sie bringt nicht nur Menschen zusammen, die Musik machen und diese für ihre Events suchen, sondern sorgt auch dafür, dass die Künstler für ihre Auftritte und Kompositionen angemessen entlohnt werden.

www.oh-my-music.de

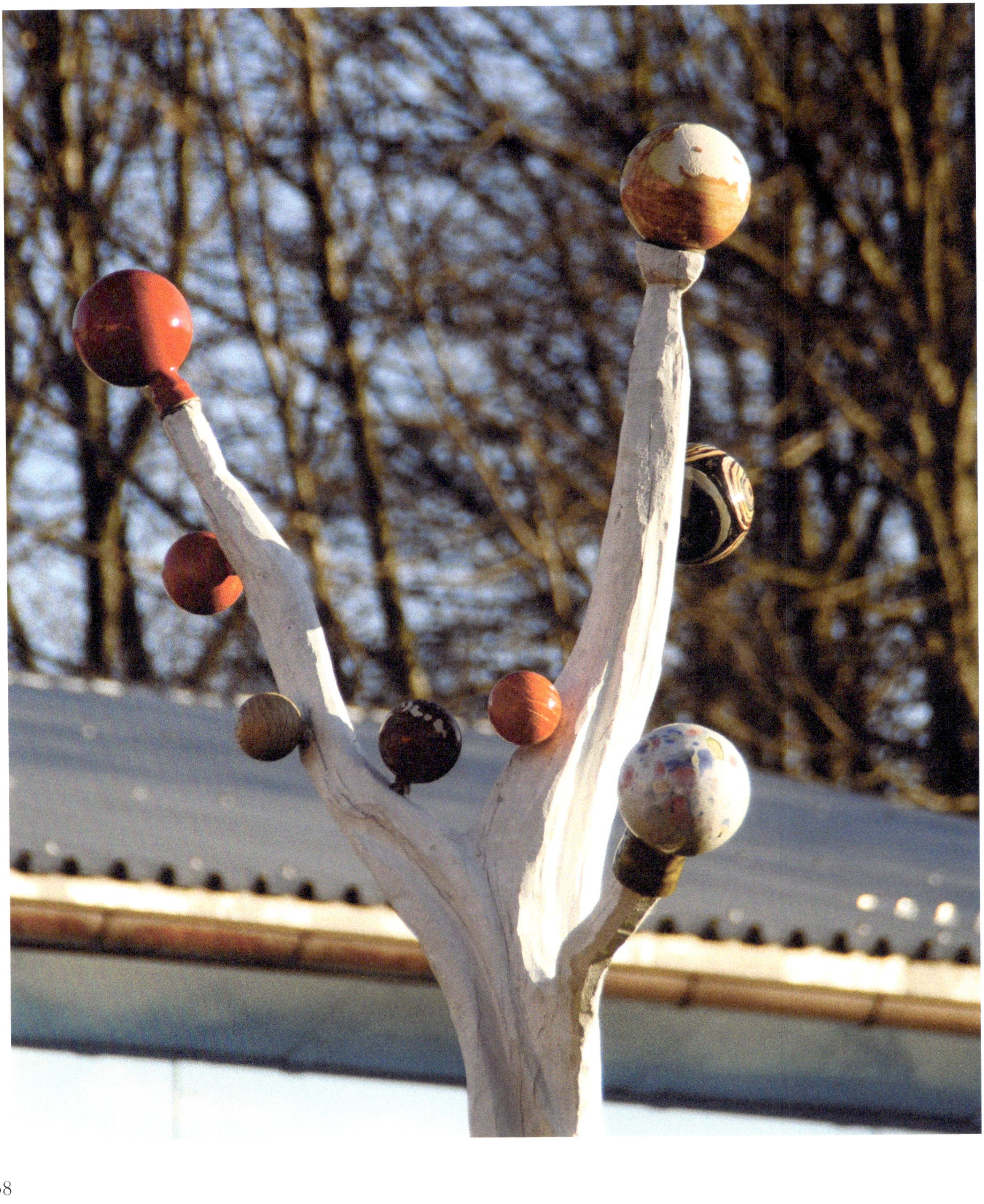

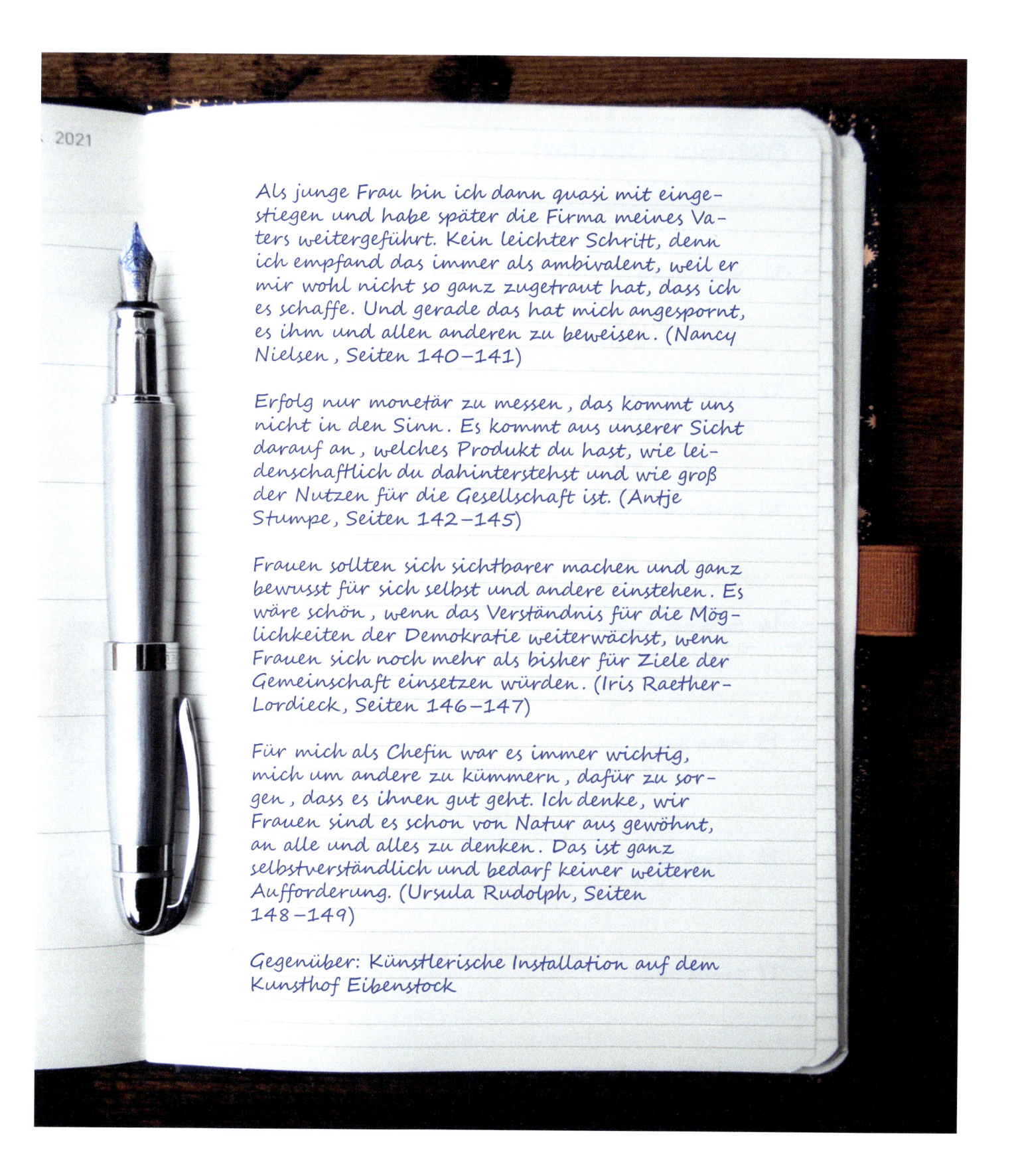

Als junge Frau bin ich dann quasi mit eingestiegen und habe später die Firma meines Vaters weitergeführt. Kein leichter Schritt, denn ich empfand das immer als ambivalent, weil er mir wohl nicht so ganz zugetraut hat, dass ich es schaffe. Und gerade das hat mich angespornt, es ihm und allen anderen zu beweisen. (Nancy Nielsen, Seiten 140–141)

Erfolg nur monetär zu messen, das kommt uns nicht in den Sinn. Es kommt aus unserer Sicht darauf an, welches Produkt du hast, wie leidenschaftlich du dahinterstehst und wie groß der Nutzen für die Gesellschaft ist. (Antje Stumpe, Seiten 142–145)

Frauen sollten sich sichtbarer machen und ganz bewusst für sich selbst und andere einstehen. Es wäre schön, wenn das Verständnis für die Möglichkeiten der Demokratie weiterwächst, wenn Frauen sich noch mehr als bisher für Ziele der Gemeinschaft einsetzen würden. (Iris Raether-Lordieck, Seiten 146–147)

Für mich als Chefin war es immer wichtig, mich um andere zu kümmern, dafür zu sorgen, dass es ihnen gut geht. Ich denke, wir Frauen sind es schon von Natur aus gewöhnt, an alle und alles zu denken. Das ist ganz selbstverständlich und bedarf keiner weiteren Aufforderung. (Ursula Rudolph, Seiten 148–149)

Gegenüber: Künstlerische Installation auf dem Kunsthof Eibenstock

NANCY NIELSEN

Inhaberin der Firma Wandschutzsysteme Nielsen in Lobenstein

Jahrgang 1979

Verantwortung abgeben und authentisch sein

Nielsen ist eigentlich ein dänischer Name. Die Wurzeln meines Vaters reichen bis hinauf nach Kiel. Meine Mutter stammt aus dem Mannsfelder Land. Von ihr habe ich wohl auch meinen Wunsch nach Autonomie und Unabhängigkeit. Es war und ist für mich selbstverständlich, auf meinen eigenen Füßen zu stehen und mein eigenes Geld zu verdienen.

*Gerade das hat mich angespornt,
es anderen zu beweisen*

Dass ich Unternehmerin geworden bin und heute 15 Angestellte habe, hat mit der Biografie meines Vaters zu tun, der nach der politischen Wende seine eigene Firma für Wandschutzsysteme aufbaute. Als junge Frau bin ich dann quasi mit eingestiegen und habe später die Firma meines Vaters weitergeführt. Kein leichter Schritt, denn ich empfand das immer als ambivalent, weil er mir wohl nicht so ganz zugetraut hat, dass ich es schaffe. Und gerade das hat mich angespornt, es ihm und allen anderen zu beweisen. Das war bei mir schon immer so. Und es hat auch geklappt. Meine Firma für Wandschutzsysteme hat sich weiterentwickelt und ist gewachsen. Dass ich in einem technischen Bereich arbeite, war für mich nie ein Problem, schon eher für manche Kunden, die erstaunt und teilweise auch ungläubig reagierten, wenn ich zusammen mit meinem älteren männlichen Kollegen auf der Baustelle auftauchte. Er musste dann meist erklären, dass ich die Chefin bin. Anfangs war es gar nicht so einfach, Leuten eine Ansage zu machen, die älter sind, als du es bist. Ich habe eine Weile an mir arbeiten müssen, habe mich sogar selbst zum Systemischen Coach an der Humboldt-Uni ausbilden lassen. Die professionelle Unterstützung hat mir geholfen, Probleme gelassener und pragmatischer anzugehen. Anfangs dachte ich auch, man müsse männlicher auftreten und aussehen, um als Frau ernst genommen zu werden. Das ist natürlich Unsinn, du solltest authentisch und glaubwürdig auftreten und gerade das Menschsein macht dich in den Augen deiner Mitarbeiter glaubwürdig. Letztlich hast du ja nicht nur Verantwortung für das Gelingen deiner eigenen Unternehmungen, sondern auch für deine Mitarbeiter. Wenn du sie bei der Stange halten und für die Arbeit begeistern willst, dann musst du ihnen auch Sympathie entgegenbringen und dir ihre Probleme anhören können.

Ich denke, das gelingt mir schon deshalb gut, weil ich selbst die Karriereleiter eher von unten hinaufgestiegen bin. Zunächst habe ich den Beruf einer Bürokauffrau erlernt und damit keine guten Erfahrungen gemacht, weil es mir so vorkam, dass du da für andere vor allem zum Kopieren und Kaffeekochen da sein sollst. Also habe ich mich noch einmal auf die Schulbank gesetzt, mein Fachabitur gemacht und BWL studiert. Heute sind neben den Zahlen vor allem innovative Ideen wichtig, um in diesen unruhigen Zeiten weiter am Markt bestehen zu können. Wir arbeiten mittlerweile in vier verschiedenen Bereichen, haben neben dem Lager, der Produktion und Montage auch den Onlineshop zu betreuen. Wir wollen die wichtigste Firma in unserer Branche werden und sowohl für private als auch für Geschäftskunden da sein. Beide benötigen eine andere Logistik und Anleitung. Wir haben im Netz eine Art Baukastensystem entwickelt, mit dem auch kleinere Mengen und Abmaße problemlos geordert und montiert werden können. Das „Corona-Jahr" hat uns dann noch einmal vor besondere Herausforderungen gestellt, weil ein Teil der Mitarbeiter aus dem Nachbarland Polen kommt und zeitweise kein kleiner Grenzverkehr mehr möglich war. Aber auch das Problem haben wir letztlich gelöst. Mein Fazit: Es kommen immer mehr und immer größere Herausforderungen, mit denen du zu tun hast und an denen du wachsen kannst.

Dass ich mich in einer Männerdomäne befinde, betrachte ich als Vorteil

Dass ich mich in einer Männerdomäne befinde, betrachte ich mittlerweile als Vorteil, weil ich meinen für die Branche recht exotischen Frauenstatus nun dafür nutze, um sichtbar zu werden. Deshalb ist es wichtig, dass mein Konterfei überall zu sehen ist und quasi hindurchschimmert. Das hat weniger mit persönlichen Eitelkeiten als mit dem heute so wichtigen Wiedererkennungswert zu tun. Letztlich engagiere ich mich auch mit und für Frauen. Man hat mir vor einiger Zeit das Amt der stellvertretenden Vorsitzenden des Verbandes der Unternehmerinnen in Sachsen übertragen. Dadurch komme ich mit vielen anderen Frauen in Berührung und lerne deren Vita und Unternehmensgeschichte kennen – ein großes Privileg, das mir selbst auch hilft, vieles mit anderen Augen zu sehen.

Nancy Nielsen steht hundertprozentig hinter ihrer Firma und ihren Kollegen. Ein gutes Team zu haben, bei dem sie auch in schwierigen Zeiten Halt und Unterstützung findet, das bedeutet ihr sehr viel. Als Unternehmerin musst du vor allem authentisch sein und menschlich agieren. Nur dann kannst du auf lange Sicht Erfolg haben und einen guten Zusammenhalt schaffen, ist sie sicher.

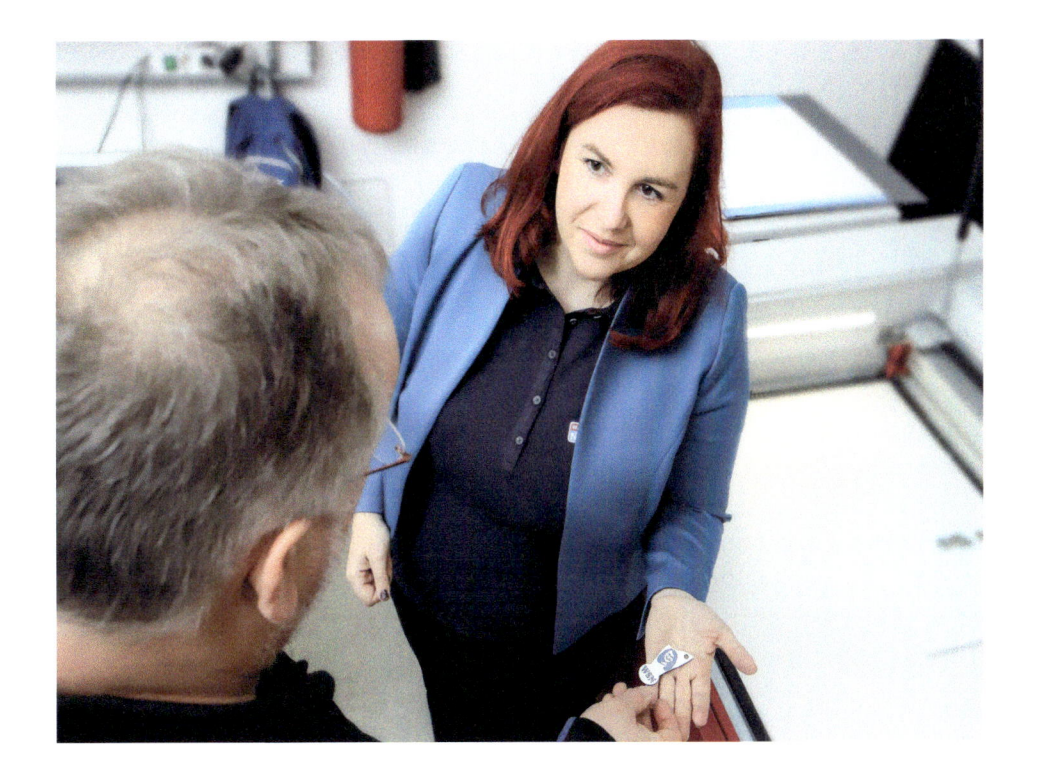

www.wandschutz-nielsen.de

ANTJE STUMPE

Dipl.-Kommunikationsdesignerin & Fotografin sowie Mitbegründerin der MuseKind® GmbH in Leipzig

Jahrgang 1979

Nachhaltige Ideen sind langlebiger

Was uns (Antje Stumpe und Martina Musek) als Gründerinnen auszeichnet? Das Multitasking und unsere Flexibilität! Wir sind Mütter, Ehefrauen, Hausfrauen und haben das Ziel, unsere Ideen möglichst perfekt auf den Markt zu bringen und bekannt zu machen. Was uns dabei aufgefallen ist? Familienväter unseres Alters haben es vergleichsweise leichter, sich ganz und gar den eigenen Intentionen zu widmen. Für sie – so haben wir in Gründer-Gesprächen erfahren – ist ein Zehn- bis Zwölfstundentag normal, wir unterbrechen unseren Job, um für die Familie da zu sein, und starten dann wieder in den Abendstunden, wenn wir die Zeit dafür freigeschaufelt haben. Damit ist unser Arbeitstag noch viel länger.

Nach Lust und Laune dein ganz eigenes Ambiente gestalten

Unseren Erfolg nur monetär zu messen, das kommt uns nicht in den Sinn. Es kommt aus unserer Sicht darauf an, welches Produkt du hast, wie leidenschaftlich du dahintersteht und wie groß der Nutzen für die Gesellschaft ist. Nicht jede Gründungsidee schlägt ein wie eine Bombe, dafür sind nachhaltige und kreative Projekte langlebiger und sinnvoller. Wir haben die Idee, dass Kinder zu Designern werden und sich ihr Spielzeug selbst gestalten. Dafür haben wir das PAPPKA-Haus® aus Karton entworfen. Mit ihm kannst du nach Lust und Laune dein eigenes Ambiente gestalten, egal ob es ein Bahnhof, eine Feuerwehr, ein Stall oder vielleicht ein eigenes kleines Traumhaus ist, in das du selbst gern einziehen würdest. Vorausgegangen war die Ursprungsidee, welche meine Mitbegründerin Martina Musek im Spiel- und Lerndesign-Studium an der Burg Giebichenstein in Halle hatte. In einem Semesterprojekt sollten Studenten Miniaturwelten gestalten. Sie entwarf dreidimensionale Pop-Up-Spielwelten aus einem recycelbaren Kunststoff, welche an die Bücher aus Omas Zeiten erinnern. Nur sollten diese auch bespielt und bemalt werden können. Das Material vernähte sie aufwändig mit der Hand. Was entstanden war, begeisterte uns und die Jury des „Social Impact Lab Leipzig" und es war – so fanden wir – zu schade, um einfach in der Schublade zu verschwinden. Damals lernte ich Martina kennen, sie war auf der Suche nach einem visuellen Design für ihre Idee.

So beschlossen wir, genau jene Miniaturwelt zu unserer Gründungsidee zu machen. Zunächst stellten wir sie in verschiedenen Gremien wie beim „Social Impact Lab" vor. Dort halfen Experten, unsere Geschäftsidee weiterzuentwickeln. Wir forschten ausgiebig, auf welche Art sich unsere Vorstellungen umsetzen lassen würden, erprobten verschiedene Materialien und Ausführungen. Nach unzähligen aufwändigen Tests fiel unsere Wahl auf eine Kartonage aus Skandinavien, eine langfasrige Kartonart, die nachhaltig gewonnen und wieder aufgeforstet wird. Uns ist wichtig, dass unsere kleine Spielwelt, die je nach Alter und Interessen zwei, drei Jahre im Kinderzimmer steht, danach problemlos wieder entsorgt werden kann. Vielleicht werden die Buchschrauben später als Mittelpunkt einer verstellbaren Uhr verwendet, auf der das Kind die Zeit erlernen kann. Vielleicht bleibt das PAPPKA-Haus® aber auch zusammengeklappt im Bücherregal stehen und erinnert an jene Zeit, in der fiktive Welten entstanden und einfach alles möglich zu sein schien.

Nun sind wir dabei, unsere Kreativlandschaft weiter bekannt zu machen. Eigentlich wollten wir die Buchmessen nutzen, aber Corona hat uns einen Strich durch die Rechnung gemacht. Aufhalten wird uns das nicht, dafür ist die Idee einfach zu gut. Kindergärten und Schulen haben unser Produkt schon getestet. Der Buch- und Spielzeughandel hat es ebenfalls ins Sortiment aufgenommen.

Für mich kommt es vor allem darauf an, einen Ausgleich von der vielen Arbeit in meiner Freizeit zu finden. Dafür geeignet ist in jedem Fall der Aufenthalt in der Natur. Erst vor kurzem haben wir uns als Familie in Leipzig einen Garten angeschafft, in dem wir in jeder freien Minute werkeln, Obst und Gemüse anbauen und uns über all das freuen, was wir gesät haben und ernten können. Auch dort kannst du – wie mit unserem Pappka-Haus® – auf jede erdenkliche Art kreativ werden, dich ausprobieren und neue Erfahrungen machen.

Antje Stumpe (gegenüber links mit Martina Musek) liebt die simple Idee des klappbaren PAPPKA-Hauses®. Nach Herzenslust bauen, schneiden und kleben, eine Fülle von kreativen Möglichkeiten können Kinder oder Eltern mit ihren Kindern damit umsetzen. Die Materialien sind nachhaltig und können problemlos recycelt werden, erklärt sie. Beim Selbermachen wird die Kreativität angeregt, die „Hausbauer" tauchen in ihre ganz eigene Welt ein. Die Möglichkeiten der Gestaltung scheinen fast unendlich zu sein: Als Weihnachtskrippe (rechts) gebührt der liebevoll gestalteten Eigenkreation sicher auch ein Ehrenplatz unterm Tannenbaum.

www.pappka.de

Wer kann das neue „PAPPKA-Haus®" besser ausprobieren als die Kinder selbst? Zum Geburtstag von Antjes Tochter bastelten und gestalteten die kleinen Geburtstagsgäste mit Hilfe ganz verschiedener Materialien ihre eigene kleine Welt.

Nicht zuletzt ist die Idee des eigenen Spiel-Hauses aus Karton nachhaltig und vielseitig. Alles, was auf diese kreative Art entsteht, kann mühelos zusammengefaltet, aufgehoben und später noch einmal einer neuen Verwendung zugeführt werden.

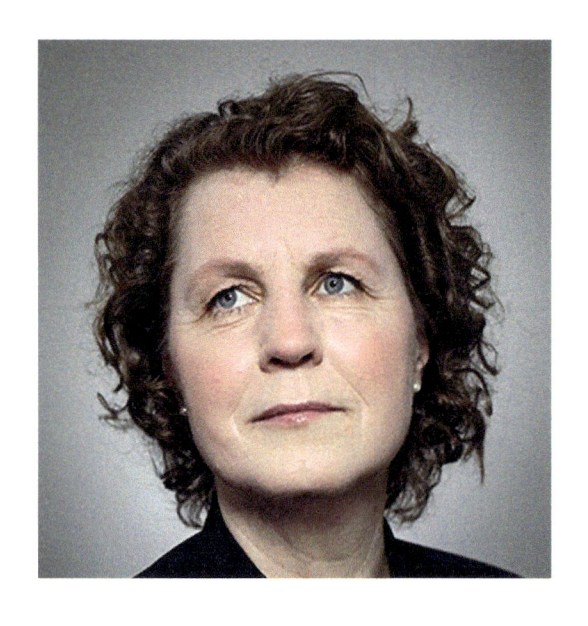

IRIS RAETHER-LORDIECK

Textilingenieurin & Politikerin
sowie Inhaberin des TTR Ingenieurbüros
für Textile Verfahrenstechnik
in Limbach-Oberfrohna

Jahrgang 1961

Frauen sollten noch sichtbarer werden

Als junge Textilingenieurin bin ich viel in der Welt herumgereist. Eine spannende Zeit, die mir eine Fülle unterschiedlicher Erfahrungen beschert hat. Das Zusammentreffen mit anderen Kulturen und Gebräuchen war eine Herausforderung. Ich bin in die Firmen gerufen worden, bevor die Produktionslinien in Betrieb genommen wurden. Zumeist haben mich die männlichen Kollegen als kompetente Kollegin anerkannt. Es kam aber schon vor, dass mir der Chef zur Begrüßung nicht einmal die Hand reichte, mich tagelang keines Blickes würdigte und als Frau und Expertin erst gegen Ende der Zusammenarbeit akzeptierte.

Trotz alledem habe ich mich nicht verunsichern und von meinem innovativen Weg abbringen lassen. Interessiert haben mich jene Verfahren, die eine schonende Behandlung von Fasern und Geweben ermöglichen. Unsere Wollwaschmaschine beispielsweise war eine solche Erfindung, mit der ich so lange experimentierte, bis empfindliche Wolle schonend fixiert und gewaschen werden konnte. Mein damaliger Professor meinte: „Das geht nie" und ist dann mit dem Ergebnis doch eines Besseren belehrt worden.

Meine heutige Aufgabe als Ingenieurin für textile Verfahrenstechnik basiert auf einem neuen Verfahren in der Textilentfeuchtung. Im Produktionsprozess – insbesondere beim Imprägnieren und Färben – wird textiles Gewebe befeuchtet und muss getrocknet werden. Mit unserem modernen Verfahren wird das Gewebe durch ein Vakuum entfeuchtet. Ein Vorgang, der effizient ist und eine bessere und schnellere Trocknung garantiert. Mit den Jahren haben wir mit der Neuentwicklung eines schwedischen Herstellers den Textilmarkt erobert. Um zu demonstrieren, wie die Technik funktioniert, lade ich Firmenvertreter zu mir ein. Ein Umstand, der mir in Abständen immer wieder neue, interessante Leute ins Haus bringt.

*Die Frauen haben einen Teil
ihrer Autonomie eingebüßt*

Als Frau in der Wirtschaft und zudem in einem technischen Beruf zu arbeiten, das ist und bleibt eine Herausforderung. Spannend ist für mich als Ingenieurin und auch als Politikerin zudem der Vergleich zwischen Frauen in den alten und neuen Bundesländern.

Obwohl viele Ost-Frauen vergleichsweise modern und emanzipiert lebten und arbeiteten, haben sie – ohne sich dessen bewusst zu sein – einen ganzen Teil ihrer Autonomie wieder eingebüßt. Die Frauenrollen gleichen sich immer mehr an, die selbstbestimmte Rolle weicht einer, in der die Mutter und Hausfrau wieder mehr in den Vordergrund rückt. Zudem sind die weiblichen Fachkräfte heute wieder in der Minderheit – eine der Folgen der massenhaften Betriebsschließungen nach der Wende. Stattdessen wurden auf den Plätzen, die einst von Frauen besetzt waren, vermehrt Männer eingestellt. Die Auswirkungen sind deutlich zu spüren. Es gibt nicht nur einen eklatanten Mangel an weiblichen Fachkräften – auch weiblicher Nachwuchs in fast allen Branchen ist Mangelware, denn gut ausgebildete Frauen gehen natürlich dorthin, wo sie angemessen bezahlt werden und gute Karrierechancen haben. Nach Sachsen bin ich zusammen mit meiner Familie vor gut zwanzig Jahren gekommen, weil hier die Hochburg der Textilindustrie war und es viel zu tun gab. Es war spannend, die Firmen mit den ersten neu installierten Maschinen und Anlagen zu begleiten, aber auch bitter, die Entlassungswellen mitzuerleben. Wie meistens hat es vor allem die Frauen betroffen, von denen dann viele nie wieder richtig durchstarten konnten. Ich denke, dass vor allem die Frauen die politische Wende bezahlt haben.

In die Politik bin ich gegangen, weil mich der Rechtsruck in der Gesellschaft erschreckte. Ich wollte etwas dafür tun, dass sich die Menschen gut aufgehoben fühlen und ihre demokratischen Rechte wahrnehmen. Ich habe dann für den Landtag kandidiert und ein Mandat bekommen. Bildungspolitik, Industrie, Gleichstellung und Religion gehörten zu meinen Aufgaben. In der Arbeitsgemeinschaft Sozialdemokratischer Frauen erlebte ich, wie schwierig es ist, Beteiligte für ein gemeinsames Ziel zu motivieren. Frauen lassen sich leider viel zu stark von anderen dirigieren und sind zu wenig solidarisch untereinander.

Mein Wunsch: Frauen sollten sich sichtbarer machen und ganz bewusst für sich selbst und andere einstehen. Es wäre schön, wenn das Verständnis für die Möglichkeiten der Demokratie weiterwächst, wenn Frauen sich noch mehr als bisher für Ziele der Gemeinschaft einsetzen würden.

Orte, an denen ich gern Zeit verbringe, sind mein Zuhause und mein Heimatort. Mithin ist mein Wohlbefinden nicht so sehr von einem bestimmten Ort abhängig. Vielmehr sind es die Umstände und die Menschen, die das beeinflussen. Ein Ort oder eine Umgebung, in der man mehr miteinander tut, als gegeneinander zu kämpfen – das wäre mein Sehnsuchtsort.

Ihre Arbeit hat die Textilingenieurin in den vergangenen Jahrzehnten oft und viel ins Ausland reisen lassen. Vor dem North American Wool Council in Boston referierte Iris Raether-Lordieck über ihre beruflichen Erfahrungen in der Textilveredelung. Aber auch im eigenen Studio (rechts) führt die Ingenieurin geladenen Fachleuten Maschinen und Teststrecken vor.

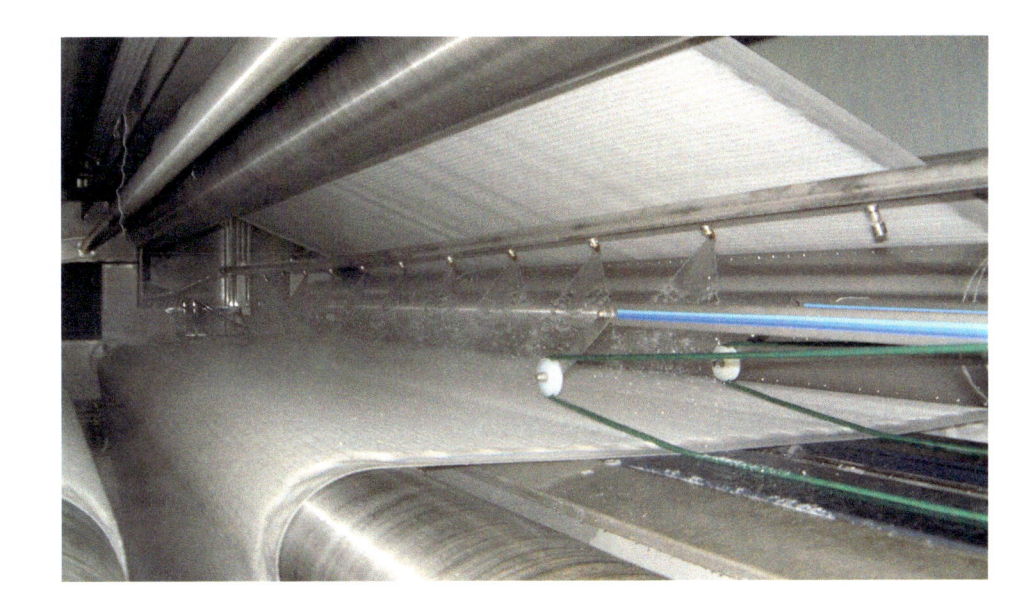

www.ttrtextil.de

URSULA RUDOLPH

Friseurmeisterin und
Gastgeberin in der eigenen Pension
„Alte Apotheke" in Radebeul

Jahrgang 1945

Ich habe immer einen Plan

Ob ich glücklich bin? Glück ist für mich vor allen Dingen ein stilles, inneres Glück. Ich freue mich, dass es mir nach wie vor so gut geht und dass ich die vielen anfallenden Arbeiten im Haus und im Geschäft meiner Tochter so gut bewältigen kann. Ich freue mich ebenso an kleinen Dingen und an der Natur. Interessant finde ich die Geschichte alter Städte. In historischen Orten unterwegs zu sein, finde ich erfüllend und interessant. Um glücklich zu sein, muss ich aber nicht unbedingt verreisen. Durch meine Gäste ist auch hier immer Leben im Haus. Immerhin lebe ich an einem Ort, an dem andere Urlaub machen. Schön sind Gespräche, bei denen für mich auch etwas rüberkommt. Froh macht es mich auch, wenn ich für andere da sein und mich um sie kümmern kann.

*Es hat mir Freude bereitet,
für junge Leute da zu sein*

Mein Leben war bunt und abwechslungsreich. Ich bin 1945 geboren. In einer Zeit, wo alle nicht viel Besitz hatten und sich etwas aufbauten. Eigentlich wollte ich einen ganz anderen Beruf erlernen, aber dann entschied ich mich dafür, Friseurin zu werden. Die Meisterausbildung habe ich schon in jungen Jahren in der ehemaligen DDR absolviert und war danach 30 Jahre lang in einer PGH als Friseurmeisterin und Ausbilderin tätig. 1992 habe ich dann meinen eigenen Salon „Haus der Schönheit" eröffnet, der von meinen beiden Töchtern, einer Friseur- und einer Kosmetikmeisterin, übernommen wurde und immer noch erfolgreich ist. Es hat mir große Freude bereitet, jungen Leuten den Weg in die berufliche Selbstständigkeit zu bereiten. Wir sind ein Team, das zusammenhält und sehr lange zusammengeblieben ist. Noch heute ist es so: Kaum einer verlässt die Firma, weil sich alle wohlfühlen. Für mich als Chefin war es immer wichtig, mich um andere zu kümmern, dafür zu sorgen, dass es ihnen gut geht. Ich denke, wir Frauen sind es schon von Natur aus gewöhnt, an alle und alles zu denken. Das ist ganz selbstverständlich und bedarf keiner weiteren Aufforderung. Auch heute sind mir Geschäft und Familie wichtig. Natürlich kann ich auch gut mit mir alleine sein. Jetzt genieße ich es, Freiräume für mich selbst zu schaffen. Ich lese viel, höre Musik und gehe in der Natur spazieren. Jährlich muss ich an meinen Sehnsuchtsort, die Ostsee, reisen. Da tanke ich Kraft für mein Leben mit meinem Hund Cappi. Kraft und Zuversicht gibt mir auch mein Haus in Radebeul.

Nicht zuletzt habe ich vier Enkel und einen Urenkel, die sind mit das Wichtigste in meinen Leben! Haus und Garten halten mich ebenfalls auf Trab. 1996 haben mein Mann und ich das schöne Grundstück erworben. Wir haben uns sofort in das Anwesen verliebt. Damals hatte ich selbst ein eigenes Haus in Lichtenstein bei Zwickau. Zwischen Firma und hier bin ich jahrelang gependelt. Heute ist Radebeul mein Zuhause. Im Erdgeschoss betreibe ich eine Ferienwohnung. Es gibt mir viel, wenn Gäste aus aller Welt bei mir zu Gast sind. Sie fühlen sich hier sehr wohl, genießen wie auch ich selbst die schöne Umgebung, erkunden die beiden Kulturstädte Radebeul und Dresden. Was mein Leben als Geschäftsfrau mir bedeutet hat? Ich habe gelernt, für andere da zu sein, meine Ziele zu verfolgen und parallel viele Bereiche gleichzeitig zu bedienen.

Ich mache mir noch heute einen Plan für den Tag

Ich mag es nicht, in den Tag hineinzuleben ohne Sinn und Ziel. Ich habe immer einen Plan gehabt und bin meinen Weg gegangen. Ich habe zwar auch viele Rückschläge einstecken müssen, aber eigentlich nie an mir gezweifelt. Ich denke, ich bin sehr zielstrebig, wenn ich etwas erreichen möchte.

Vielleicht liegt das an meinem Sternbild Löwe (lacht). Ich habe immer so lange für ein Ziel gearbeitet, bis ich erreichte, was ich mir vorgenommen hatte. So ist das bis heute geblieben. Auch wenn ich nicht mehr jeden Tag im Geschäft arbeite, mache ich mir jeweils einen eigenen kleinen Plan für die nächsten Stunden.

Die Alte Apotheke in Radebeul ist das Domizil von Ursula Rudolph. Die Friseurmeisterin hat das Erdgeschoss ihres Wohnhauses für Gäste geöffnet. Seit Jahren betreibt sie darin eine Ferienwohnung, in der Leute aus aller Welt zu Gast sind. In ihrer Wahlheimat Radebeul lebt sie gern. Jahrelang ist die erfolgreiche Unternehmerin zwischen Geschäft und Zuhause hin- und hergependelt. Heute genießt sie die freie Zeit, die sie gern mit einem Buch oder bei guter Musik verbringt.

www.fewo.dierudolphs.com

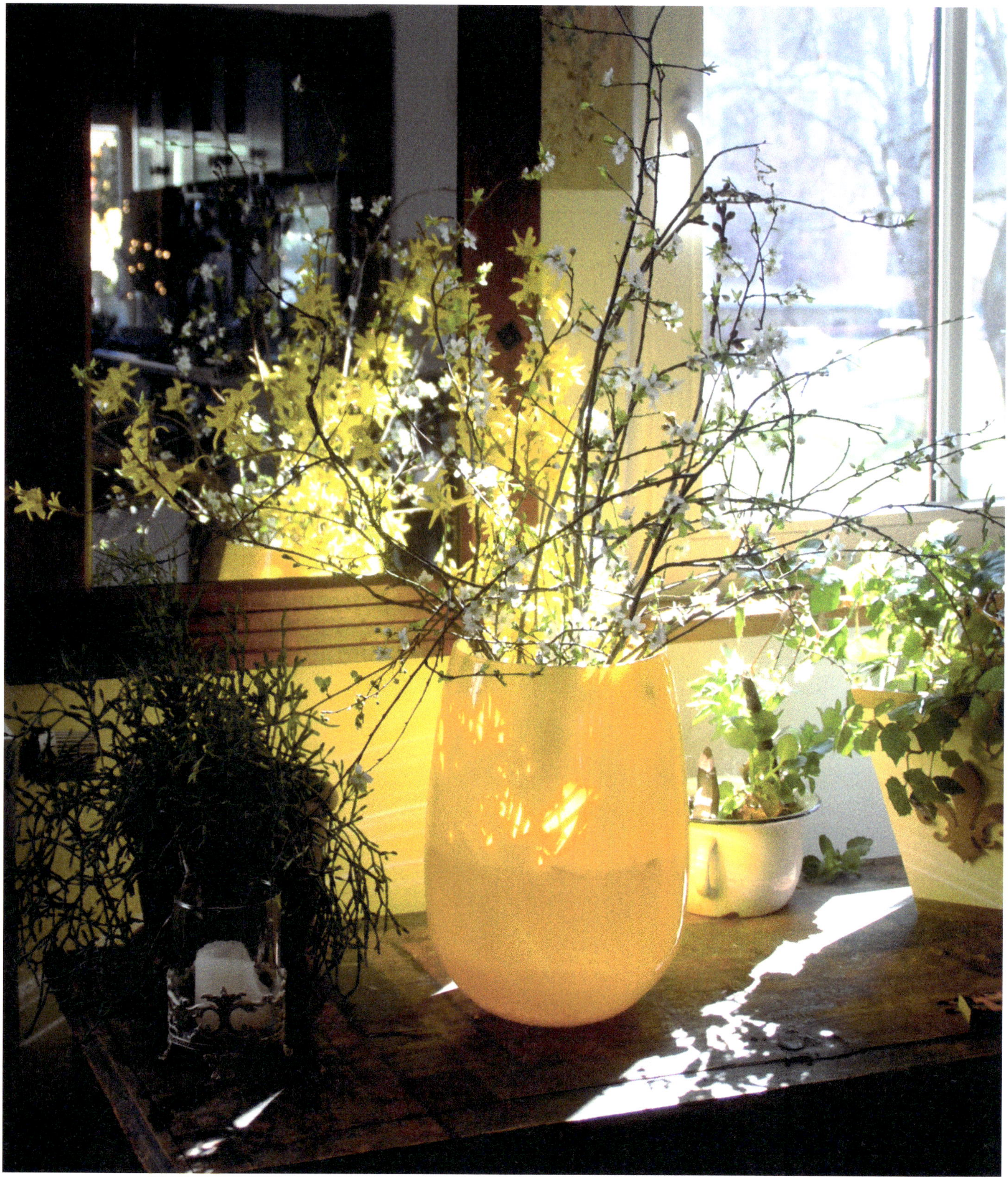

So verrückt das auch klingen mag: Mein Leben hat eigentlich erst so richtig mit fünfzig begonnen. Vorher war ich wohl auch zu ängstlich und zu verkrampft, zu sehr in die Pflicht genommen, um all das zu erfüllen, was von mir erwartet wurde. Heute sehe ich das wesentlich entspannter. (Heike Schönfelder, Seiten 152–155)

Bleibt bitte auch in reifen Jahren spontan, lebendig und voller Esprit. Probiert nach Möglichkeit all das an und aus, was euch gefällt, und inspiriert und spielt mit eurer Rolle als Frau. Vielleicht gewinnt ihr so ganz neue Erkenntnisse über euch und euer Ego, denn es steckt eventuell nicht nur eine einzige Person in euch drin, es gibt viele Seiten, die gelebt werden möchten. (Sandra Schwarzburg, Seiten 156–161)

Nicht zuletzt würde ich gern das Bewusstsein dafür schärfen, wie viel Glück wir haben, in einem so reichen Land geboren zu sein, das uns Frauen so viele Chancen und Möglichkeiten der persönlichen Entwicklung bietet. (Antonia Schwarzmeier, Seiten 162–165)

Viel mehr Frauen als bisher sollten die Verantwortung für die Gesellschaft und die Formen des Zusammenlebens übernehmen, denn sie haben oft schon durch ihr verantwortungsvolles Leben, den Beruf und die Kindererziehung Erfahrungen gesammelt. (Florentine Schwarzmeier, Seiten 166–167)

Gegenüber: Der Frühling kommt und das Frauen-Buch wird endlich fertig – Blick über unsere jahrhundertealte Truhe mit Frühlingsstrauß auf den sonnigen Park vorm Haus

HEIKE SCHÖNFELDER

Geschäftsführerin des
Ferienhofs Schönfelder
in Ebenheit in der Sächsischen Schweiz

Jahrgang 1963

Es geht nicht um den Status, sondern um das Tun

Halt und Kraft haben mir all die Dinge gegeben, in denen ich eine eigene Bewältigungsstrategie brauchte, um weiterzumachen. In meiner Kindheit, in der ich teilweise bei den Großeltern aufgewachsen bin, habe ich schon gelernt loszulassen. Es ist mir beispielsweise nicht leichtgefallen, mich mit vier Jahren von meiner Großmutter zu lösen, weil wir weggezogen sind. Tapfer zu sein und sich nicht dem Schmerz hinzugeben, wenn im Leben unerwartete Dinge passieren, das war und ist mein Lebensmotto. So lernte ich auf meine eigene Art, mit Problemen umzugehen.

*Was anfangs problematisch
erschien, machte später Sinn*

Da meine Ausbildung als Kindergärtnerin mit Staatsexamen nach der Wende nicht mehr anerkannt wurde, musste ich den Beruf wechseln und wurde zunächst Zahnarzthelferin in. Was anfangs problematisch erschien, machte später Sinn. Es war eine spannende Zeit, in der ich gelernt habe, auf die Bedürfnisse der Patienten einzugehen. Genau wie in der Medizin ist es auch im übrigen Leben. Wer erfolgreich mit Menschen umgehen möchte, muss sich darum bemühen, sich in diese einzufühlen und auf deren Befindlichkeiten einzugehen. Ich hatte sehr gute Ausbilder, bei denen ich lernte, dass nicht nur die Theorie wichtig ist, sondern jeder einzelne Handgriff einen Sinn hat.

*Selbstständigkeit bringt
Kreativität und Freiheit*

Meine Selbstständigkeit als Leiterin einer Ferienanlage bedeutet mir sehr viel. Es geht dabei gar nicht so sehr um den Status, sondern um die Art und Weise, wie man sich fühlt und sein Leben verbringt. Natürlich gibt es vor Ort sehr viel Arbeit, aber die mit der Selbstständigkeit verbundene Freiheit lässt mich trotzdem unabhängig und kreativ agieren. Wir haben ganz unterschiedliche Gäste mit sehr individuellen Bedürfnissen. Deshalb habe ich vor einiger Zeit damit begonnen, spezielle Ferienprogramme zu entwickeln, die auf die Wünsche jedes einzelnen Gastes eingehen. So kommt jeder auf seine Kosten.

*Ein Freund hat mir beigebracht,
wie wichtig Freunde im Leben sind*

Viele Jahre war ich mit einem Pfarrer befreundet, der mir eine Reihe von Lebensweisheiten mit auf den Weg gegeben hat, die für mich mit der Zeit unverzichtbar geworden sind. Eine davon ist es, wie wichtig viele unterschiedliche Freunde sind. Ein einzelner Mensch kann dir natürlich nicht all deine Bedürfnisse erfüllen. Aber viele Menschen, die du triffst, können Freunde fürs Leben oder für einzelne Abschnitte deines Lebens werden, einzelne Saiten zum Klingen und Freude ins Leben bringen. „Wenn du dich nicht selbst ernst nimmst, wie sollen dich dann andere achten", sagte er oft und hat natürlich recht damit gehabt. Die intensivste Zeit mit meinem besten Freund habe ich verbracht, als ich ihn drei Jahre in einer tödlichen Krankheit begleitet habe. Und das war für mich die Schule meines Lebens. Er hat mir bewusst gemacht, dass man sich nie als Opfer fühlen soll, sondern immer versuchen kann, aktiv mit schwierigen Situationen umzugehen. Es tut nicht gut, sich zum Märtyrer zu stilisieren, sondern es ist wichtig, auch Verantwortung für sich selbst zu tragen und sich nicht selbst die Schuld an Ereignissen zu geben. Wichtig war für ihn die Frage: Wozu passiert mir das, statt zu fragen, warum passiert gerade mir das? Sein Lebensmotto: Die Ereignisse, wie sie kommen, als für mich inszeniert annehmen, genau hinschauen und dann sorgfältig die Regie übernehmen. Jedes Hindernis eröffnet eine neue Szene. Im Vertrauen bleiben: Das Finale wird gut werden. Mein verstorbener Freund stärkt mich über seinen Tod hinaus.

Inzwischen habe ich weitere interessante, kluge Menschen kennengelernt, deren Biografie mit großen Brüchen behaftet ist. Menschen, denen ich vertrauen kann und die mich nehmen, so wie ich bin. Der Umgang mit derartig empathischen Leuten macht mir selbst immer wieder Mut.

*Mein Leben hat eigentlich erst
so richtig mit fünfzig begonnen*

So verrückt das auch klingen mag: Mein Leben nach meinen eigenen Bedürfnissen hat eigentlich erst so richtig mit fünfzig begonnen. Vorher war ich wohl auch zu ängstlich und zu verkrampft, zu sehr in die Pflicht genommen, um all das zu erfüllen, was von mir erwartet wurde. Heute sehe ich das wesentlich entspannter. Manche empfinden diese Zeit vielleicht als eine, wo man abbaut, altert und auf den Ruhestand wartet. Das ist für mich kein Thema. Es geht nicht so sehr um die äußere Attraktivität, sondern um die innere! Mutter und Oma zu sein, das ist natürlich ein großes Glück für mich. Ich bin stolz auf meine Kinder und Enkelkinder. Meine große Familie mit allen, die dazugehören, gibt mir viel Freude und Halt.

Heike Schönfelder liebt ihre Heimat in der Sächsischen Schweiz und ihre Aufgabe, Gästen aus aller Welt eine gemütliche Herberge zu bereiten und einen speziellen Tourenplan für sie zusammenzustellen.

www.ferienhof-schoenfelder.de

Da leben, wo andere Urlaub machen, das ist ein Privileg. Ebenheit in der Sächsischen Schweiz bietet eine Unmenge an Ausflugsmöglichkeiten. Für Heike Schönfelder ist es wichtig, dass Arbeit und Leben eine Einheit sind, dass sie sich bei dem, was sie tut, wohlfühlt. Entspannung bringen ihr Familie, gute Freunde und das Unterwegssein in der Natur.

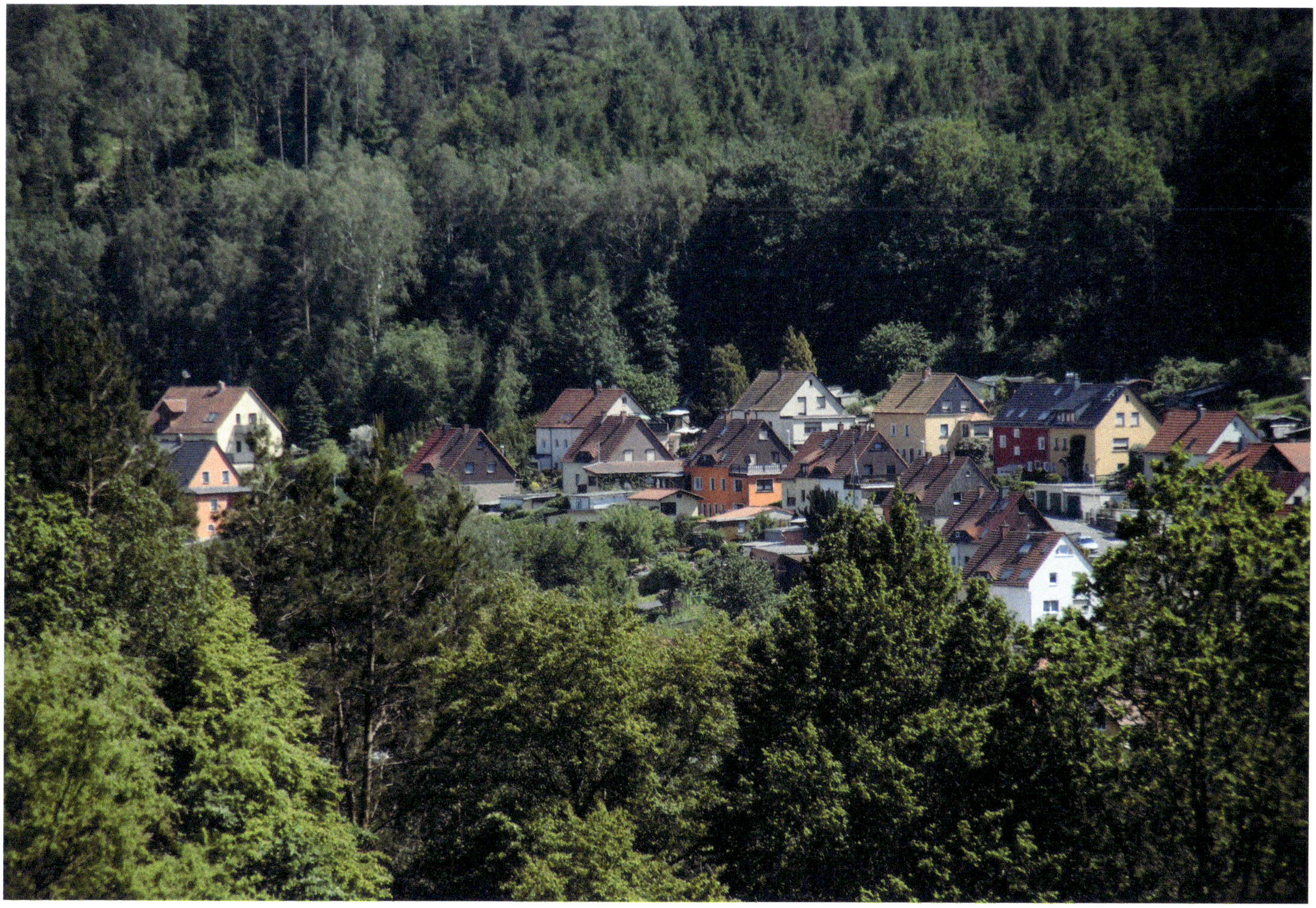

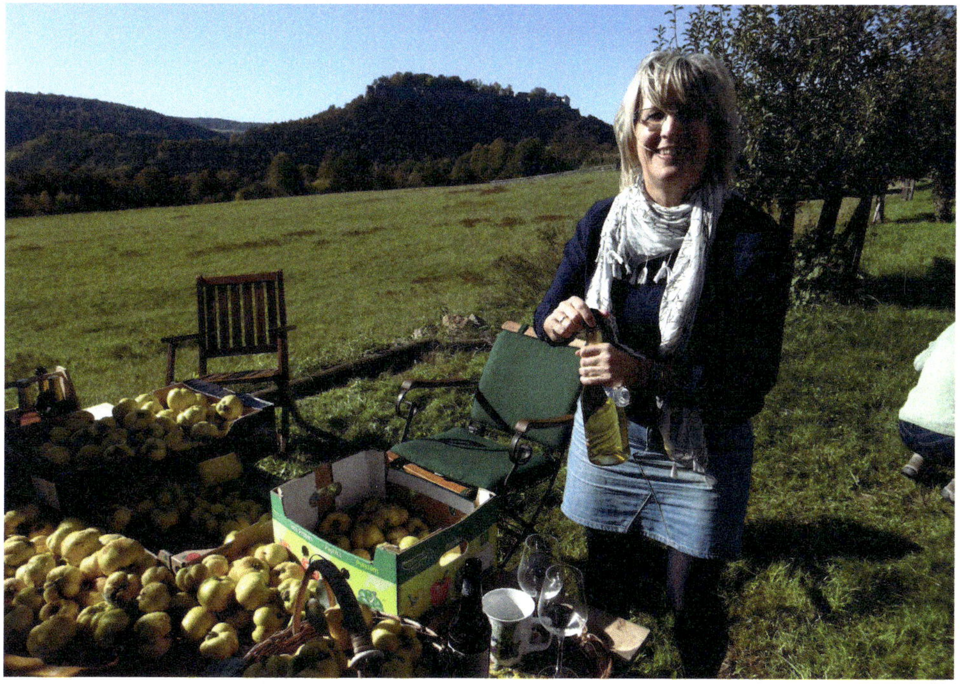

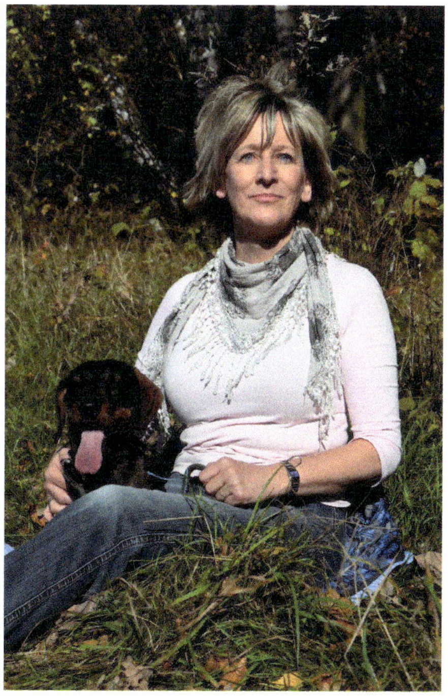

SANDRA SCHWARZBURG

Mode-Designerin & Directrice sowie Inhaberin von Café und Einrichtungsladen „Quippini" in Langendorf in der Gemeinde Elsteraue

Jahrgang 1972

Es gibt nicht nur ein Ego, das gelebt werden kann

Kraft und Halt im Leben gibt mir meine eigene Kreativität. Wenn ich etwas Neus entstehen lasse, verschwindet alles andere um mich herum. Gerade bin ich dabei, mein Café mit Laden umzustrukturieren. Die Idee dafür hatte ich im Urlaub. Meistens gehe ich mit meinen Ideen lange schwanger, bevor ich sie in die Tat umsetze. Das Beste ist, wenn Projekte entstehen und sich ständig weiterentwickeln können. Halbfertige Dinge reizen mich besonders. In ihnen steckt eine besondere Energie, die mich immer weitermachen lässt.

*Entscheidungen aus dem
Bauch heraus treffen*

Sinn in meinem Tun finde ich entsprechend damit, Neues zu kreieren und mit verschiedenen Materialien zu experimentieren. Während des Studiums und auch danach habe ich gelernt, Trends nachzuforschen und kreativ zu bleiben. Ich war in Straubing in der Schneiderlehre, habe in Stuttgart die Staatliche Modeschule besucht, in Rosenheim für „Marco Polo" gearbeitet und in Würzburg fünf Jahre Mode für Hersteller entworfen. Im letzten Anstellungsverhältnis habe ich besonders viel gelernt. Wir waren zunächst nur ein kleines Team mit stark motivierten Leuten. Unser Chef hat damals vieles aus dem Bauch heraus entschieden. Eine Methodik, die ich – weil sie gut funktionierte – selbst auch unbewusst verinnerlicht und später auch zu meiner eigenen Strategie gemacht habe.

*Ich bin gern Frau und mag es,
wenn Männer mir die Tür aufhalten*

Ich bin selbstständig und muss mich nicht in einer großen Firma behaupten. Und ich bin sehr gern Frau und habe nichts gegen traditionelle Höflichkeit und Zuvorkommenheit. Ich mag es, wenn Männer Kavaliere sind, mir den Stuhl hinschieben oder mir die Tür aufhalten. Andererseits möchte ich meine Selbstständigkeit bewahren, die ich verinnerlicht habe, als ich völlig frei entscheiden konnte und allein lebte. Es ist für mich normal, eine Bohrmaschine zu bedienen, zu malern oder mich um den Werkstatttermin für mein Fahrzeug zu kümmern. Was ich mir von mir selbst und anderen wünsche? Mehr Wertschätzung und Achtsamkeit. Der Stolz auf Geleistetes kommt leider oft zu kurz.

Viel zu schnell geht man zu neuen Dingen über, ohne innezuhalten und das bereits Geschaffene einmal in Ruhe und mit Bedacht zu würdigen. Ich bin nicht kreativ tätig, um Anerkennung von außen dafür zu bekommen, sondern weil die Projekte jeweils in mir angelegt sind und aus mir heraus wollen.

Experimentierfreudig sein: Es gibt viele Seiten, die gelebt werden möchten

Das, was ich mache, bin ich einfach. Und das ist auch gut so. Andererseits ist dies wohl auch ein mentales Training, das vielen Kreativen fehlt, ein Handicap, welches die Gesellschaft heute im Allgemeinen hat. Je mehr es an Möglichkeiten im Inneren und im Äußeren gibt, desto weniger bleiben dann ja auch einzelne Erlebnisse im Gedächtnis haften. Die Entscheidung, meinen eigenen Laden mit Café zu eröffnen, habe ich bis heute nicht bereut. In mein Unternehmen fließen viele Aspekte ein, die ich im Laufe meines Lebens gelernt habe. Sich mit schönen Dingen zu umgeben, das ist und bleibt meine erklärte Leidenschaft. Und was fürs Interieur gilt, ist natürlich auch in Sachen Mode wichtig. Ich nähe leidenschaftlich gern und experimentiere nach wie vor hingebungsvoll mit verschiedenen Textilien und Stilrichtungen. Mein Tipp für die Damenwelt: Bleibt bitte auch in reifen Jahren spontan, lebendig und voller Esprit. Probiert nach Möglichkeit all das an und aus, was euch gefällt und inspiriert und spielt mit eurer Rolle als Frau! Vielleicht gewinnt ihr so ganz neue Erkenntnisse über euch und euer Ego, denn es steckt eventuell nicht nur eine einzige Person in euch drin. Es gibt viele Seiten, die gelebt werden möchten.

Das „Quippini" der Designerin Sandra Schwarzburg befindet sich in Langendorf in der Gemeinde Elsteraue in einem romantischen Fachwerkhof. Im ehemaligen Stallgebäude gibt es seit 2008 ihr behagliches Café sowie einen Einrichtungsladen für stilvolle Wohnaccessoires.

www.quippini.de

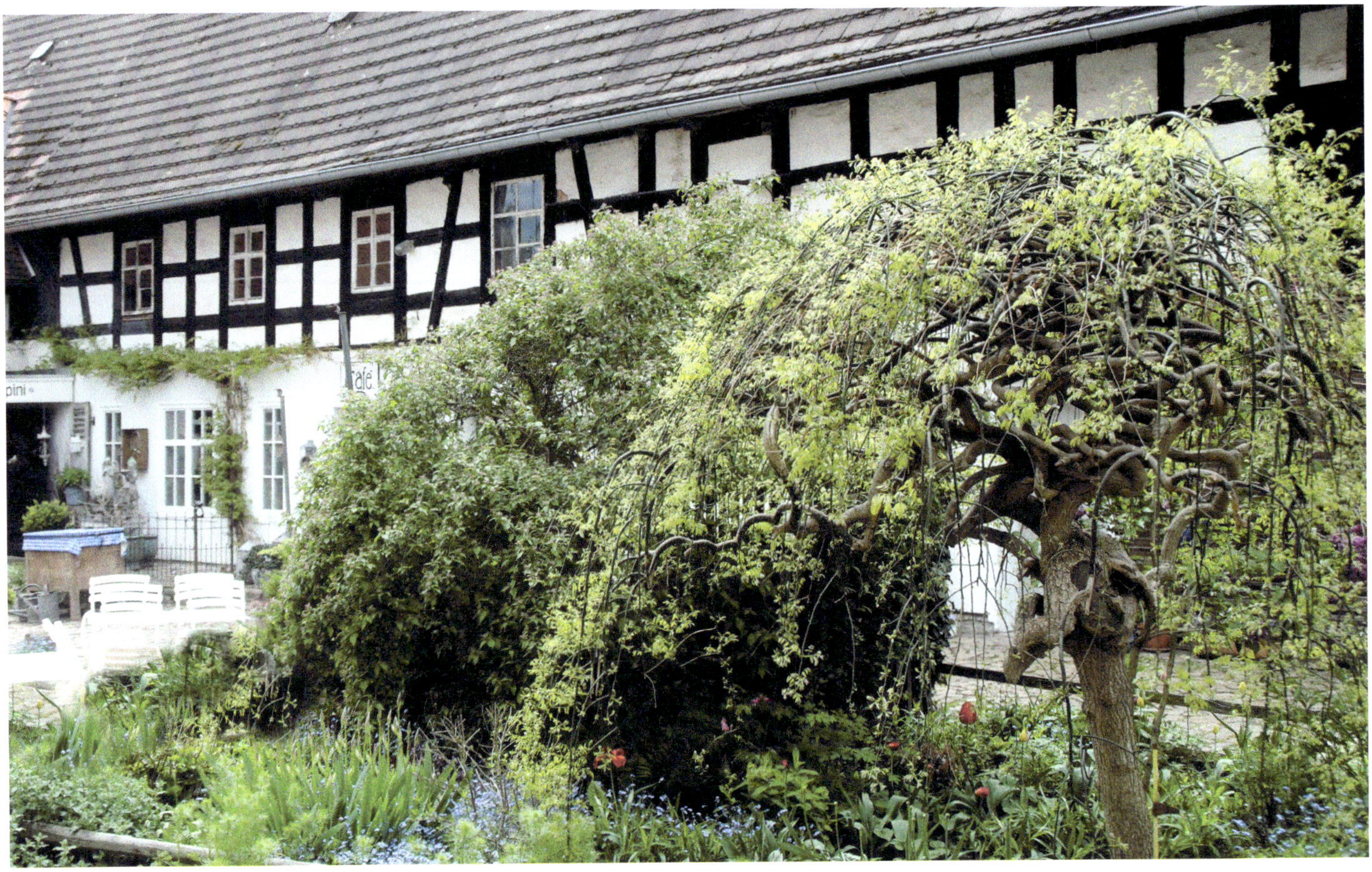

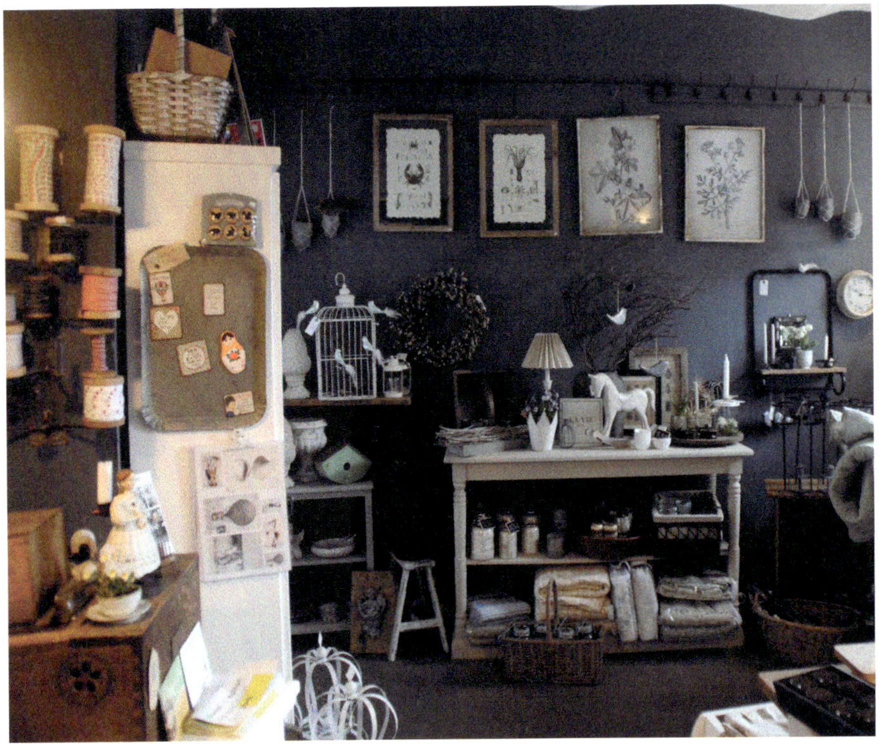

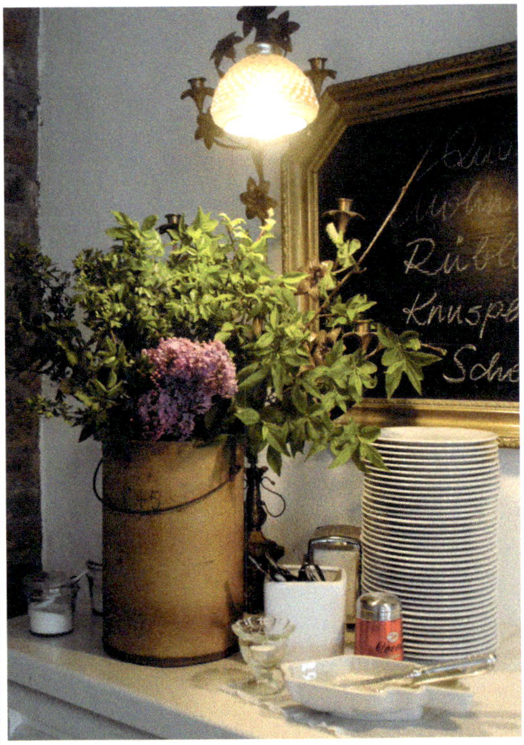

Ein Ort der Kreativität: In das liebevoll gestaltete Interieur von Laden und Café des „Quippini" sind mit den Jahren des Bestehens unzählige originelle Ideen der studierten Designerin eingeflossen. Wer mag, kann hier nach Herzenslust nach besonderen Fundstücken stöbern, frisch gebrühten Kaffee schlürfen oder auch zusammen mit Familie und Freunden kleine und größere Feste feiern.

Sandra beim Renovieren ihres Einrichtungsladens. Die meisten Stücke werden von ihr selbst restauriert. Ähnlich ist es mit der eigenen Mode, die Sandra ebenfalls gern selbst entwirft und schneidert. Es gibt viele Möglichkeiten, sich selbst und das eigene Ambiente in Szene zu setzen, ist sie sicher.

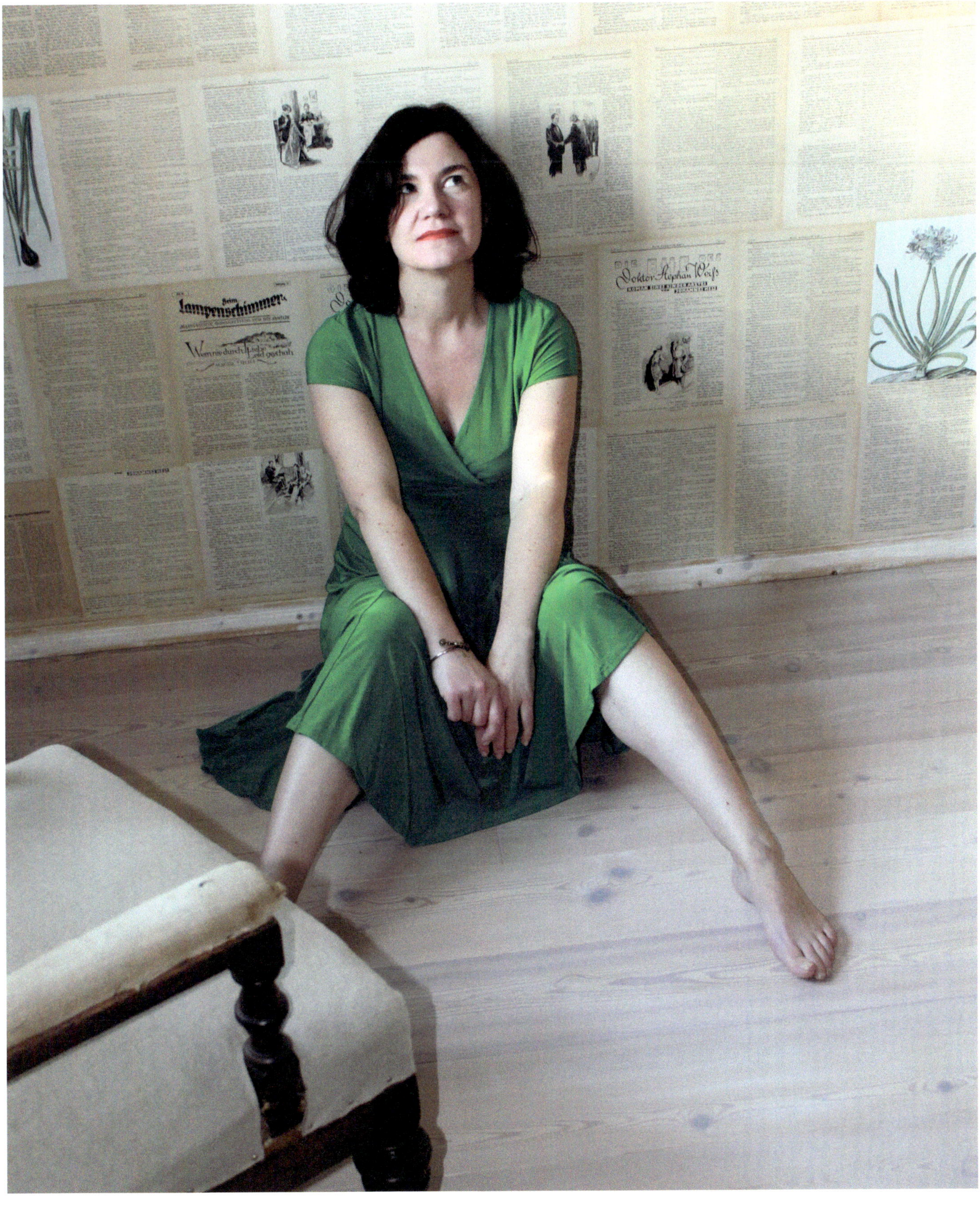

ANTONIA SCHWARZMEIER

Master of Art Innenarchitektur
& Geschäftsführerin der Firma
Raumausstattung Schwarzmeier

Jahrgang 1986

Es gibt so viele Chancen, sich auszuprobieren

Meine Arbeit beinhaltet, ansprechende Lebensräume zu schaffen, die andere glücklich machen. Schön sind gute Gespräche mit anderen Menschen, ein leckeres Sonntagsfrühstück mit meiner Familie und Freunden und der Aufenthalt in der Natur.

Ehrliche Begegnungen mit anderen Menschen und ein liebevoller Umgang miteinander sind mir ganz besonders wichtig. Ich möchte meinen Fokus hier und heute auf optimistische Dinge richten. Glücklich bin ich vor allem über den Zusammenhalt in meinem Umfeld, unser gutes Team, unsere kompetenten und fleißigen Mitarbeiter, meine Familie und meine guten Freunde, die mein Leben begleiten.

*Netzwerke ins Leben rufen,
sich mit anderen Frauen austauschen*

Von Berufs wegen spielt in meinem Dasein natürlich die Ästhetik eine besondere Rolle. Es ist mir wichtig, Lebensräume zu gestalten, Menschen zu Hause und auf Arbeit ihre besondere Oase, ihre Wohlfühlatmosphäre und die damit verbundene Zufriedenheit zu schenken.

Ich wünsche mir, das meine zwei Kinder eine Umgebung vorfinden, in der ein positives und liebevolles Miteinander herrscht. Für unsere Firma wünsche ich mir, dass sie sich ständig weiterentwickelt. Ein weiterer Wunsch ist der nach Lebendigkeit, nach vielen guten sozialen Kontakten und einem immerwährenden konstruktiven Austausch. Online-Netzwerke und auch persönliche Treffen sind für mich enorm wichtig. Insbesondere der Austausch mit anderen Frauen, mit Unternehmerinnen. Ich bin Mitglied im Verband deutscher Unternehmerinnen. 2020 wurde ich als Vorbildunternehmerin des Bundeswirtschaftministeriums ausgewählt, eine ehrenamtliche Initiative, um junge Mädchen und Frauen zu ermutigen, den Schritt in die Selbstständigkeit zu unternehmen. Unsere Themen sind „frauenlastig" und anders geartet, als wenn wir uns „gemischt" treffen und unterhalten würden.

Die zunehmende Aggressivität unter den Leuten macht mich betroffen und traurig. Der Umgang zwischen den Menschen wird immer rauer, die Orientierung ist stark auf Erfolg, Geld und Macht ausgerichtet. Natürlich muss man zunächst bei sich selbst anfangen, bevor man andere kritisiert.

Auf die eigene Region konzentrieren

Ich will anderen Menschen gern Optimismus und Zuversicht schenken. Und ich würde gern etwas dafür tun, dass wir uns wieder mehr auf unsere regionalen Betriebe konzentrieren und bei ihnen einkaufen, sie damit noch mehr als bisher unterstützen. Wir sollten nachdenken: Was brauche ich wirklich? Wo kommt das her, was ich einkaufe? Es braucht schon eine gute Aufklärung, um Menschen die Bedeutung von Waren, Dienstleistungen und Lebensmitteln klarzumachen. Wir benötigen entsprechende Regularien, um das zu steuern, und wieder eine bessere Verbindung zu uns selbst, die uns zeigt, was richtig und gut ist. Nicht zuletzt würde ich gern das Bewusstsein dafür schärfen, wie viel Glück wir haben, in einem so reichen Land geboren zu sein, das uns Frauen so viele Chancen und Möglichkeiten der persönlichen Entwicklung bietet. Wenn ich nicht arbeite, genieße ich ganz bewusst mein Umfeld. Mein Zuhause ist für mich ein kraftspendender Ort. Unsere Firma und die Mitarbeiter geben mir ebenfalls Halt: Ich bin so froh, eine hochqualifizierte Assistentin zu haben, die mir viele anstehende Aufgaben abnimmt und mir die Arbeit erleichtert.

Die Natur ist mein Lebenselixier. Ich bewege mich gern, treibe Sport, wandere und klettere gern in der Sächsischen Schweiz. In unserem Nachbarland Frankreich liebe ich besonders die Gegend an der Côte d'Azur, wo ich gelernt habe.

Unten: Leben, Arbeiten und Wohnen sind für Antonia Schwarzmeier eins. Als Nachfolgerin und Geschäftsführerin der traditionellen Familienfirma für Raumausstattung hat die 34-Jährige im Jahr 2016 das Unternehmen ihrer Eltern übernommen.

www.schwarzmeier.com

Blick in die Wohnräume sowie in den Ausstellungsraum der Firma Schwarzmeier (gegenüber unten). Zuhause und Firma der kreativen Unternehmerin spiegeln deren Ideenreichtum und den Mut zu frischen, kräftigen Farben wider.

hwarzmeier.com...

FLORENTINE SCHWARZMEIER

Diplom-Ingenieurin & Innenarchitektin sowie Seniorchefin der Firma Raumausstattung Schwarzmeier in Arnsdorf

Jahrgang 1949

Gerade unsere Verschiedenheit macht uns aus

Unsere Firma hat lange Traditionen. Sie wurde 1886 gegründet und 1986 durch meinen Mann und mich übernommen. Uns sind Menschlichkeit und Fairness wichtig. Ich möchte mit allen in Frieden leben im Großen wie im Kleinen, einen Gegenpol zur zunehmenden Aggressivität in der Gesellschaft setzen. Natürlich ist das eine Haltung, bei der man vor allem auch selbst gefordert ist. Für mich war es schon immer wichtig, etwas zu tun, das andere zufrieden und glücklich macht. In unserem Geschäft stellen wir vor allem Fragen, wenn etwas nicht ganz stimmig erscheint. Eine optimale Raum-Lösung für die Menschen, die zu uns kommen, ist das, was wir anstreben. Zudem sind mir umweltverträgliche und gute Materialien wichtig. So wie ich selbst gern in der Natur bin und mich gern mit natürlichen Stoffen umgebe, so wichtig ist es mir auch, diese in der Arbeit einzusetzen.

Ich bin schon seit Langem überzeugt, dass Farben eine ganz bedeutsame Rolle in unserem Leben einnehmen. Farbtöne, mit denen wir uns umgeben, haben einen direkten Einfluss auf unser Wohlbefinden. Damit jeder seine ganz eigene Palette findet, empfehle ich den HPM-Colortest, bei dem auf farbliche Empfindungen, auf unsere Biorhythmen sowie das körperliche und seelische Befinden eingegangen wird. Interessant sind für uns immer wieder Projekte, in denen genau diese Erkenntnisse zur Anwendung kommen können. 60 Patienten und 30 Mitarbeiter in einer Einrichtung für chronisch psychisch Erkrankte haben vor einiger Zeit beispielsweise eine Raumausstattung mit einem auf sie zugeschnittenen Farbkonzept bekommen. Auch in Kindergärten haben wir entsprechende Raumkonzepte mit einem thematisch passenden Farbenspektrum verwirklicht. Die Ergebnisse sprechen für sich, die Nutzer sind jeweils angetan und oft auch erstaunt über die verblüffende Wirkung bisweilen recht einfacher Kombinationen und Lösungen. Es gibt so viele interessante und kaum bekannte Farb-Aspekte: Wer weiß beispielsweise, dass ein kräftiges Brombeerrot gut für die Entwicklung von Kleinkindern ist? Was wir aufgebaut haben, wird weitergehen. Das freut uns sehr. Ich bin glücklich, dass meine Tochter unsere Firma übernommen hat. Was wir im Kleinen genießen, wünsche ich mir auch für unsere Gesellschaft. Eine Vision, die keine soziale Schere mehr zulässt und absichert, dass alle Menschen wieder ihr Auskommen in der Gesellschaft haben und gleichermaßen wichtig sind.

Ich bin froh, dass wir in Deutschland derzeit eine Kanzlerin haben, das setzt an sich schon ein Zeichen, finde ich. Eine pragmatische und überlegte Frau an der Spitze eines Landes ist nach wie vor eine Seltenheit. Viel mehr Frauen als bisher sollten die Verantwortung für die Gesellschaft und die Formen des Zusammenlebens übernehmen, denn sie haben oft schon durch ihr verantwortungsvolles Leben, den Beruf und die Kindererziehung Erfahrungen gesammelt. Man kann ja auch viel besser über Dinge sprechen und Entscheidungen treffen, wenn man dafür kompetent und empathisch ist.

Ich habe gelernt, die Schönheit in der Natur zu sehen. Es reicht mir meistens schon, in meinem Heimatort unterwegs zu sein, um zu entspannen. Es muss nicht immer warm und sonnig sein, auch eine Novemberstimmung kann verzaubern. Das ist auch eine Haltung, die ich meinen Enkelkindern nahebringe. Was mich ausmacht? Ich würde mich selbst als tatkräftig, optimistisch, spontan, ehrlich und direkt beschreiben. Ich mag hintergründigen Humor und ich habe Familiensinn. Es lohnt sich in jedem Fall zusammenzuhalten und den Frieden im Kleinen und im Großen herzustellen und zu bewahren.

Florentine Schwarzmeier (gegenüber oben) hat ihre Arnsdorfer Firma im Jahr 1986 zusammen mit ihrem Mann übernommen. Schon als Kind und Jugendliche wollte sie Räume gestalten und hatte den Wunsch, Architektin zu werden.

Diese Seite: Blick ins Theatercafé Meißen, welches mit einem neuen Raumkonzept der Firma Schwarzmeier ein frisches, einladendes Aussehen bekommen hat.

www.schwarzmeier.com

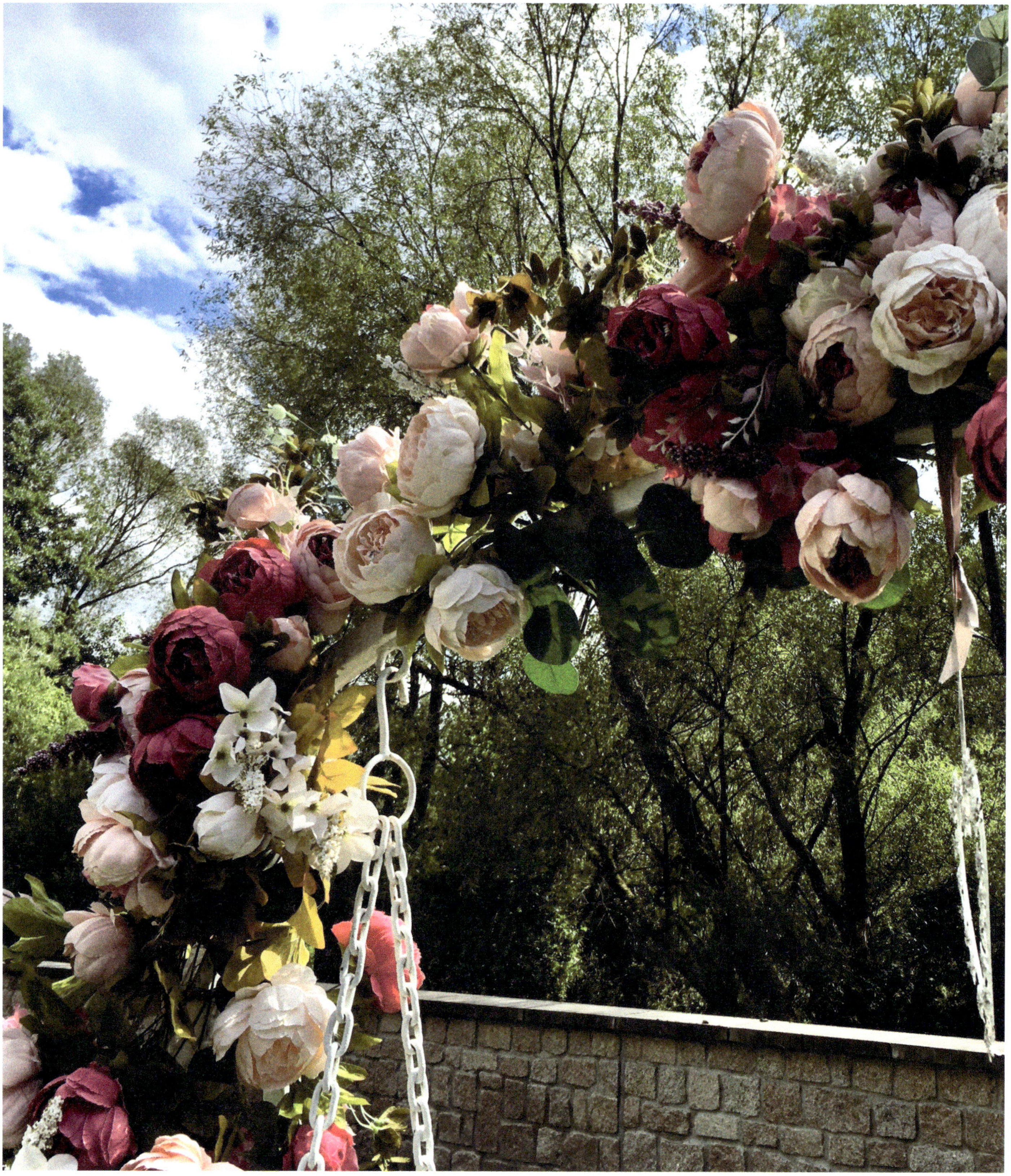

Natürlich möchte ich mein Business weiter vorantreiben und damit erfolgreich sein und bleiben. Und später, wenn ich vielleicht alt und dann eventuell immer noch oder schon wieder eine Single-Lady sein werde, dann ziehe ich ins Zentrum an die Oper und gründe eine Frauen-WG. (Stephanie Langer, Seiten 170–171)

Ziele und Wünsche sind kein großes Thema für mich, weil ich eigentlich immer versuche, mir solche Dinge möglichst zeitnah zu erfüllen. Ich möchte mein Leben nicht in kleine Kästen stecken und darauf warten, dass mir dieser oder jener Wunsch irgendwann einmal erfüllt wird. (Dr. Sylva Sternkopf, Seiten 172–175)

Auf jeden Fall bist du nicht hilflos ausgeliefert. Du kannst immer etwas tun, damit es dir besser geht. Der Glaubenssatz: „Ich muss funktionieren, ich muss es allen recht machen" ist falsch. (Susann Körner, Seiten 176–177)

Je zwangloser man agiert, umso besser. Die Leichtigkeit vor und hinter der Aufnahmetechnik kannst du lernen. Du stellst eine Situation her, in der du die Kamera nicht mehr wahrnimmst und startest locker in das Geschehen. Und wenn du Glück hast, funktioniert das Miteinander dann schnell und unkompliziert. (Suse Eckart, Seiten 178–179)

Ich möchte anderen Frauen sagen, dass sie nie vergessen sollen, dass es sie selbst auch noch gibt. Für eine frühere Beziehung habe ich mich fast völlig aufgegeben – ein Unding, wenn ich heute zurückschaue. (Janin Ludwig, Seiten 180–181)

Gegenüber: Impression von Sylva Sternkopf mit duftendem Rosenbogen als Hochzeitsdekoration im Garten der Villa Gückelsberg in Flöha

STEPHANIE LANGER

Diplom-Kauffrau sowie
Hochzeits- und Eventplanerin
in Leipzig

Jahrgang 1983

Dann ziehe ich ins Stadtzentrum in eine Frauen-WG

Warum ich so glücklich bin (strahlt)? Halt und Antrieb geben mir das gute Verhältnis zu meinen Eltern, die mich immer unterstützt haben, sowie der liebevolle Umgang mit meinen beiden Kindern. Entscheidend für mein Fortkommen ist das Wissen um die eigene Kompetenz. Mit jedem Lebensjahr wächst auch mein Selbstbewusstsein. Seit sechs Jahren bin ich selbstständig und habe noch keinen Moment bereut.

*Heute gehöre ich zu denen,
die andere anleiten*

Als ich mit der Agentur Traumhochzeit den Standort Leipzig eröffnete, gab es kaum andere HochzeitsplanerInnen in dieser Stadt. Mittlerweile sind es einige mehr geworden. Da ist es wichtig, sich durch Qualität abzuheben, etwas Besonderes auf die Beine zu stellen, jedem Einzelnen gerecht zu werden. Schließlich soll es ja der schönste Tag im Leben werden. Es sind die Menschen, die mich jedes Mal aufs Neue motivieren und faszinieren. Immerhin begleite ich ein einzelnes Paar ja wenigstens ein Jahr lang. Da muss die Chemie schon stimmen. Warum ich gerade das mache? Organisieren konnte ich schon als Schülerin und zum Abitur wusste ich bereits, dass ich Hochzeitsplanerin werden wollte. Es machte mir damals schon Freude, kleinere Events zu planen und auszurichten. Nach dem Abi habe ich BWL studiert und als Eventmanagerin für radio SAW gearbeitet. Das Studium und besonders die Fächer Marketing und Unternehmensführung haben mich gut auf die Selbstständigkeit vorbereitet.

Heute bin ich Franchisepartnerin der Agentur Traumhochzeit und kann auf ein großes Netzwerk innerhalb der Hochzeitsbranche und darüber hinaus zugreifen. Der Austausch untereinander ist mir sehr wichtig. Innerhalb der Agentur gehöre ich nun schon zu den „alten Hasen" und darf die „Neuen" auf den Start als Hochzeitsplaner vorbereiten. Eine schöne Aufgabe, die mich in Anspruch nimmt und auch ehrt. Für unsere Paare habe ich gemeinsam mit Kupsch Event & Design einen Wedding Showroom in Leipzig eröffnet, in dem wir unsere Brautpaare beraten und im entsprechenden Hochzeitsambiente inspirieren möchten. Dort werden auch passende Dekorationskonzepte für echte Traumhochzeiten kreiert und bei den Paaren, die uns besuchen, kommt so natürlich auch schon lange vorher Vorfreude auf das große Fest auf.

Als Hochzeitsplanerin ist es meine Mission, Menschen zusammenzubringen. Das Treffen mit meinen Paaren ist mir sehr wichtig, um die passenden Hochzeitsdienstleister auszuwählen und zu empfehlen. Dabei sind Sympathie und eine gute Kommunikation genauso wichtig wie Preis und Leistung der Servicepartner. Ein gutes Dienstleister-Team ist fast schon Garant für eine echte Traumhochzeit. Und am Hochzeitstag packe ich selbst mit an, erscheine in Jeans und T-Shirt und schwinge mich erst kurz vor Ankunft der Hochzeitsgesellschaft ins Kleid. Früher war ich eher ein Hosentyp, heute liebe ich es, Kleider und Röcke zu tragen und damit Weiblichkeit und Natürlichkeit auszustrahlen. Und als Hochzeitsplanerin bin ich täglich für die Liebe im Einsatz. Grund genug, sich festlich zu kleiden.

Privat bin ich eine Single-Lady, die ihren Alltag mit zwei Kindern managt. Auch hier ist viel Organisationsgeschick gefragt. Welche Mama kennt das nicht. Zumal die Corona-Pandemie es ja für uns nicht unbedingt einfacher gemacht hat. Wir haben aber versucht, das Allerbeste daraus zu machen. Ich glaube, ich war mit meinen beiden Kindern noch nie so viel in der Natur unterwegs wie gerade in dieser Zeit. Nach dem Homeschooling gingen wir jeden Tag spazieren, sammelten Müll oder fuhren Fahrrad. Zwischendrin kümmerte ich mich weiter um meine Brautpaare, verschob Hochzeiten und versuchte in einer Zeit voll Ungewissheit weiterhin motiviert Feste zu planen und den Mut nicht zu verlieren.

Dann ziehe ich ins Zentrum und gründe eine Frauen-WG

Wo ich später einmal sein möchte? Genau hier! Ich habe mir die Stadt Leipzig ganz bewusst ausgesucht, weil sie lebendig istund uns viel Grün ringsherum zum Entspannen bietet. Natürlich möchte ich mein Business weiter vorantreiben und damit erfolgreich sein und bleiben. Und später, wenn ich vielleicht alt und dann eventuell immer noch oder schon wieder eine Single-Lady sein werde, dann ziehe ich ins Zentrum an die Oper und gründe eine Frauen-WG (lacht).

Stephanie Langer (Foto von ihrem Leipziger Studio) liebt ihren Job als Eventplanerin. Paare bis zur Hochzeit zu begleiten, das ist für sie eine Passion. Leipzig hat sich die Diplomkauffrau ganz bewusst als Lebensmittelpunkt ausgesucht. Sie mag die lebendige und grüne Stadt und hat auch vorm Alleinsein keine Angst. Als ältere Single-Lady würde sie ins Zentrum an die Oper ziehen und da eine Frauen-WG gründen.

www.agentur-traumhochzeit.de

DR. SYLVA-MICHÈLE STERNKOPF

Gründerin und Inhaberin der
Dr. Sternkopf media group, Designerin
der Engel der Kollektion Sternkopf sowie
Eigentümerin und Betreiberin der Hochzeits-
und Eventlocation Villa Gückelsberg in Flöha

Jahrgang 1974

Gute Ideen entstehen meistens ganz von selbst

Was mich erdet? Besonders gern bin ich in der Natur, im Wald und am Wasser, wobei ich genau unsere Gegend hier mag, in der wir leben und arbeiten. Ich bin in einem kleinen Holzhaus am Wald großgeworden. Vielleicht hat das auch etwas mit meiner Heimatverbundenheit zu tun. Ich bin 47 Jahre jung und finde mein Alter schön. Ich bin gern hier und nehme mir zunehmend Zeit für mich selbst, um einfach das zu genießen, was da ist. Früher habe ich beim Unterwegssein mit mir selbst noch meine Gedanken sortiert. Heute spaziere ich einfach nur durch die Gegend und freue mich an dem, was ich vorfinde – eine wunderbare Art, um auszuspannen.

Ich lasse es fließen, Lösungen
kommen oft ganz von allein

Brachiale Entscheidungen zu treffen, das ist nicht mein Ding. Ich lasse Prozesse lieber fließen und beobachte, wie sich alles nach und nach entwickelt. Lösungen bieten sich oftmals da an, wo man sie nicht erwartet. Menschen müssen sich wohlfühlen, sonst können sie keine gute Arbeit leisten. Außerdem gilt es, Familie und Geschäft zu verbinden, Zeit für jene zu haben, die mir wichtig sind. Bei allen Erfolgen: Meine vier Kinder sind das Beste, was ich in meinem Leben gemacht habe. Nähe und Verbundenheit zu Familie, Freunden und Kollegen sind mir wichtig. Wir essen alle zusammen Mittag, das lässt uns kommunizieren. Alles kann, nichts muss. Auch dann, wenn jemand lieber allein sein will, ist das OK.

Wir hätten auch ablehnen können,
aber die Visionen waren einfach zu schön

Kreativität ist mir wichtig, doch erzwingen kann man sie wohl nicht. Wir haben die Villa Gückelsberg damals erworben, um ein Zuhause und Platz für mein Übersetzerbüro zu haben. Später hat sich daraus die Idee mit den Veranstaltungen und Festen entwickelt. Die Leute fanden es hier so schön, dass sie fragten, ob man das Haus auch für Hochzeiten mieten kann. Wir hätten auch ablehnen können, doch die Visionen, die daraus entstanden, waren zu schön, um sie einfach so abzutun. Ganz ähnlich verhielt es sich mit meinen Engeln, deren typisch weibliche Formen bei einer Flasche Wein und einem lockeren Austausch mit meiner Schwester kreiert wurden. Tatsächlich erwies sich dann unsere Idee, deren Umsetzung später schon recht aufwändig und arbeitsintensiv wurde, aber als Knaller.

Ich möchte mein Leben nicht in Kästen stecken und darauf warten, dass sich Wünsche erfüllen

Als Vorzeigemutti und Unternehmerin zu gelten, damit kann ich eigentlich wenig anfangen. Für mich ist es ganz normal, eine große Familie zu haben und meine Firma zu führen. Vier Kinder wollte ich schon immer haben und das hat sich für uns auch erfüllt. Mittlerweile unterstützen die größeren Kinder die kleineren, kümmern sich mit darum, dass der tägliche Terminkalender funktioniert. Frau und Mann sollten gleichberechtigt agieren. Es ist nicht meine Weiblichkeit, die mein Dasein bestimmt, sondern meine Kreativität – das, was täglich in mir entsteht und nach draußen will. Ich schminke mich ganz bewusst nicht, kleide mich auch eher pragmatisch und bequem. Ziele und Wünsche sind kein großes Thema für mich, weil ich eigentlich immer versuche, mir solche Dinge möglichst zeitnah zu erfüllen. Ich möchte mein Leben nicht in kleine Kästen stecken und darauf warten, dass mir dieser oder jener Wunsch irgendwann einmal erfüllt wird. Wenn wir in den Urlaub fahren oder ein Konzert besuchen möchten, dann tun wir das einfach. Der nächste Höhepunkt: Das zwanzigjährige Bestehen der Firma, zu dem an die einhundert Gäste geladen werden. Nicht zuletzt werde ich mir wieder mehr Zeit zum Lesen und Schreiben nehmen. Obwohl ich mit Letzterem mein Geld verdiene, kommen im täglichen Trubel manche Themen einfach zu kurz.

Sylva Sternkopf ist eine naturverbundene Frau und kann am besten entspannen, wenn sie daheim ist. In einem Haus am Wald aufgewachsen, liebt sie ihre Heimat und die sie umgebende Landschaft. Kraft und Halt zieht sie sich aus täglichen Spaziergängen, die sie seit Jahren unternimmt. Ihre Villa Gückelsberg ist eines der schönsten Häuser vor Ort. Sie hat ihren Namen vom „Guggele", der Kapuze, welche die Bergleute vor Ort früher trugen. Direkt am Fluss gelegen und von großen, alten Bäumen umgeben, ist das idyllische Areal wie geschaffen, um auszuspannen und Feste zu feiern.

www.sternkopf-media.de, www.heiraten-floeha.de, www.sternkopf-engel.de

I AM a hopeless ROMANTIC with a DIRTY MIND

Die Villa Gückelsberg in Flöha ist ein magischer Anlaufpunkt. In ihr werden Ehen geschlossen und Hochzeiten gefeiert. Sie ist auch Heimat der Engel der Kollektion Sternkopf. Nicht zuletzt arbeitet darin das Übersetzer- und Marketingbüro von Dr. Sylva Sternkopf (oben). In der ersten Etage gibt es zudem eine Boutique und ein Küchenatelier.

SUSANN KÖRNER

Trainerin für Stressmanagement und Persönlichkeitsentwicklung sowie Reiki-Meisterin in Leipzig

Jahrgang 1978

Du bist der wichtigste Mensch in deinem Leben

Wie ich dazu gekommen bin, Coach zu werden? Es hatte mit meinem beruflichen Weg zu tun, aber auch mit meiner Kindheit. Anderen zu helfen, das war für mich schon immer das Größte. Und da ich selbst schwere Situationen hinter mir habe, weiß ich ganz genau, wie wichtig es ist, für einige Zeit einen guten Begleiter zu haben. Natürlich bist du der wichtigste Mensch in deinem Leben. Das beachten viele nicht. Wenn sie danach gefragt werden, kommen Familie oder auch Freunde ins Gespräch. Nur wenigen fällt dabei die eigene Person ein. Mein Vorschlag: Stell dich vor den Spiegel und schau dich ein paar Minuten lang an. Dann wirst du an deiner Reaktion bemerken, ob dir etwas fehlt, ob du dir mehr Liebe und Aufmerksamkeit geben solltest.

Dir wird in Worten und Bildern suggeriert, wer du zu sein hast

Ich begleite Menschen dabei, zu sich selbst zu finden. Ich habe vorher in der Gastronomie gearbeitet, Personalarbeit gemacht und dabei ständig mit Menschen und deren Lebensgeschichten zu tun gehabt. Und auch damals habe ich schon – ohne Ausbildung – damit begonnen, anderen Kraft und Mut zuzusprechen. Ich denke, dass die allgemeine Verunsicherung viel mit den Medien und deren Botschaften zu tun hat. Dir wird in Worten und Bildern suggeriert, wie du zu sein hast. Du wirst abhängig von irgendwelchen Nachrichten, die meist wenig mit dir selbst zu tun haben. Zu 99 Prozent agieren wir ja unbewusst, übernehmen die tägliche Routine ganz so wie das Autofahren. Nur dann, wenn du dir bewusst machst, was du selbst möchtest, dann bist du ganz bei dir. Aber oft ist es die Frage, was man überhaupt möchte. Und wenn man etwas ändern oder ausprobieren will, kommt die Angst. Dabei kann man jederzeit und sofort etwas ändern. Du kannst sofort glücklich sein. Du kannst etwas Neues trainieren wie das Stand-Up-Paddeln beispielsweise, das ich erst vor Kurzem für mich entdeckt habe. Vielleicht fällst du ja erst mal ins Wasser. Aber je öfter du trainierst, umso selbstverständlicher fühlt es sich an und umso sicherer wirst du damit. Ich habe das Recht zu machen, was ich möchte, auch wenn ich vielleicht als Frau viele Aufgaben parallel übernehmen muss. Meist ist es der Weg zurück in die Kindheit, der uns zeigt, welche Dinge uns neben den vielen anstehenden Pflichten ganz erfüllen und Freude bereiten.

Das Verhalten anderer hat nichts mit dir zu tun

Ein ganz großes Thema ist auch das Mobbing. Und oft sind es Frauen, die anderen Frauen das Leben schwer machen. Und das hat niemals mit dir, sondern natürlich mit der Person zu tun, die so unfair agiert. Als Frau solltest du so etwas nie persönlich nehmen, das Verhalten anderer hat nichts mit dir zu tun, das ist deren Sache. Du kannst die Situation verlassen oder – wenn es dir wichtig ist – das Verhalten des anderen auch ansprechen und zeigen, dass es verletzend wirkt.

Auf jeden Fall bist du nicht hilflos ausgeliefert. Du kannst immer etwas tun, damit es dir besser geht. Der Glaubenssatz: „Ich muss funktionieren, ich muss es allen recht machen" ist falsch. Du darfst bei dir sein, deine eigene Balance und natürlich auch deine eigene Meinung und dein eigenes Verhalten leben. Was hilft: Stell dir die Person als kleines Kind vor. Schau, was ihr fehlt und warum sie so sein könnte, wie sie gerade ist. Sicher fehlt ihr selbst Anerkennung und Bestätigung, sonst würde sie nicht so unterwegs sein.

Irgendwo anhalten, wo es schön ist, das muss gar nicht weit weg sein

Wir leben in einer Zeit, in der das Tun und Haben eine ganz große Rolle spielt. Tust du was, bist du was und hast irgendwann auch was. Doch die Frage, worauf ich meinen Fokus lege, ob ich in diesem Mainstream mitschwimmen oder etwas ganz Eigenes ausprobieren möchte, bestimme ich allein. Ich lasse die Seminarteilnehmer einen schwarzen Punkt auf ein weißes Blatt Papier malen. Anhand dieses Pünktchens wird schnell klar, dass es außerhalb noch eine große, weiße, freie Fläche gibt, die beachtet und ausgefüllt werden darf. Oft ist es ein angebliches Defizit, ein Mangel, irgendetwas, das uns zu fehlen scheint, auf das wir uns ständig konzentrieren. Dabei ist schon alles da und möchte gelebt werden. Meine Ziele: Ich möchte ein Haus am Wald für Seminare haben und mein Wissen weitergeben. Am besten ist es, mit anderen zusammen etwas Neues zu machen. Mein Traum: Mit dem Wohnmobil unterwegs zu sein, irgendwo anzuhalten, wo es schön ist, nicht weit weg im Ausland, es kann auch hier irgendwo sein.

Susann Körner geht zum Meditieren gern in die Natur und mag Leipzigs grüne Oasen. Schon eine kleine Auszeit im Freien kann wahre Wunder bewirken, dich erden und wieder zu deinen Wurzeln zurückbringen, ist sie sicher. Eine Klangschale, Heilsteine und Öle können die Entspannung unterstützen.

www.hypnose-koerner.de

SUSE ECKART

Filmproduzentin
& Inhaberin der Firma
„objektivbetrachtet"
in Leipzig

Jahrgang 1993

In kurzer Zeit kann jede Menge passieren

Meine Firma ist noch ganz jung, es gibt sie gerade mal zwei Jahre und in dieser Zeit ist schon jede Menge passiert. Heute arbeite ich unter anderem für den MDR, drehe Filme für Geschäftsleute und bin auch auf diversen Events und Hochzeiten dabei. Mit der Zeit weißt du dann schon, welche Bilder wichtig sind, um zu einem bestimmten Ergebnis zu kommen. Am Ende ist ein Film ja eine gewisse Kunstform, welche mit moderner Aufnahmetechnik erstellt wird, und jeder Filmemacher hat seinen eigenen Stil. So habe ich auch meine ganz persönliche Art des Filmemachens gefunden. „objektivbetrachtet" hat ja zwei Seiten. Einen Menschen oder einen Sachverhalt tatsächlich objektiv darzustellen bedeutet, dass man diesen so gut und eingängig zeigen und erklären kann, dass möglichst alle ihn später verstehen.

Dass ich als junge Frau mit eigenem Produktionsunternehmen unterwegs bin, macht mich stolz. Das Feedback ist super. Dass Frauen die Ausrüstung nicht schleppen können, ist ein Klischee. Natürlich kann es schwer werden, wenn du große Produktionen machst. Aber ich habe mich auf meine eigene Art und Weise ausgerüstet und komme mit meiner Technik gut zurecht. Es kann schon mal vorkommen, dass ich mit drei Kameras gleichzeitig drehe. Das funktioniert mit guter Vorbereitung aber wunderbar. Ohnehin sind die Leute entspannt und freundlich und freuen sich auf die Zusammenarbeit. Meistens werde ich weiterempfohlen und die Kunden sind offen und flexibel. Was gerade mich dabei besonders auszeichnet? Ich denke: meine frische Art, meine Ehrlichkeit, meine Fachkompetenz durch mein Studium und die anschließenden vier Jahre in einer Werbeagentur. Ich berate meine Auftraggeber darüber, wie ich für sie etwas umsetzen würde und welche Sequenzen ich tatsächlich als sinnvoll und aussagekräftig erachte. Häufig haben sie vorher erst einmal keine oder nur grobe Ideen und ich helfe ihnen dann dabei, ihre Vorstellung „state of the art" umzusetzen. Heute produziert man etwas anders als früher, die Schnitte zwischen Szenen sind schneller und die Filme werden damit insgesamt viel kürzer. Es ist immer besser, mehrere kleine Videos zu drehen als einen langen Film, den dann keiner anschaut, weil er zu langwierig ist. Eine gute Zusammenarbeit funktioniert vor allem dann, wenn man sich offen austauscht. Ich frage gern nach, was dem Kunden nicht gefällt und sondiere damit schon vorher den Filmstil. Dabei spielt natürlich Ehrlichkeit eine wichtige Rolle. Was mir dabei besonders geholfen hat, war der sehr große Praxisanteil in meinem Medientechnik-Studium. Es gab damals viele interessante Projekte, die uns inspirierten. Mehrfach haben wir ein großes Medienforum veranstaltet, bei dem du in Sachen bewegte Bilder jede Menge Erfahrungen sammeln und viel Interessantes lernen konntest.

Nach der Ausbildung bin ich über eine Festanstellung ins Alltagsgeschäft reingerutscht und habe dabei verschiedene Leute kennengelernt, die in ganz unterschiedlichen Genres arbeiten. Ich selbst sehe andere weniger als Konkurrenten, vielmehr bemühe ich mich um ein gutes Miteinander, um Kollegialität und Vernetzung. Es ist gut, kompetente Leute zu kennen, mit denen du dich austauschen und vielleicht auch verschiedene Projekte umsetzen kannst. So bekommt man auch immer wieder neuen Input, den man dann gegebenenfalls in seine eigene Arbeit integrieren kann.

Das Verhältnis zwischen Aufwand und Nutzen wird besser, wenn du Erfahrungen sammelst. Beim Spielfilm sagt man, dass aus etwa einer Stunde Filmmaterial später eine reale Filmminute wird. In meiner Realität sieht es nicht ganz so aufwändig aus (lacht). Es gibt ganz unterschiedliche Branchen und es kommt natürlich darauf an, wie schnell du mit deinem Gegenüber und den Informationen zum Punkt kommst und wie zufrieden dein Auftraggeber später ist. Je zwangloser man agiert, umso besser. Die Leichtigkeit vor und hinter der Aufnahmetechnik kannst du lernen. Du stellst eine Situation her, in der du die Kamera nicht mehr wahrnimmst, und startest locker in das Geschehen. Und wenn du Glück hast, funktioniert das Miteinander dann schnell und unkompliziert. Das Arbeiten im privaten Bereich an Hochzeiten oder Familienfeiern macht Spaß, ist aber auch arbeitsintensiv. Berührend war für uns ein Film mit dem Großvater meines Mannes, der stundenlang aus seinem Leben erzählt hat und mit dem wir später auch an verschiedenen Orten waren, mit denen er bestimmte Erinnerungen verknüpft. Ähnlich bewegend ist es, wenn ich für Leute alte Videokassetten digitalisiere. Es ist wohl für jeden anrührend, wenn er sich, Familie und Freunde in jüngeren Jahren wiedersieht.

Was mir Kraft gibt? Meine Familie, mein Mann, meine Eltern und besonders mein Vater, der für mich als Geschäftsmann und Inhaber einer Gerüstbaufirma ein Vorbild ist. Wenn ich Ideen sammle, dann bleibe ich meistens nicht am Rechner sitzen, sondern gehe raus in die Natur. Ich wohne in Leipzigs Südvorstadt, da ist der Clara-Zetkin-Park in der Nähe. Im Sommer machen wir gern Ausflüge an den Cospudener See, wo man gut mit Inline-Skates unterwegs sein kann.

Suse Eckart ist die Frau für bewegte Bilder. Mit ihrer Leipziger Produktionsfirma „objektivbetrachtet" ist sie im Business tätig, begleitet aber je nach Kundenwunsch auch private Feiern und Events. Ihr Credo: Ehrlich, zwanglos und authentisch sein, dann klappt`s auch am Set. Ihre sächsischen Kunden, unter anderem der MDR, danken es ihr mit vielfältigen Aufträgen.

www.objektivbetrachtet.com

JANINE LUDWIG

Verwaltungsfachangestellte
& Inhaberin der Firma „Traumzeremonie von Herzen" in Limbach-Oberfrohna

Jahrgang 1984

Anderen mit kleinen Gesten Freude schenken

Mit jeder neuen Trauung, die ich für meine Paare plane, reflektiere ich auch ein Stück weit mein eigenes Leben. Das Thema ist in dem Moment zu mir gekommen, als ich nicht weiterwusste. Ich steckte mitten in einer Trennung, war viel im Internet unterwegs und entdeckte eine Plattform, bei der ich mich als Model anmeldete. Es klappte auch und ich wurde damals fürs Bodypainting gebucht. Bei einem dieser Termine traf ich auf eine Firma, die Hochzeitstauben vermietete. Wir kamen in Kontakt und sie fragten mich, ob ich für einen Termin einspringen könnte. Das tat ich. So bin ich durch einen Zufall zum Hochzeits-Metier gekommen.

Die Paargeschichten zeigen mir, wie vielfältig das Leben ist

Mich dann letztlich selbstständig zu machen, war eine grundsätzliche Entscheidung. Nach einer ersten Hochzeit, die ich für Freunde begleitete, waren alle begeistert und fragten, ob ich das weitermachen wolle. Zusammen mit meiner Freundin gründete ich daraufhin die Plattform „Traumzeremonie von Herzen", mit der ich sowohl freie Trauungen begleite als auch Traumtauben und Rituale für jeden Anlass im Angebot habe. Eine gute Entscheidung, die mich bei jeder neuen Zeremonie innehalten und selbst immer ein wenig andächtig sein lässt. Denn sowohl die Lebensgeschichten als auch die Menschen und die mit der Zeremonie verbundenen Emotionen zeigen mir, wie vielfältig das Leben ist.

Was uns, meine Freundin und mich, als Frauenduo erfolgreich sein lässt? All das, was wir machen, kommt wirklich von Herzen. Das Feedback von Paaren und Gästen ist entsprechend positiv. Zudem schreibe ich meine Reden selbst. Im Gespräch mit den Paaren entsteht jeweils eine Lebensgeschichte, ein roter Faden, der sich durch die ganze Zeremonie zieht. Mein eigenes Leben, das bisher recht bewegt und ambivalent war, lässt mich jeweils Wichtiges herausfiltern und die Anlässe besonders schätzen, die ich begleiten darf. All das, was jetzt ist, habe ich ganz allein geschafft. Das ist mein Weg und darauf bin ich stolz. Ich bin sicher, dass vor allem Dankbarkeit im Leben sehr wichtig ist. Dieser Gedanke spiegelt sich nicht zuletzt auch in unseren Hochzeiten wider.

Es kommt nicht darauf an, dass das Leben problemlos verläuft

Im zweiten Leben bin ich gelernte Verwaltungsfachangestellte. Lange Zeit war ich im Bereich der Gleichstellung tätig. Momentan bin ich im öffentlichen Dienst im Bereich Ausländerangelegenheiten beschäftigt und für Zahlen, Daten und Fakten zuständig. Zudem wurde mir die Sonderfunktion einer Frauenbeauftragten anvertraut. Obwohl ich mich gerade für diesen Brotjob oft rechtfertigen muss, bin ich mit dem, was ich tue, zufrieden und glücklich. Es kommt gar nicht darauf an, dass das Leben problemlos verläuft. Und Lösungen für jedes Problem braucht man auch nicht gleich parat zu haben. Das gibt es wohl auch nicht. Vielmehr kommt es für mich darauf an, was ich selbst daraus mache. Am meisten geholfen hat mir – wenn ich die letzte Zeit reflektiere – der Rückhalt meiner besten Freundin. Sie ist es auch, die zusammen mit mir immer neue Ideen in die Tat umsetzt. Viele öffentliche Termine können ja in diesem Jahr nicht stattfinden. Stattdessen wollen wir zusammen mit weiteren Mitstreitern eine virtuelle Messe starten, Videos drehen und interessante Dienstleister mit ins Boot holen. Ich möchte anderen Frauen sagen, dass sie nie vergessen sollen, dass es sie selbst auch noch gibt. Für eine frühere Beziehung habe ich mich fast völlig aufgegeben – ein Unding, wenn ich heute zurückschaue. Du hast es verdient, glücklich zu sein. Mach es dir schön und sorge dafür, dass dein Leben so verläuft, wie du es möchtest. Das kann dir keiner abnehmen.

Dann werde ich kreativ oder bewege mich raus in die Natur

Was ich mache, wenn es mich wieder einmal erwischt und ich um irgendetwas oder um irgendwen trauere? Dann höre ich gern Musik, werde kreativ oder bewege mich raus in die Natur. Ich liebe die Leipziger Seen und fahre dann auch gern spontan dahin, um mich dort mit meiner Freundin zu treffen. Pläne gibt es seit einem schweren Autounfall eigentlich keine mehr. Ich genieße mein Leben viel lieber so, wie es gerade eben ist.

Freie Trauungen finden meistens unter freiem Himmel statt. Die Reden für diesen Anlass schreibt Janine selbst und lässt sich dabei von den Lebensgeschichten der Menschen inspirieren, die sie trifft und für die sie die jeweilige Zeremonie veranstaltet.

Weiße Tauben sind ein Markenzeichen der Firma „Traumzeremonie von Herzen", zusammen mit vielen anderen kleinen oder auch großen Gesten machen sie Hochzeiten sowie andere Feste mit Ritualen zu unvergesslichen Erlebnissen.

www.traumzeremonie-von-herzen.de

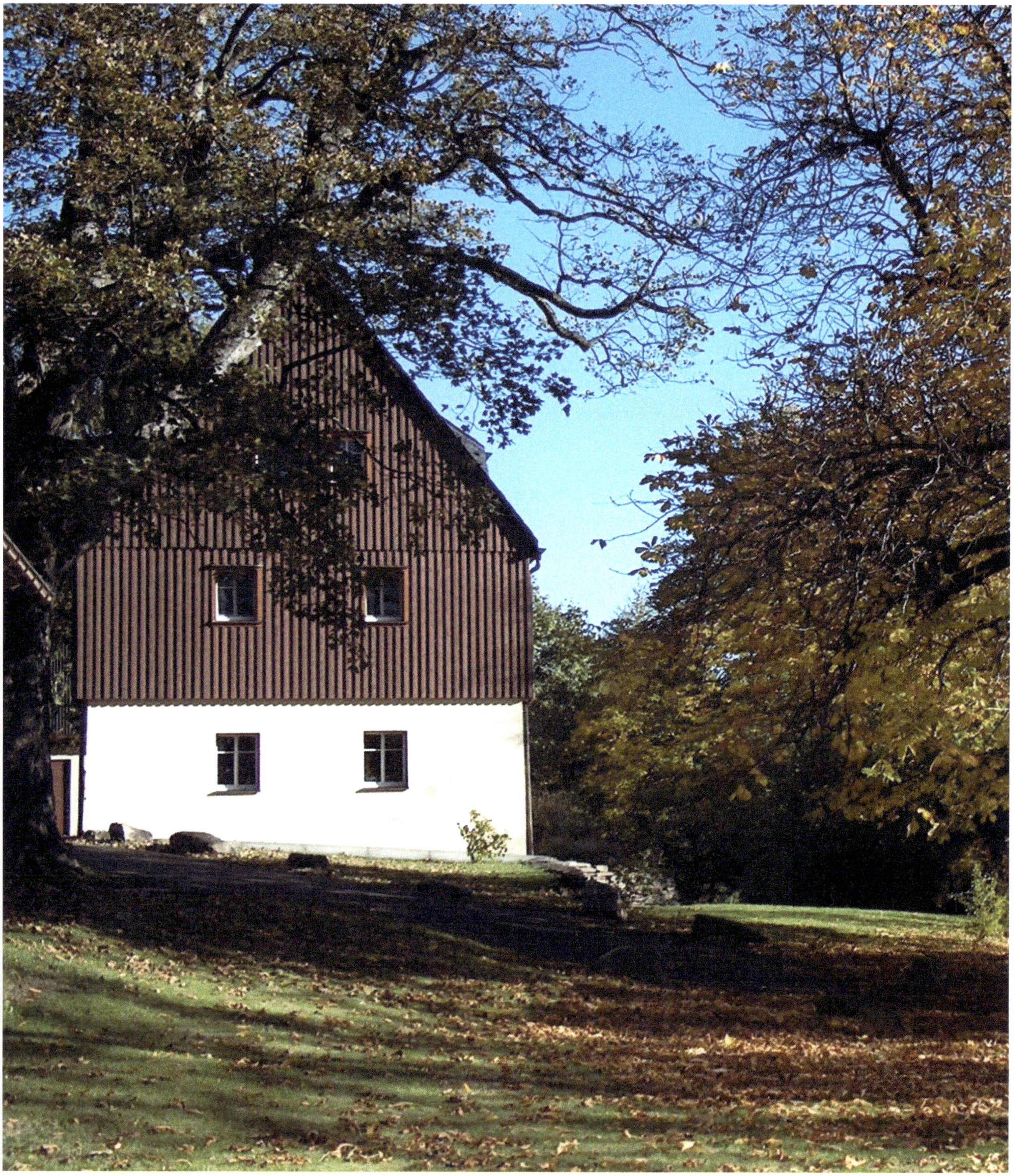

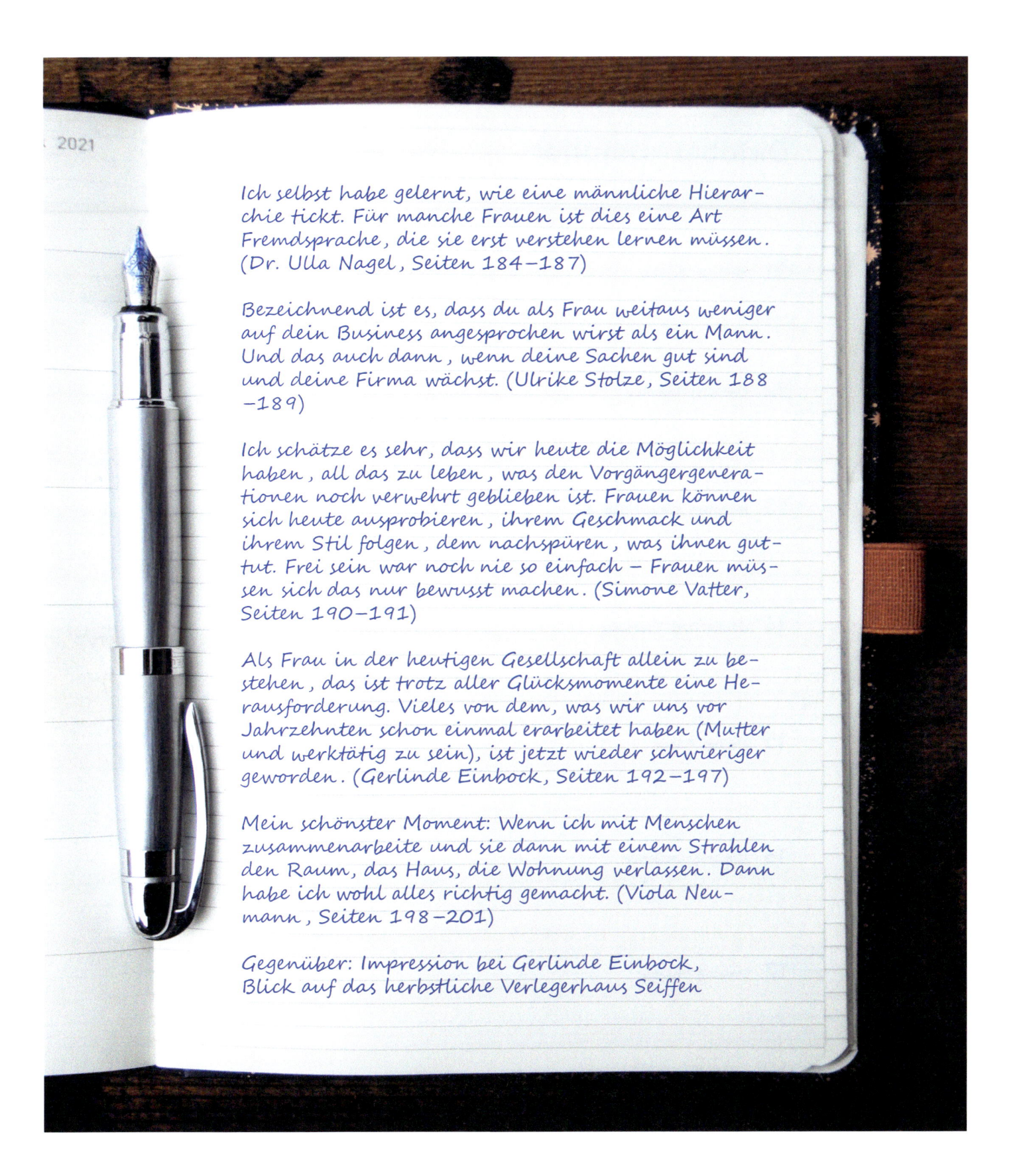

Ich selbst habe gelernt, wie eine männliche Hierarchie tickt. Für manche Frauen ist dies eine Art Fremdsprache, die sie erst verstehen lernen müssen. (Dr. Ulla Nagel, Seiten 184–187)

Bezeichnend ist es, dass du als Frau weitaus weniger auf dein Business angesprochen wirst als ein Mann. Und das auch dann, wenn deine Sachen gut sind und deine Firma wächst. (Ulrike Stolze, Seiten 188–189)

Ich schätze es sehr, dass wir heute die Möglichkeit haben, all das zu leben, was den Vorgängergenerationen noch verwehrt geblieben ist. Frauen können sich heute ausprobieren, ihrem Geschmack und ihrem Stil folgen, dem nachspüren, was ihnen guttut. Frei sein war noch nie so einfach – Frauen müssen sich das nur bewusst machen. (Simone Vatter, Seiten 190–191)

Als Frau in der heutigen Gesellschaft allein zu bestehen, das ist trotz aller Glücksmomente eine Herausforderung. Vieles von dem, was wir uns vor Jahrzehnten schon einmal erarbeitet haben (Mutter und werktätig zu sein), ist jetzt wieder schwieriger geworden. (Gerlinde Einbock, Seiten 192–197)

Mein schönster Moment: Wenn ich mit Menschen zusammenarbeite und sie dann mit einem Strahlen den Raum, das Haus, die Wohnung verlassen. Dann habe ich wohl alles richtig gemacht. (Viola Neumann, Seiten 198–201)

Gegenüber: Impression bei Gerlinde Einbock, Blick auf das herbstliche Verlegerhaus Seiffen

DR. ULLA NAGEL

Psychologin & Psychotherapeutin sowie Coach & Inhaberin der Dr. Ulla Nagel GmbH für Personal- und Unternehmensentwicklung

Jahrgang 1957

Frauen haben der Welt viel zu geben

Ich bin oft und gern unterwegs, um mich als Coach weiterzubilden. Das ist nötig, weil unser Wissen durch einen weltweiten Austausch regelrecht explodiert. Immer wieder gibt es neue Methoden und Ansätze. Was mich und meine Arbeit ausmacht? Man kann mir schnell nahekommen und durch das Kennenlernen Neues erfahren. Wir lernen ja neben der ganzen Theorie eigentlich auf direktem Wege und von anderen am besten. Der Weg dahin ist so einfach wie genial: Indem ich mich selbst öffne, öffnet sich auch mein Gegenüber. Eigentlich wollte ich mich gar nicht so sehr auf das Frauenthema spezialisieren. Das ist durch mein gelebtes Leben, immer wiederkehrende Arbeitsthemen und die Kontakte mit sehr vielen Klientinnen entstanden.

Wird eine Frau für eine Führungsposition abgelehnt, erfährt sie den Grund meist nicht

Mein Fazit: Wir sind zwar modern, aber noch lange nicht in einer geschlechterneutralen Gleichberechtigung angekommen. Frauen haben der Welt viel zu geben. Die Gesellschaft braucht jetzt eine weibliche Führung, aber wir sind in einer Sackgasse angekommen. Mit einer männlichen Sieger- bzw. Gewinnermentalität kann man auf lange Sicht keine Antworten auf die Probleme der globalisierten Welt bekommen. Ich persönlich freue mich deshalb über jedes Amt, das von einer Frau übernommen wird. Dabei wissen wir Frauen genau, wie schwer es ist, sich auf höherer Ebene durchzusetzen. Schwierig ist es zunächst, erst einmal bis dahin zu kommen. Wird eine Frau für eine Führungsposition abgelehnt, erfährt sie oftmals gar nicht, welche Ursache dies hat. Sie kommt mit dem Entscheider (meist sind es Männer) gar nicht in Kontakt. Wir erfahren deshalb nicht, warum man uns ablehnt.

Was ich selbst lernen musste, kann anderen Frauen nützlich sein

Was ich den Frauen in meinen Seminaren weitergebe? Sie bekommen hier eine Möglichkeit, angstfrei und offen über ihre Probleme zu sprechen, authentisch zu sein, nicht pokern zu müssen. Dabei bringe ich mich und meine Person ebenfalls ein, denn das, was ich selbst lernen musste, kann auch anderen Frauen nützlich sein. Einige Umwege kann man abkürzen, indem man Frauen auf ihrem Weg an Erfahrungen partizipieren lässt.

Als Feministin würde ich mich dabei keinesfalls bezeichnen. Mit dem Begriff wird viel umgegangen, doch nur wenige wissen, was er tatsächlich beinhaltet. Bei vielen Frauen kommt diesbezüglich eine Antihaltung durch negative Erfahrungen zustande.

Männliche Kommunikation ist eher erfolgsorientiert

Ich selbst habe gelernt, wie eine männliche Hierarchie tickt. Für manche Frauen ist dies eine Art Fremdsprache, die sie erst verstehen lernen müssen. Männliche Kommunikation ist fast immer vertikal ausgerichtet. Hierarchie gibt den Rahmen für die Interaktionen vor. Wenn man etwas erreichen möchte, wendet Mann sich an die „Nummer Eins" in der Firma. Frauen dagegen denken horizontal. Sie agieren eher ideen- und lösungsorientiert und richten sich mit ihren Anliegen meist an die Gruppe. Oft nehmen dann Männer ihre Ideen auf und unterbreiten diese ihrer „Nummer Eins". Und oft ist die „Nummer Eins" in einer Firma gar nicht der Chef selbst.

Dass man als attraktiv gilt, hat nichts mit der eigenen Wichtigkeit zu tun

Ein weiterer Hemmschuh auf dem Weg nach oben ist die Art, ob und wie man anstehende Aufgaben übernimmt. Während Männer gern Prestigeaufgaben übernehmen (beispielsweise die Leitung für ein Zukunftsprojekt), agieren Frauen oft als „fleißige Bienen". Sie übernehmen Fleißaufgaben, von denen dann oft Männer profitieren. Die dritte Falle besteht darin, dass Frauen in einer Firma oder auf dem Weg in eine Führungsposition Gefahr laufen, sexualisiert zu werden. Signale, dass man attraktiv ist, sind nicht damit zu verwechseln, dass man wichtig ist. Eine solche Kontaktaufnahme basiert meist nicht auf Augenhöhe. Die Aussage oder Andeutung „Du gefällst mir" hat wenig damit zu tun, dass Frau an Einfluss gewinnt. Als Geliebte des Chefs sind viele Frauen schon in eine Sackgasse geraten. Will man aus dieser Rolle aussteigen, wird man schnell beleidigt und ausgegrenzt. Der Mann, dessen Ego verletzt wurde, wehrt sich, indem er die Frau abwertet.

Dr. Ulla Nagel gibt ihren Erfahrungsschatz unter anderem mit kleinen, handlichen Broschüren an ihre Leser weiter. Das Buch „Stress und Resilienz" passt super in jede Frauenhandtasche und kann immer wieder neue Inspirationen für selbstbewusstes und stressfreieres Agieren in der Arbeitswelt bieten.

Mit ihrem neuen „Crosscamp" (gegenüber) tourt sie allein durch Europa und liebt die damit verbundene Freiheit. Seit fast drei Jahrzehnten arbeitet die Dresdnerin als Coach mit eigener Firma. Ihr Credo: sich den anderen öffnen und ihnen aus dem eigenen reichen Erfahrungsschatz etwas weitergeben. Viele negative Erfahrungen können umgangen werden, wenn man bereit ist, über Hierarchien, Mechanismen in der Arbeitswelt und vor allem über sich selbst etwas zu lernen.

www.dr-ulla-nagel.com

*Die Anregungen der anderen können
für eigene Lösungen genutzt werden*

Bei der Arbeit in einer Gruppe lernen die Frauen, dass sie mit ihren Problemen nicht allein sind. Die Anregungen der Gesprächspartnerinnen können dann für neue, eigene Lösungen genutzt werden. Was mich selbst auf meinem Weg trägt? Die Zuwendung hin zu anderen Menschen. Ich möchte gern ein Stück von dem weitergeben, was ich genießen darf. Ich habe mich in meinem Dasein nie unterdrückt gefühlt und bin freiheitlich erzogen worden. Trotzdem komme ich aus einer Kleinstadt, in der es klare Geschlechterrollen gab, die mir vorgelebt wurden. Ich wollte Neues ausprobieren, schon als Jugendliche hatte ich Sehnsucht nach der großen, weiten Welt. Ganz intuitiv habe ich mir damals einen Sticker gebastelt mit der Aufschrift „I am free".

*Gleichgewicht zwischen
Freiheit und Nähe herstellen*

Wer wissen möchte, woher heutige Sehnsüchte kommen, sollte vor allem in die jungen Jahre schauen. Oftmals sind Sprüche oder Songs, die einen besonders angesprochen haben, für das übrige Leben prägend. Sie haben viel mit unseren inneren Zielen zu tun. Meinem Vater habe ich damals oft die Frage nach dem Sinn des Lebens gestellt. Er war sicher, dass ich diesen Sinn vor allem in der Gründung einer eigenen Familie finden würde. Erst im Studium habe ich Menschen kennengelernt, die beides leben konnten, die sich sowohl beruflich engagierten als auch ein erfülltes Familienleben hatten. Wir befinden uns ja fast immer zwischen unserem Streben nach Freiheit und unserem Bedürfnis nach Beziehung und Nähe. Ein gesundes Gleichgewicht herzustellen, in dem Frau genügend Freiraum hat, ist ein ständiger Balanceakt.

*Gedanken ordnen und
Lösungen finden*

Ich bin überzeugt davon, dass, wenn man mit festen Füßen auf dem Boden steht, einen eigentlich nichts mehr umwerfen kann. Und wenn man im Inneren bestimmte Muster ordnet, die noch nicht so klar sind, ist es viel leichter, Lösungen zu finden. Für Frauen ist es besonders wichtig zu erkennen, was sie wert sind. Mitunter kann es auch befreiend sein, die alten Muster über Bord zu werfen und wütend genug zu werden, um eigene Wünsche einzufordern.

Mit ihrer jahrzehntelangen Tätigkeit hat die Dresdner Psychologin schon oft von sich reden gemacht und ist neben eigenen Publikationen in zahlreichen Fachzeitschriften und weiteren Medien vertreten.

Ihr Domizil in einer Jugendstilvilla in Dresden ist behaglich und bietet genügend Raum für kleinere und größere Gruppen, um ins Gespräch zu kommen.

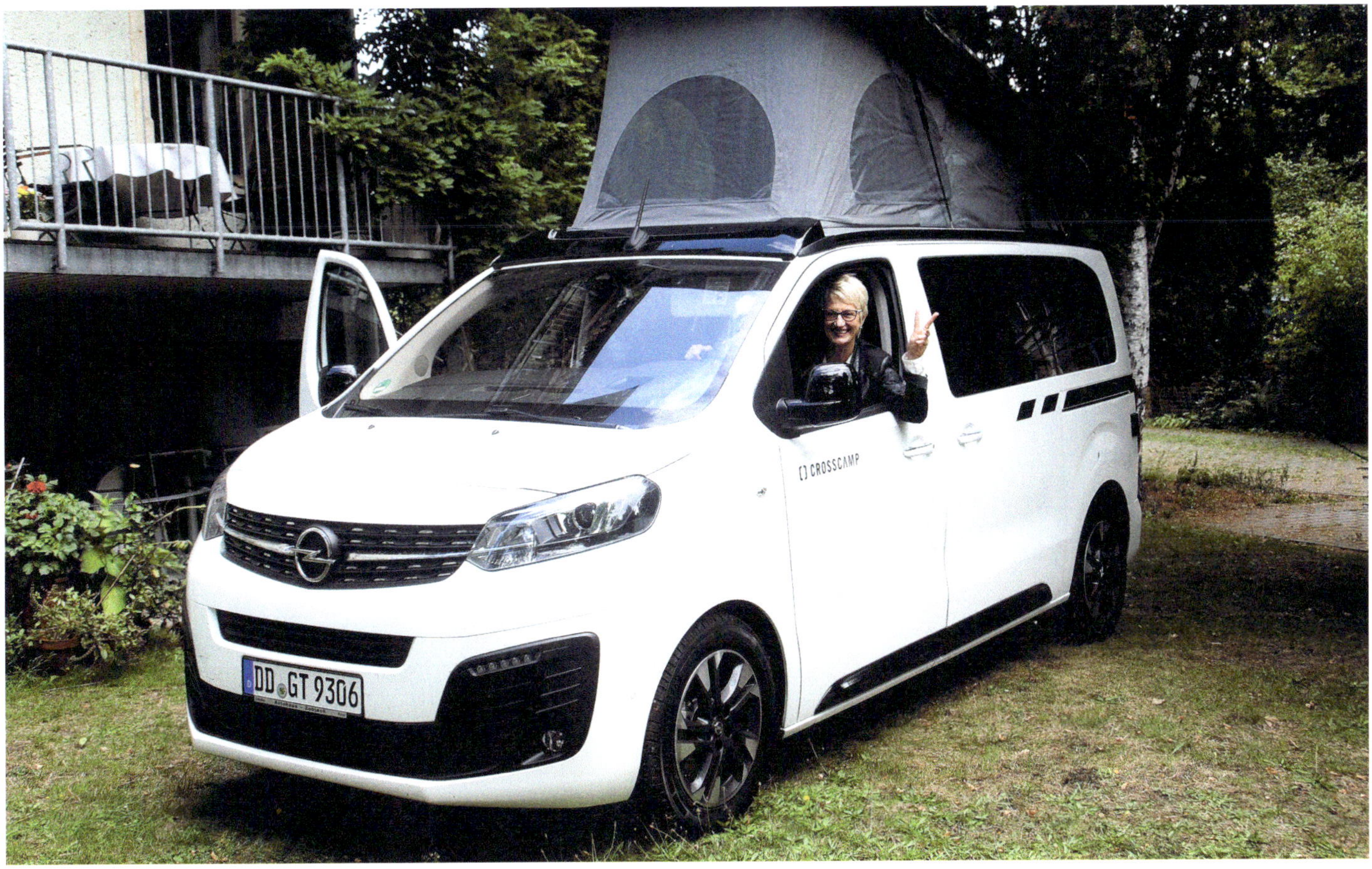
CROSSCAMP
DD GT 9306

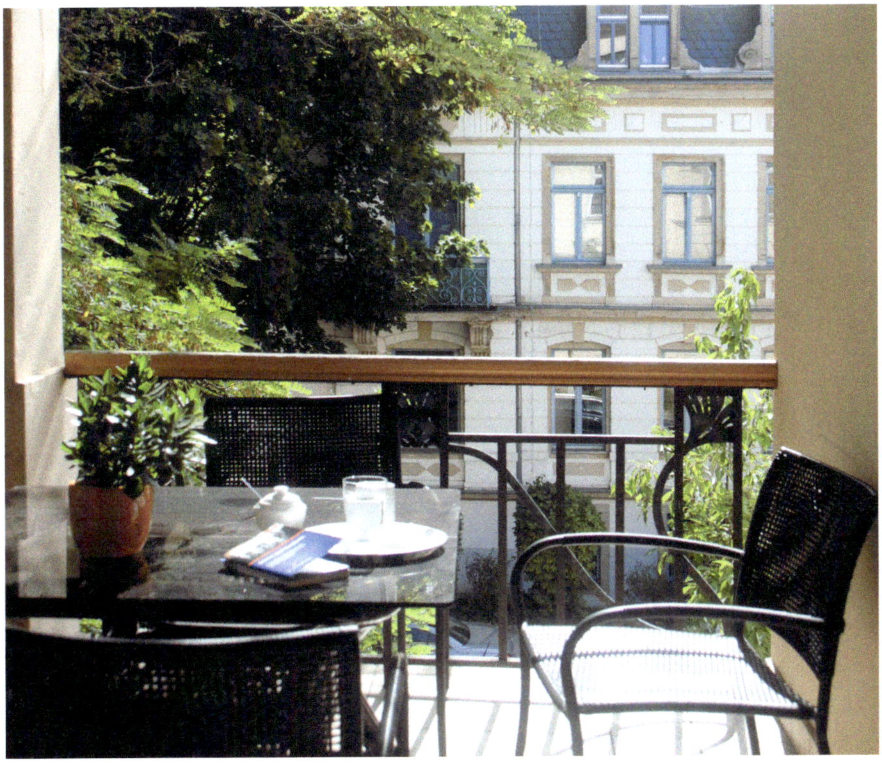

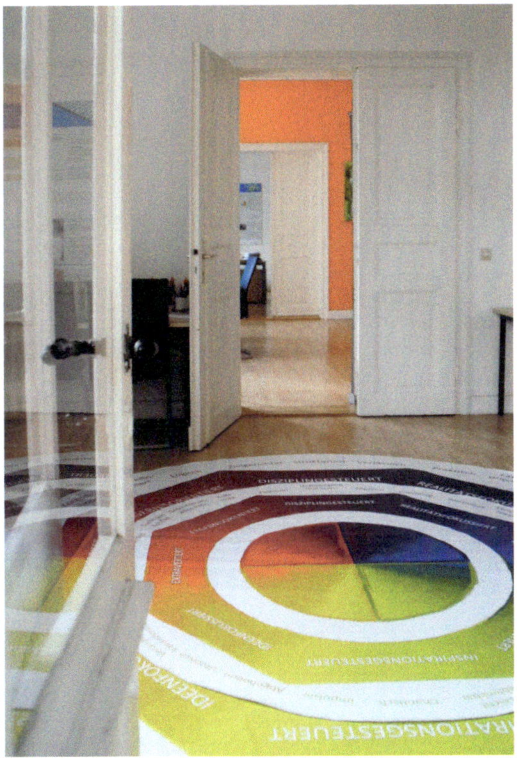

ULRIKE STOLZE

Diplom-Ingenieurin &
Inhaberin von Firma und Label
„Ulsto" in Dresden

Jahrgang 1990

Ich wollte etwas machen, worauf ich wirklich Lust habe

Eigentlich habe ich Maschinenbau studiert. Während des Studiums ist das Thema Design zu mir gekommen, so dass ich mir eher nebenher ein neues Standbein und dann die Firma aufbaute. In den Semesterferien habe ich mir mit YouTube das Nähen beigebracht. Mein erstes Stück war eine Schultertasche, die ich aus zwei unterschiedlichen Materialien anfertigte und sogar mit Innenfutter und -taschen sowie einem Reißverschluss versah.

Nachhaltigkeit ist wichtig

Damit ging ich dann einkaufen und war beeindruckt von der Stabilität und Funktionalität meines eigenen Machwerks. So nähte ich schon bald eine zweite Tasche für meine Mutter, die ebenfalls gut gelang und über die sie sich freute. Die zweite Tasche bekam dann sogar schon mein heutiges Logo, das ich auf ein Band druckte. Zwischen damals und heute liegen natürlich viele kleine Stationen und eine Unmenge an Erfahrungen. Ich hatte dann die Idee, mit nachhaltigem Material zu arbeiten und zudem eines zu verwenden, das irgendwo zwischen Stoff und Leder angesiedelt ist. So kam ich auf den Kork, der dünn und mit einem Textilgewebe kaschiert höchsten Anforderungen gerecht wird. Er sieht schön aus, fühlt sich super an, lässt sich gut vernähen und bringt auch genügend Stabilität für eine Langlebigkeit meiner Produkte mit. Zudem ist er nachhaltig, weil für ihn kein Leben geschädigt wird. Der Kork einer Korkeiche wächst wieder nach, der Baum bleibt am Leben und regeneriert sich wieder. Gleichermaßen verhält es sich mit anderen Materialien, die wir einsetzen. Der Filz, den wir in unseren Taschen verarbeiten, wurde aus recycelten Plastikflaschen hergestellt, die Gurte bestehen aus einem Gewebe, das aus Meeresmüll und Industrieabfällen gewonnen wurde. Bis zu den ersten fertigen Taschen dauerte es eine Weile. Die Prototypen habe ich zunächst selbst hergestellt, dann eine Nähwerkstatt für kleinere Serien und eine weitere Manufaktur aus dem Erzgebirge für die Fertigung größerer Stückzahlen gewonnen. Ohnehin handelt es sich ja um Designertaschen, Rucksäcke und Geldbörsen, die nicht in übergroßen Stückzahlen den Markt überschwemmen, sondern etwas Besonderes bleiben sollen. Die nächste Linie entsteht auch gerade: „Ulsto-Home".

Mit ihr sollen Möbel und Gebrauchsgegenstände fürs eigene Zuhause entworfen und gefertigt werden. Anspruch und Ziel ist es jeweils, dass nachhaltige Materialien verwendet werden und ein ästhetisches und schönes Produkt entsteht, das man gern anschaut, berührt und benutzt.

Ich wollte etwas machen, worauf ich wirklich Lust habe

Wie ich zu meinem ganz eigenen Weg gekommen bin? Ich habe mein Maschinenbaustudium in Dresden erfolgreich zu Ende gebracht, bin Ingenieurin, habe mich selbst in diesem Beruf aber nicht gesehen. Natürlich war es nicht einfach, den Schritt als Unternehmerin in die Selbstständigkeit zu wagen. Aber ich wusste, wofür ich das tat, ich wollte machen, worauf ich wirklich Lust habe und flexibel bleiben. Das Feedback auf meine Sachen ist entsprechend gut, obwohl manche erstaunt sind, dass ich noch so jung bin. Mitunter setze ich mir sogar eine Brille auf, um älter und seriös zu wirken (lacht). Bezeichnend ist es, dass du als Frau weitaus weniger auf dein Business angesprochen wirst als ein Mann. Und das auch dann, wenn deine Sachen gut sind und deine Firma wächst. Ich habe fünf Mitarbeiter eingestellt, um selber wieder den Rücken für neue, innovative Ideen freizuhaben. Das Label wird in eine GmbH umgestaltet werden, neue Produktionsstätten in Deutschland werden dazukommen.

Neugierig sein und bleiben, Ideen aufsaugen und aus Erlebtem lernen

Warum mein Label erfolgreich ist? Nun, ich denke, ich treffe den Nerv der Zeit. Und ich habe ein Elternhaus, das mich zu Pragmatismus und Optimismus erzogen hat, zu räumlichem und logischem Denken. Dann musst du natürlich auch schauen, wie du deine Produkte möglichst effizient an den Kunden bekommst. Da sind ein gutes Onlineportal und Netzwerke entscheidend. Nicht zuletzt sind wir vor Ort auf Messen und Märkten in ganz Europa vertreten. Mitunter komme ich kaum nach Hause, weil ich so viel unterwegs bin. Das ist zwar anstrengend, zahlt sich aber mittelfristig wieder aus. Neben den Endkunden haben wir so auch den Einzelhandel begeistern können. Läden und Boutiquen, zu denen unser Portfolio passt, nehmen gern Ulsto-Taschen ins Angebot auf. Was ich Gründerinnen rate? Neugierig sein und bleiben, Ideen aufsaugen und aus Erlebnissen lernen!

Kork ist ein Material, mit dem die Dresdner Unternehmerin und Diplomingenieurin Ulrike Stolze sehr gern arbeitet, weil er nachhaltig ist, gut aussieht und hervorragende Trageeigenschaften hat. Auch Filz und Tragegurte sind aus nachhaltigen Materialien hergestellt. Ulrike Stolzes Erfolgsrezept: Selbstvertrauen haben und pragmatisch bleiben.

https://ulsto.eu

SIMONE VATTER

Friseurmeisterin mit eigenem
Natur- und Zweithaarstudio in Döbeln

Jahrgang 1963

Frei zu sein war noch nie so einfach

Das Frisieren ist für mich schon lange kein eigentliches Geschäft mehr. Frauen eine Ausstrahlung zu schenken und ihnen Selbstbewusstsein wiederzugeben, das ist für mich ein Herzensbedürfnis. Und wenn sie dann strahlen und ein Lächeln in den Augen haben, dann möchte ich sie eigentlich nur in den Arm nehmen (lächelt). Friseurin zu werden, das war eigentlich eine eher pragmatische Entscheidung. Mit der Zeit habe ich den Beruf jedoch lieben und schätzen gelernt, den Kontakt zu den Kundinnen, die vielfältigen Möglichkeiten, die das Friseurhandwerk mit sich bringt. Zudem haben wir für uns und unser Berufsbild genau den Ort geschaffen, welchen es braucht, um Licht, Luft, Platz und eine gute Umgebung zu haben.

*Dass ich mich selbstständig machen
wollte, wusste ich schon früh*

Dass Friseure nicht nur Handwerker, sondern auch Künstler und nicht zuletzt auch Psychologen sind, merkt man immer dann, wenn man sich für eine Weile aufeinander einlässt. Zwischen Kundin und Friseurin entsteht jeweils eine Verbindung. Schon deshalb sind viele Kundinnen treu und wählen für ihren Termin immer wieder dieselbe Person. Dass ich mich selbstständig machen wollte, wusste ich schon früh. Und mit der Zeit sind noch zwei weitere Bereiche dazugekommen: das Zweithaarstudio und der Naturfriseur. Alle drei gehören zusammen und bilden für mich eine Einheit.

*Familie, Freunde und die Arbeit
mit den Kundinnen geben Kraft*

Familie, Freunde und natürlich die Arbeit mit meinen Kundinnen sind das, was mir jeden Tag Kraft gibt und die Motivation schenkt, morgens wieder aufzustehen und mein Tagwerk zu beginnen. Ich bin froh, dass ich in einer Partnerschaft lebe, in welcher der Ehemann ebenfalls selbstständig ist. Das Verständnis füreinander ist gegeben und man kann sich die freie Zeit ganz anders einteilen. Ich bin jeden Tag froh darüber, dass ich gesund bin. Der Umstand, dass so viele Menschen krank sind und werden, hat mich nachdenklich gemacht und über natürliche Inhaltsstoffe und eine ganzheitliche Herangehensweise nachdenken lassen. Die Haare sind ja die Antennen des Körpers. Geht es uns gut, so sitzt auch die Frisur, die Haare glänzen und die jeweilige Person fühlt sich rundherum wohl.

Frei zu sein war noch nie so einfach – die Frauen müssen sich das nur bewusst machen

Meinen Status als Ehefrau und selbstständige Unternehmerin genieße ich jeden Tag. Ich mag es, eine Frau zu sein und schätze es sehr, dass wir heute die Möglichkeit haben, all das zu leben, was den Vorgängergenerationen noch verwehrt geblieben ist. Frauen können sich heute ausprobieren, ihrem Geschmack und ihrem Stil folgen, dem nachspüren, was ihnen guttut. Frei sein war noch nie so einfach – Frauen müssen sich das nur bewusst machen. Wo mein Kraftort ist? Genau hier, in meinem Zuhause, an meinem Küchentisch, mit meiner Familie oder auch ganz mit mir selbst, wenn ich es so mag. Ich liebe es, wenn Leben im Haus herrscht, Familie, Freunde oder auch Kundinnen da sind. Ein Leben ganz allein und in der Stille könnte ich mir nicht vorstellen.

Mittlerweile habe ich ganz andere Antennen für all das, was mich, was uns hier umgibt. Ich mag meinen Garten, die Obstbäume und die Gemüsebeete, aus denen ich jedes Jahr erstaunlich viel ernte. Natürlich habe ich, haben wir uns in den vergangenen Jahrzehnten die Welt angeschaut, waren viel unterwegs. Dafür bin ich auch sehr dankbar. Hier vor Ort zu sein, erfüllt mich jedoch vor allem mit Zufriedenheit und Glück.

Neben ihrem Friseursalon in Döbeln wird Simone Vatter als Naturfriseurin tätig, bringt positive Energie und natürliche Ingredienzen in die Verschönerungsarbeit ein. Ein Teil ihrer Kundinnen sind Patientinnen, die sich nach einem Krankheitsfall mit Zweithaar verschönern lassen. Das ist eine Aufgabe, die für die erfahrene Friseurin Herzenssache ist, bringt sie doch die Augen ihrer Kundinnen wieder zum Strahlen.

GERLINDE EINBOCK

Dipl. Ingenieur-Ökonomin sowie
Inhaberin und Betreiberin des
Verlegerhauses Seiffen

Jahrgang 1946

Es reicht nicht, sich auf den Lorbeeren auszuruhen

Es gibt mir Kraft und Halt, wenn die Familie zusammenhält. Schön ist es, dass meine Tochter jetzt wieder mit hier lebt, das Verlegerhaus mit mir zusammen betreibt und somit ins Haus ihrer Großeltern zurückgekommen ist. Wir erleben hier Geschichte zum Anfassen. Das Verlegerhaus hat sich nach und nach zu dem entwickelt, was es heute ist. Es wurde ab 1657 erbaut und ist eines der so genannten „Hörnelhäuser" (nach dem Gebiet benannt), die ab 1670 zum Ort Heidelberg gehörten. Bis 1872 war das Verlegerhaus Eigentum der Spielzeugverlegerfamilie Hiemann. Zeugnisse dieser Zeit findet man im Spielzeugmuseum unserer Gemeinde. Von 1872 bis 1912 betrieben die Eigentümer einen Kolonialwarenladen. Seit 1912 gehört das Anwesen unserer Familie. Wir leben, wohnen und arbeiten hier in der vierten Generation und vermieten seit 1998 Ferienwohnungen an Gäste. In der Zwischenzeit gab es hier auch eine Holzwarenfabrik.

Im Haus seiner Vorfahren zu leben und dazu in einer Region, die weit über die Landesgrenzen bekannt ist, das verpflichtet natürlich. Es geht uns als Familie nicht nur darum, das Bestehende zu erhalten, sondern es mit neuen, kreativen Ideen zu beleben. Das trifft sowohl auf uns persönlich zu, ist aber natürlich auch wichtig für die Gemeinde und die ganze Region. Sich auf der besonderen Historie auszuruhen, das reicht nicht, um Traditionen zu bewahren und den Tourismus zu beleben. Es sind immer wieder neue Ideen und Mut zu deren Verwirklichung gefragt. Das ist meine Einstellung, die ich auch im Gemeinderat vertrete. Das ist nicht einfach und leider auch nicht immer von Erfolg gekrönt. Doch ich bin eine, die mit Herzblut für unsere Heimat eintritt.

*Nachhaltige Produkte anbieten
und Geschichte bewahren*

Aus der Idee, den Gästen und interessierten Einwohnern die verborgenen Schätze der Region näherzubringen, entstand das Projekt, in unsanierten Räumen des Wohnhauses einen Laden mit Backofen und Probierstube einzurichten, in dem es nachhaltige, regionale Produkte gibt. Etwas Neues zu schaffen, das ist – unabhängig vom Alter – immer wieder Freude und Herausforderung zugleich.

In unserem neuen Laden regionale Produkte anzubieten, das hat natürlich auch etwas mit meiner, mit unserer ganz persönlichen Einstellung zu tun. Es gibt in unserer Heimat eine unglaubliche Fülle regionaler Erzeuger von Lebensmitteln und hevorragenden handwerklichen Produkten, die es wert sind, erhalten zu bleiben. Wir werden für ein ausgewogenens Sortiment, das den Interessen unserer Gäste und Kunden entsprechen soll, noch etwas Zeit und gute Kontakte benötigen. Daneben plane ich eine Dokumentation unseres Hauses, damit all das bewahrt wird, was hier geschehen ist, und für die nachkommende Generation nachvollziehbar wird.

Sicher ist es nicht immer einfach, sich als vergleichsweise kleines Unternehmen gegen größere Hotels durchzusetzen. Es lohnt sich, eine individuelle Strategie zu verfolgen und den eigenen Plan umzusetzen. Es ist wichtig, eigene Ideale zu vertreten, auch wenn sie nicht dem Zeitgeist folgen. Unser Motto lautet deshalb: „abseits vom Mainstream". Nach 1990 habe ich durch Freunde und Bekannte erfahren, wie schwierig es sein kann, in der heutigen Gesellschaft als Frau allein zu bestehen. Da ist es egal, ob es sich nun um junge oder reifere Frauen handelt. Es ist eine Herausforderung, die aber auch Glücksmomente beschert. Vieles von dem, was wir uns vor Jahrzehnten schon einmal erarbeitet hatten (Mutter und werktätig zu sein), ist jetzt wieder schwieriger geworden. Wenn eine Frau alleinerziehend ist und mehrere Kinder hat, dann wird es besonders schwer, seinen Weg zu gehen. Und wenn eine Frau im ländlichen Raum ihre Meinung vertritt und sich für andere einsetzt, dann kann sie schnell zur Außenseiterin werden. Trotzdem, so bin ich sicher, lohnt es sich, dranzubleiben und die eigenen Ideale zu vertreten.

Tochter Regine Engelhard (oben) wird in die Fußstapfen ihrer Mutter treten und das sanierte und um neue, attraktive Angebote erweiterte Verlegerhaus weiterführen. Haus und Hof bestechen durch ihre unglaublich schöne Umgebung, den geschichtsträchtigen Ort und nicht zuletzt auch durch ihre besondere Historie.

www.verlegerhaus.de

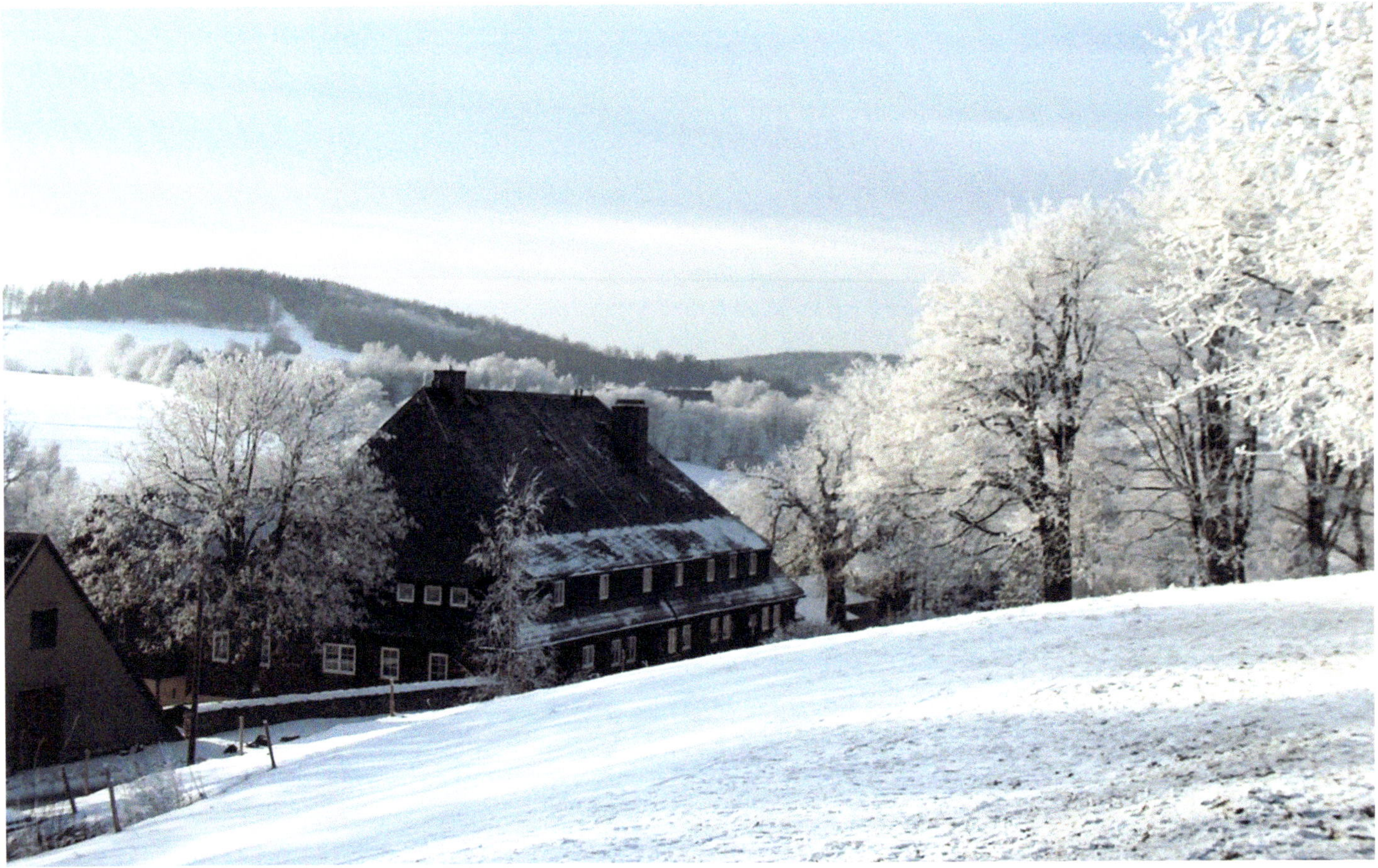

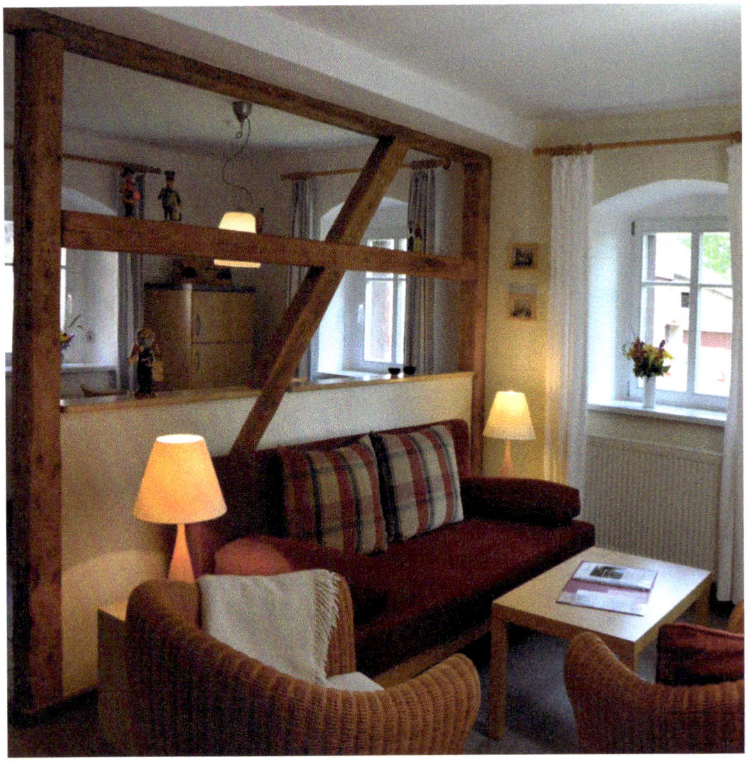

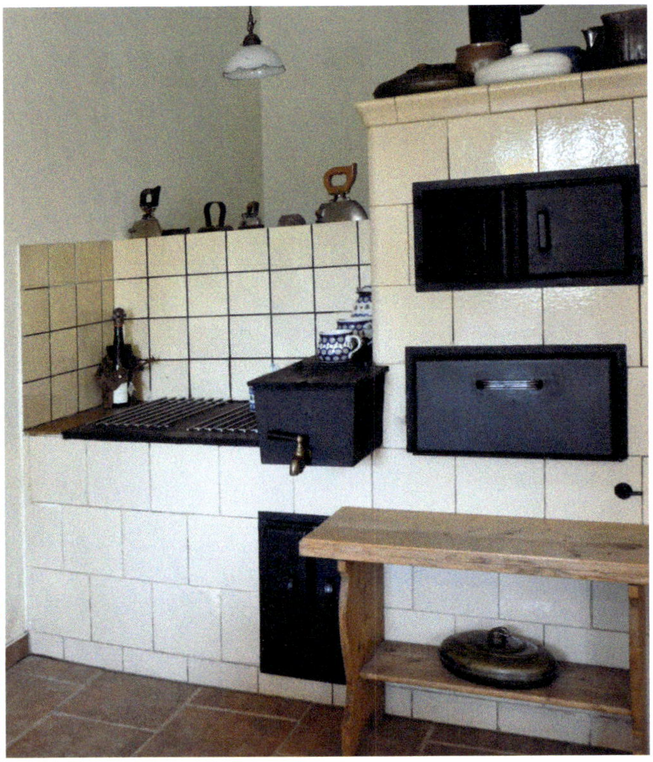

Der Zauber des Verlegerhauses zieht Gäste unweigerlich in seinen Bann: Wer anreist, kann wandern, die Gemeinde Seiffen mit ihren Sehenswürdigkeiten erkunden oder es sich vor Ort gemütlich machen. Ein uriger Frühstücksraum lädt zum Brunch ein. Im hauseigenen Laden kann man nach regionalen Besonderheiten stöbern oder es sich bei schönem Wetter im Garten gutgehen lassen.

Oben: Blick auf das Verlegerhaus und einen Teil von Seiffen.

Unten: Ein altes Bild, das im Verlegerhaus hängt, zeigt das Ensemble, wie es früher aussah. Vom Anwesen, so Gerlinde Einbock, gibt es kaum alte Dokumente. Die Malerei ist eines der wenigen Zeitzeugnisse, die übriggeblieben sind.

Oben: Das Verlegerhaus in der Weihnachtszeit, die in Seiffen traditionell mit vielen Lichtern gefeiert wird.

Unten: Der große Garten, den auch Gäste nutzen können, wird von einer alten Bruchsteinmauer geschützt, einem Rest eines alten Seitengebäudes.

VIOLA NEUMANN

Bekleidungskonstrukteurin & Dozentin sowie Farb-, Stil- und Imageberaterin in Crossen

Jahrgang 1970

Glanzpunkte setzen und Frauen zum Strahlen bringen

Aus meiner Leidenschaft, Menschen zu bekleiden, zu verändern, zu motivieren und zu stärken, habe ich meinen Beruf gemacht. Ich würde sagen, dass sich dieses Credo wie ein roter Faden durch mein Leben zieht. Egal, was ich angepackt habe, dieses Ziel habe ich nie verloren. Ich möchte für andere und mich selbst Glanzpunkte setzen! Mein schönster Moment: Mit Menschen zu arbeiten, sie zu inspirieren und ihnen ein Strahlen aufs Gesicht zu zaubern. Das fühlt sich richtig gut und stimmig an.

Ich liebe die Vielfalt. Deshalb unterteilt sich heute mein Tun in mehrere Bereiche. Zum einen kreiere ich Schnitte für Textil- und Modeunternehmen und stelle so die Schnittstelle zwischen Design und Produktion dar. Meinen Beruf habe ich von der Pike auf gelernt, zunächst das Nähen. Später studierte ich Bekleidungskonstruktion. Inzwischen habe ich 30 Jahre Berufserfahrung. Das lässt mich heute als selbstständige Konstrukteurin sehr souverän agieren. So sind es vor allem eigenwillige Kreationen, die ich mit besonderer Freude umsetze. Für Hobbyschneider entwickle ich Fertigschnitte verschiedener Label. Mein Wissen gebe ich mit sehr viel Leidenschaft in meinen Schnittkonstruktionskursen und Workshops weiter.

Zum anderen bin ich zertifizierte Farb-, Stil- und Imageberaterin. Mein Ziel: die Schönheit und die Individualität des Einzelnen hervorzuheben. Durch meine Arbeit mit Menschen kommen deren Wünsche und Bedürfnisse zum Ausdruck. Dabei inspirieren mich natürlich auch Modetrends, individuelle Farben und Proportionen. Beide Bereiche – so habe ich gemerkt – ergänzen sich perfekt. So habe ich als Bekleidungskonstrukteurin ein gutes Gespür für Körperformen, Proportionen, vorteilhafte Schnitte und Materialien. Davon profitieren meine Kundinnen natürlich. Und auch der Einblick in die Möglichkeiten individueller, für die Persönlichkeit vorteilhafter Farben ist für viele ein Erlebnis.

Der Schritt in die Selbstständigkeit hatte verschiedene Gründe. Vorher habe ich als Angestellte in verschiedenen Firmen und auch in der Erwachsenenbildung als Dozentin gearbeitet und mein Wissen weitergegeben. Mit der Geburt unseres jüngsten Sohnes dachte ich dann aber über mehr Flexibilität bei meiner Arbeit nach. Mein Anliegen, Familie und Beruf in Einklang zu bringen, das hat mich letztlich zur Selbstständigkeit hingeführt. Das war ein wirklich guter und richtiger Schritt für mich.

Wir – mein Mann und ich – haben unser Haus gebaut und dabei auch Platz für mein eigenes Unternehmen geschaffen. Ich habe mir die nötige Technik für die Schnittfertigung angeschafft und ein Atelier eingerichtet. Von hier aus erhalten deutschlandweit viele kleine und mittelständische Modeunternehmen, die ihre eigenen Kollektionen fertigen, meine Dienstleistungen als Schnittkonstrukteurin.

Zudem arbeite ich eigenständig, bin frei und kann Arbeit und Familie wunderbar miteinander vereinbaren. Als Freiberuflerin auf dem Land habe ich außerdem nie leere Zeitfenster, die ich irgendwie überbrücken muss. Ich bestimme ganz allein meinen Rhythmus. Meine Arbeit ist sehr erfüllend – jeder, den ich begeistere, führt ja auch ein Stück weit meine Mission und meine Idee fort.

Soziale Kontakte und Gemeinschaften mit anderen Frauen sind mir natürlich ebenso wichtig. Freunde und Familie garantieren, dass ich mich gut eingebunden fühle und auch dann Halt habe, wenn es mal schwieriger wird. Vor einiger Zeit wurde ich zur Vorsitzenden des regionalen Landfrauenvereins gewählt – eine vielfältige Aufgabe, weil wir das ganze Jahr über unterschiedliche Veranstaltungen planen. Und nicht nur das – als Vorsitzende habe ich auch Kontakt zu anderen Landfrauenvereinen und erfahre viel darüber, was Frauen bewegt, was sie sich wünschen und welche Vorstellungen sie vom Miteinander im Verein haben. Frauen – so erfahre ich immer wieder – sind sozial sehr engagiert, setzen sich füreinander und für die Gesellschaft ein und leisten überdurchschnittlich viel. Grundsätzlich bin ich sehr dankbar für meinen Weg. Meine Wünsche – so bin ich sicher – erfüllen sich, wenn ich weiter meiner Intuition folge.

Viola Neumann bei einer Farb- und Stilberatung. Daneben ist die Farbpalette des Winters mit schwebenden Tüchern vor der passenden Kulisse im verschneiten Garten in Crossen zu sehen. Wenn man die Farbtöne bei Tageslicht wirken lässt, schimmern sie besonders klar und eindrucksvoll, erklärt die Expertin.

www.dein-stil.com

Viola Neumann in ihrem Atelier. Besondere Schnitte erfordern Fingerspitzengefühl und Fachkenntnis. Wenn Frau sich hier beraten lässt, kann sie darauf vertrauen, kompetente Empfehlungen fürs passende Outfit zu bekommen. Gegenüber oben links ist der Image Award zu sehen, ein internationaler Preis, den die Crossenerin 2018 als Beraterin für besonderes Engagement im Verband für Imageberater in Wien verliehen bekam.

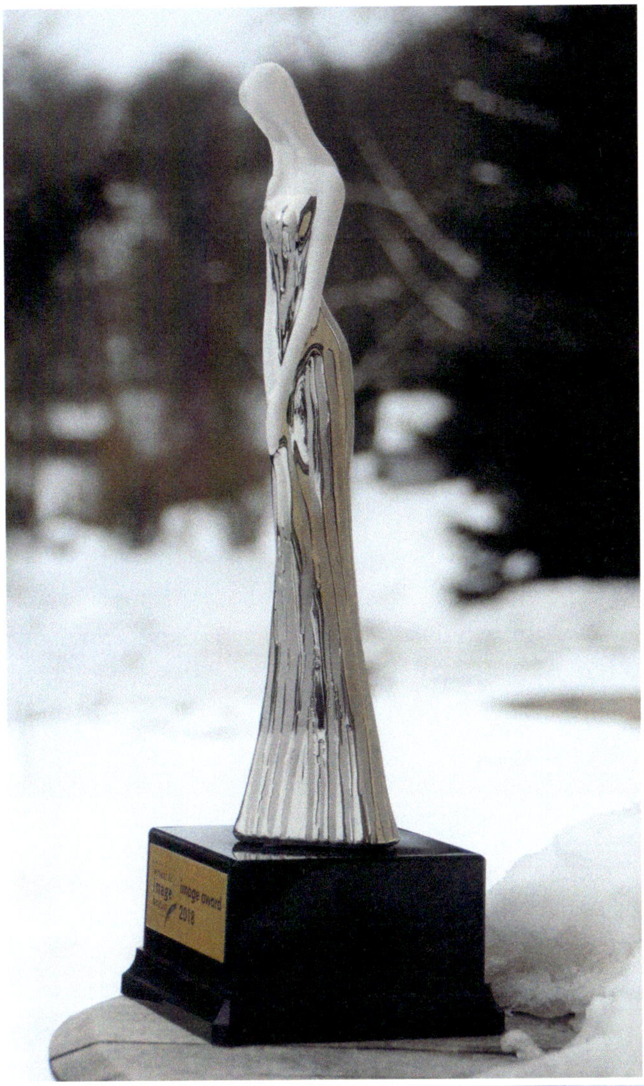

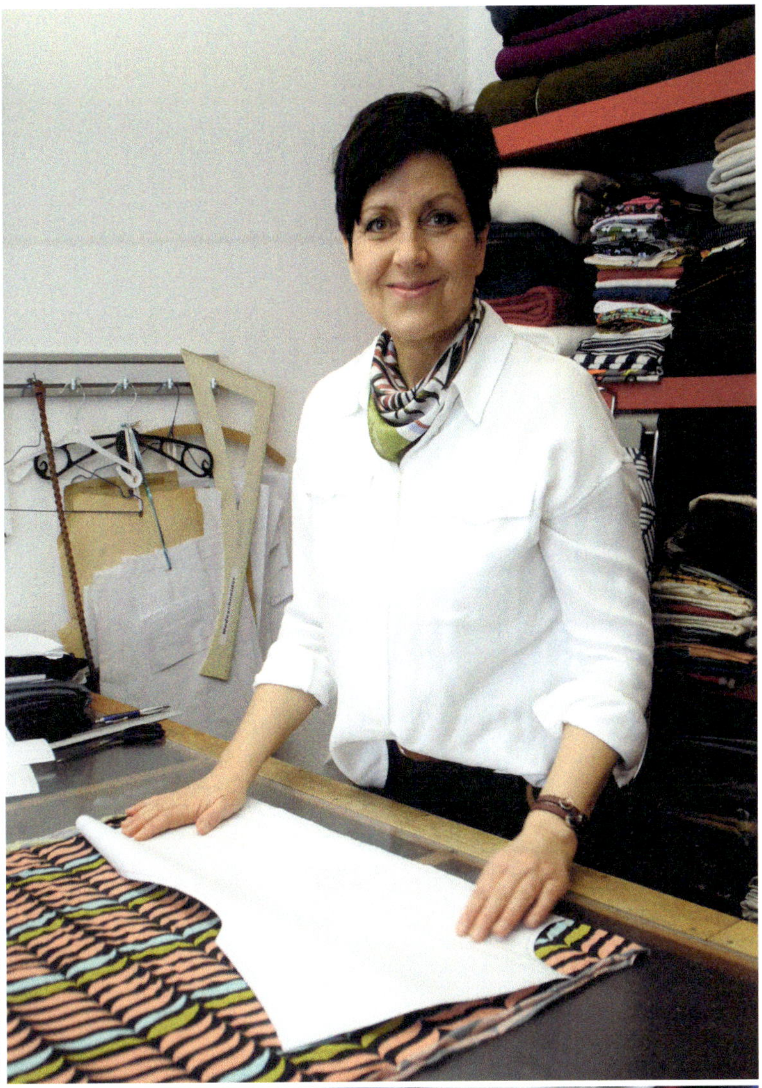

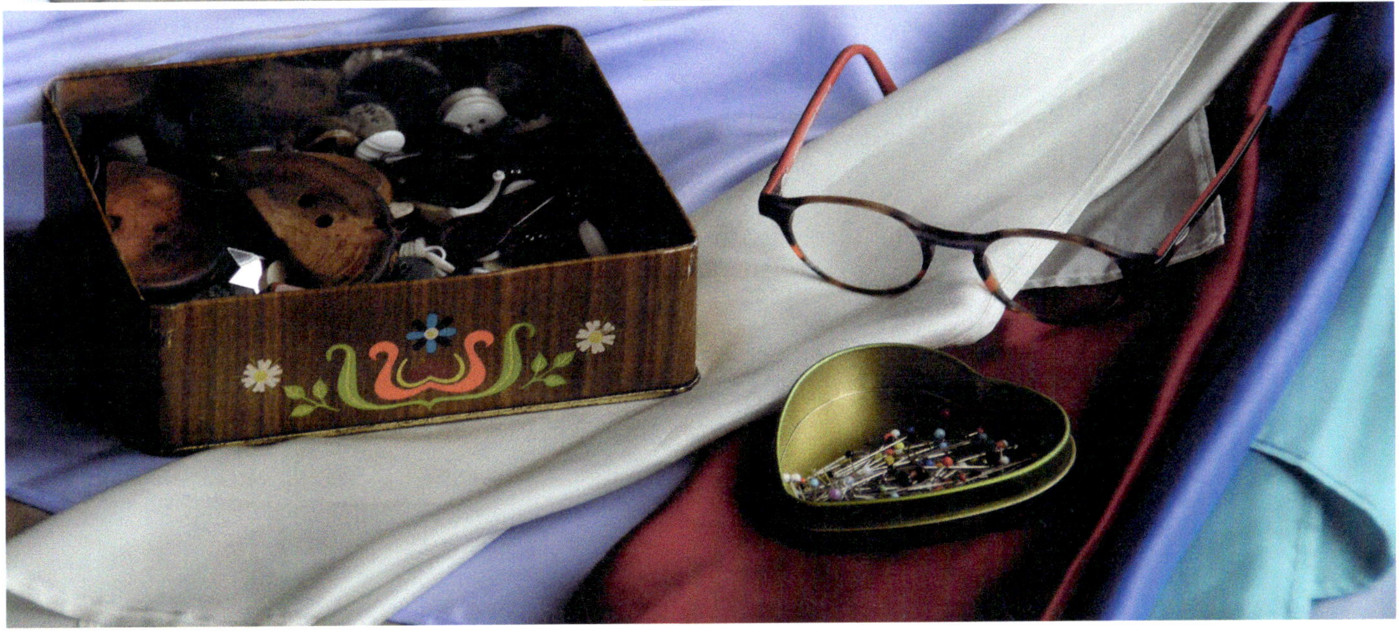

Die weibliche Seite leben und lieben

Einige der Buchteilnehmerinnen haben unter anderem auch über das Thema „Frauen und Weiblichkeit" gesprochen – für einige Frauen im Business mag das in der heutigen Zeit ein eher ambivalentes Thema sein. Wird von ihnen – wenn sie gestandene Unternehmerinnen sind – doch vor allem Stärke und Durchsetzungsvermögen erwartet. Diese Stärken lassen sich mit durchaus weiblichen Eigenschaften und einem entsprechenden Outfit jedoch problemlos verbinden – so die Meinung erfolgreicher Frauen, die in diesem Buch interviewt wurden.

Auf Baustellen mit einem typisch weiblichen Outfit aufzutauchen ist selbstverständlich

Wichtig, so die überwiegende Mehrheit, sind Eigenschaften wie Authentizität, Empathie, Fürsorge und Transparenz. Frau hat nicht nur Verantwortung für sich selbst, sondern auch für ihre Kollegen und Mitarbeiter. Nicht zuletzt, so beschreiben einige der Interviewten, gilt es auch als weiblich, nachzufragen und um Hilfe zu bitten, wenn etwas unklar ist. Auf Baustellen oder anderen Männerdomänen mit einem typisch weiblichen Outfit aufzutauchen, das halten einige der befragten Frauen für selbstverständlich. Hosen und Gummistiefel sind natürlich da angebracht, wo es matschig wird und können auch im Kofferraum deponiert werden. Kleid und Pumps sind – wenn sie zum Anlass passend sind und du dich wohlfühlst – eine schöne Alternative zum typischen Businesslook mit Hosenanzug oder Kostüm. Wenn du die Wahl hast, so der Rat unserer Businessfrauen, entscheide dich zudem für wenige, aber hochwertige Stücke, die zu deinem Look gehören. Intuitiv nimmt dein Gegenüber wahr, wie er dich einzuordnen hat, ob du Stil hast und welcher Art deine Persönlichkeit zuzuordnen ist. Bestimmte Berufsgruppen haben ihre eigene Kleiderordnung, die zwar nicht vorgeschrieben ist, deine Zugehörigkeit aber deutlich werden lässt.

Verwöhne dich und schenke dir maximale Zuwendung

In Sachen Persönlichkeit und Outfit beschreiben es Expertinnen so: Lass dein Ego leuchten, lass deine vorteilhaften Seiten mit passender Mode, Farben und Accessoires in den Vordergrund treten. Welche Tipps und Tricks dazu geeignet sind, darüber kannst du dich bei Fachfrauen für Styling, Farb- und Typberatung oder Coaching informieren.

Für dich selbst gilt die Regel: Verwöhne dich und schenke dir maximale Zuwendung, denn du hast in deinem Leben schon so viel geleistet, dass dies einfach gewürdigt werden muss. Und wenn dir nicht ganz klar ist, worin diese Leistungen bestehen, nimm dir Zeit sowie Papier und Stift zur Hand und schreibe in aller Ruhe auf, was dir alles schon gut gelungen ist und was du alles an dir magst. Du wirst sehen, es kommt eine Menge zusammen.

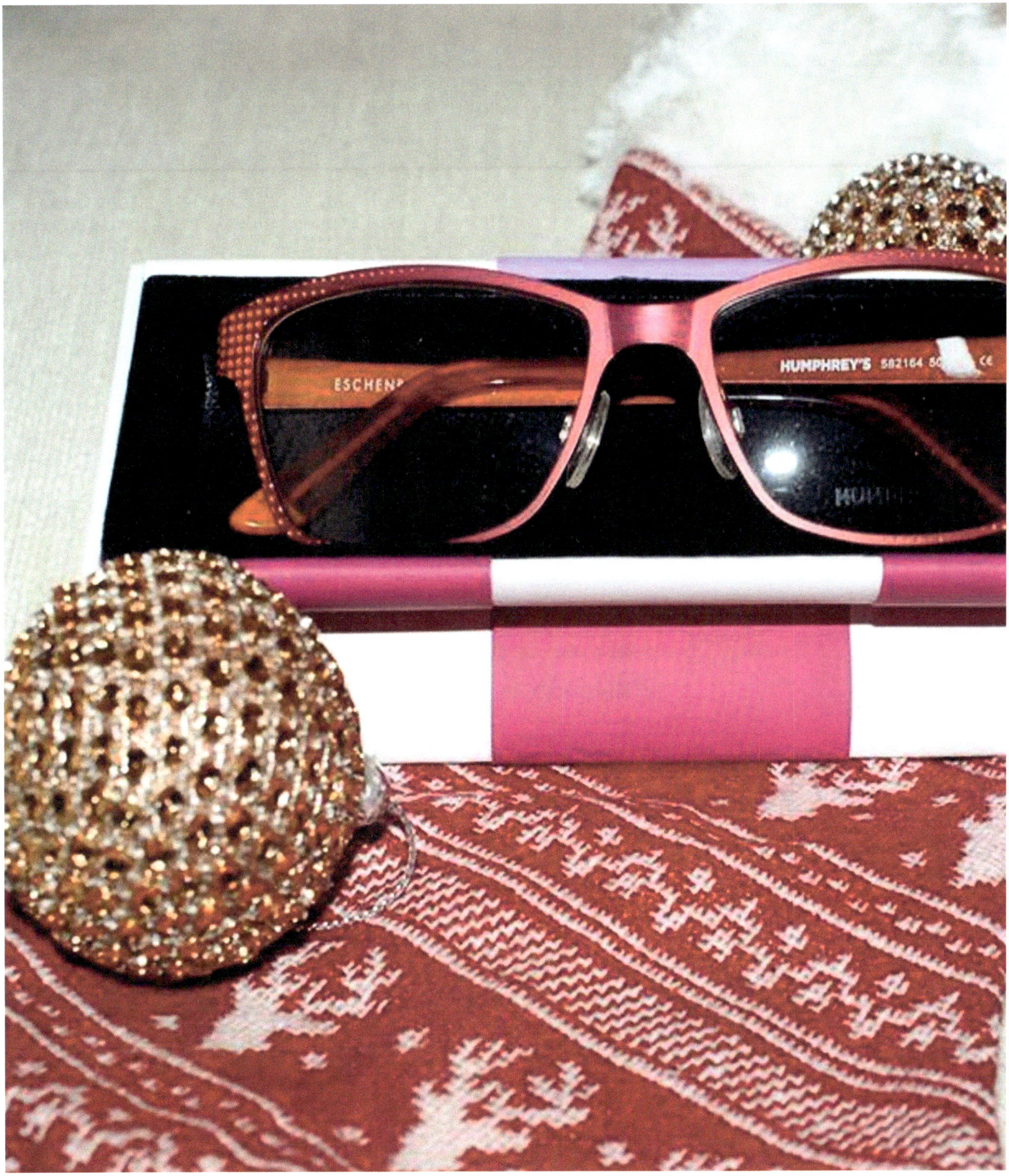
HUMPHREY'S 582164

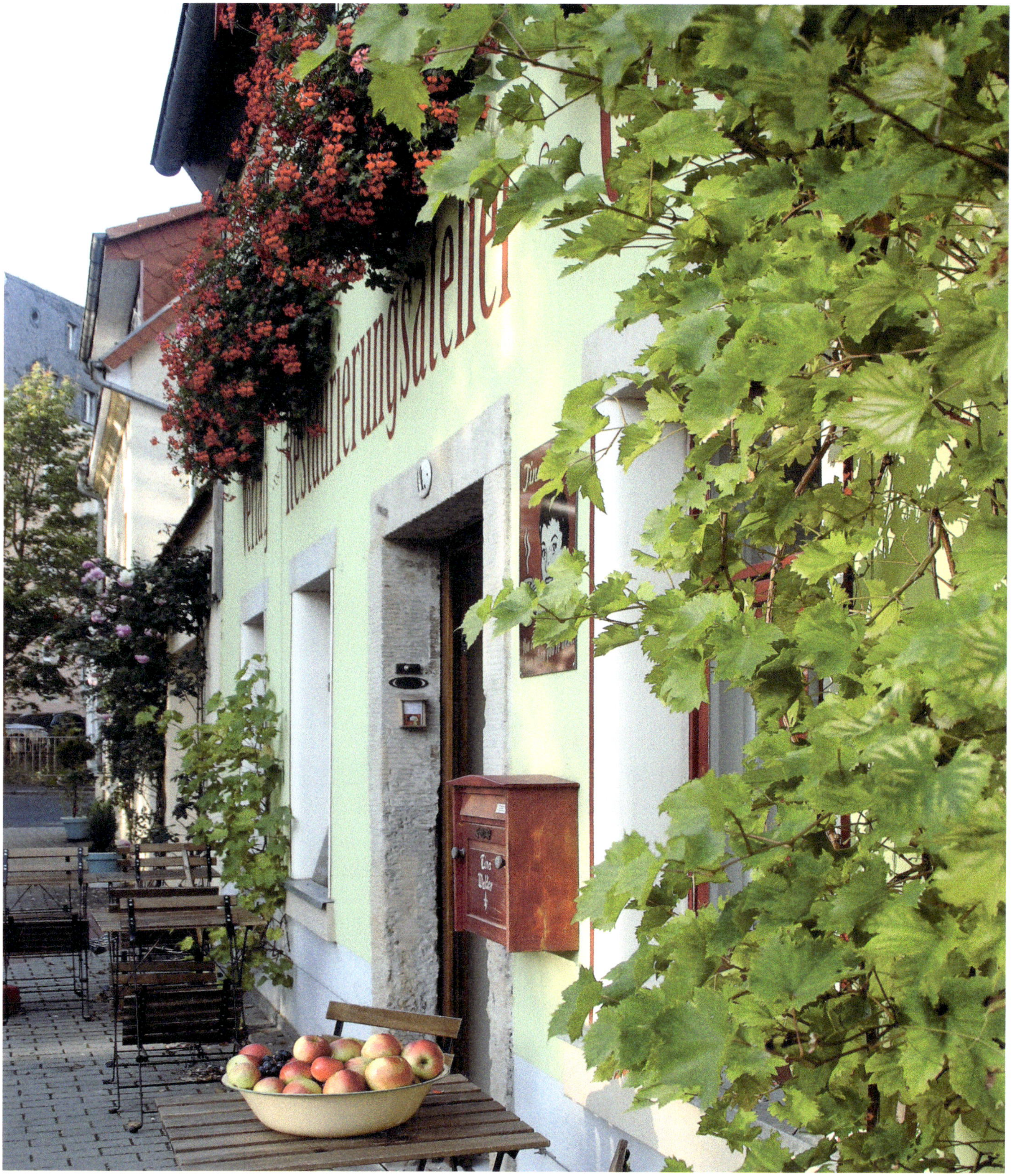
Restaurierungsatelier

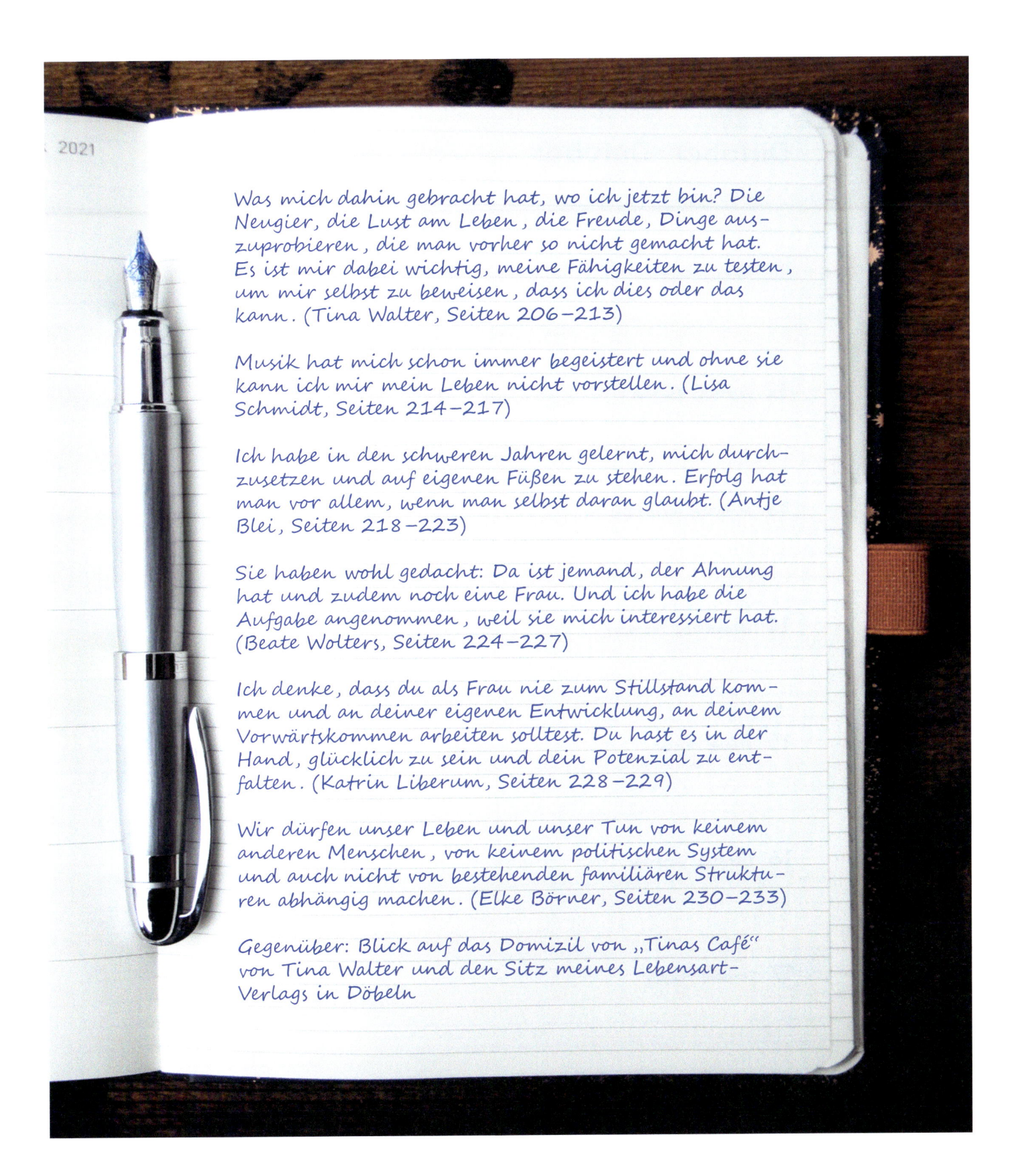

Was mich dahin gebracht hat, wo ich jetzt bin? Die Neugier, die Lust am Leben, die Freude, Dinge auszuprobieren, die man vorher so nicht gemacht hat. Es ist mir dabei wichtig, meine Fähigkeiten zu testen, um mir selbst zu beweisen, dass ich dies oder das kann. (Tina Walter, Seiten 206–213)

Musik hat mich schon immer begeistert und ohne sie kann ich mir mein Leben nicht vorstellen. (Lisa Schmidt, Seiten 214–217)

Ich habe in den schweren Jahren gelernt, mich durchzusetzen und auf eigenen Füßen zu stehen. Erfolg hat man vor allem, wenn man selbst daran glaubt. (Antje Blei, Seiten 218–223)

Sie haben wohl gedacht: Da ist jemand, der Ahnung hat und zudem noch eine Frau. Und ich habe die Aufgabe angenommen, weil sie mich interessiert hat. (Beate Wolters, Seiten 224–227)

Ich denke, dass du als Frau nie zum Stillstand kommen und an deiner eigenen Entwicklung, an deinem Vorwärtskommen arbeiten solltest. Du hast es in der Hand, glücklich zu sein und dein Potenzial zu entfalten. (Katrin Liberum, Seiten 228–229)

Wir dürfen unser Leben und unser Tun von keinem anderen Menschen, von keinem politischen System und auch nicht von bestehenden familiären Strukturen abhängig machen. (Elke Börner, Seiten 230–233)

Gegenüber: Blick auf das Domizil von „Tinas Café" von Tina Walter und den Sitz meines Lebensart-Verlags in Döbeln

TINA WALTER

Staatlich geprüfte Restauratorin & Inhaberin von „Tinas Café" sowie des Labels „blue swollow, Upcycling & Design" in Döbeln

Jahrgang 1982

Neugierig bleiben und sich ausprobiren

Was mich dahin gebracht hat, wo ich jetzt bin? Die Neugier, die Lust am Leben, die Freude, Dinge auszuprobieren, die man vorher so nicht gemacht hat. Es ist mir dabei wichtig, meine Fähigkeiten zu testen, um mir selbst zu beweisen, dass ich dies oder das kann. Wenn jemand sagt: „Das kannst du nicht", ist dies immer ein besonderer Ansporn.

Angefangen hat alles mit meiner Tischlerlehre. Ich wollte nach dem Abitur etwas Praktisches machen und nicht gleich studieren, von einer Schulbank auf die andere wechseln. Meine Eltern wollten damals, dass ich eine Beamtenlaufbahn einschlage. Aber ich setzte mich durch und machte das, worauf ich Lust hatte. Nach meinem Gesellenbrief bin ich dann nach Italien gegangen. Es war ein Austauschprogramm, das sich „Eurocultura" nannte. Drei Monte habe ich in Vicenza bei einem Restaurator gearbeitet. Als ich wiedergekommen bin, tauchte ich in das konservative heimatliche Ambiente ein. Da hatte ich erst einmal eine Sinnkrise. Eine Weile habe ich überlegt, dann war mir klar, dass ich in München im Fach Restaurierung und Konservierung für Möbel und Holzobjekte studieren wollte. Gesagt, getan. Das war spannend, zum ersten Mal allein in einer deutschen Metropole die Fühler auszustrecken. Ich verspürte eine Aufbruchstimmung, wie ich sie vorher nicht gekannt hatte. Ich suchte eine Wohnung und einen Job, um mir zum Bafög etwas dazuzuverdienen. Gearbeitet habe ich dann als Filmvorführerin im ältesten durchgehend bespielten Kino der Welt in München. Das hat mir einen solchen Spaß gemacht und das Umfeld war so herzlich und familiär, dass ich sogar mein Studium schmeißen, nach Frankreich auswandern und eine Cutter-Lehre beginnen wollte. Aber ich bin kein Typ, der etwas abbricht, was er begonnen hat. Nach meinem Studium bin ich aus privaten Gründen nach Hause zurückgekehrt. Mich selbstständig zu machen lag auf der Hand. Wenig später meldete ich mein Gewerbe als freischaffende Restauratorin an. Parallel habe ich beim Landesamt für Archäologie gearbeitet – ebenfalls wieder, um mir für den Start etwas dazuzuverdienen. Aber es lief gut an, irgendwann kommt immer der Punkt, wo du dich entscheiden musst. Mein erstes eigenes Atelier hatte ich dann im ländlichen Raum. Später zog ich nach Döbeln um, kaufte ein kleines Haus und richtete mich darin mit Atelier und Wohnung ein. Auch hier habe ich – zusammen mit Familie und Freunden – vieles selbst gemacht. Das kleine Handwerkerhaus bot eine Unmenge an Möglichkeiten, selbst zu bauen und zu gestalten.

Heute befinden sich mehrere Firmen in unserem kleinen Domizil: der Lebensart Verlag, das Restaurierungsatelier und blue swollow – upcycling & design, das eigentlich aus der klassischen Restaurierung hervorgegangen ist. Ich fand es immer sehr schade, dass so viel weggeworfen wird, und habe Wege gesucht, vermeintlich ausgedienten Stücken neues Leben einzuhauchen, um sie so vor dem Container zu bewahren. Dabei kommt es vor, dass ein alter Staubsauger zu einer Stehlampe, ein Bett zu einer Bank oder ein einzigartiges Türblatt zu einem Schreibtisch umgebaut werden. Mittlerweile habe ich mein eigenes kleines Szenecafé eröffnet. Es ist auch mein Sehnsuchtsort geworden. Bereits mit sechzehn wollte ich – so erinnere ich mich heute – schon mein eigenes kleines Café eröffnen. In meiner neuen Partnerschaft nahm die Idee dann Fahrt auf. Wir gründeten ein Straßencafé und richteten es zunächst in der Werkstatt neben der Hobelbank ein. Später nahm das Gastgeben dann vollständig Raum ein, weil der Anklang immer größer wurde. Heute bin ich eine backende Restauratorin oder eine restaurierende Bäckerin (lacht). Was mir beim Backen ganz besonders gefällt, sind die Freiheit und die Kreativität, denn beim Restaurieren bist du immer an die Originalsubstanz gebunden. Du kannst dich nicht austoben und ausprobieren. Wenn ich backe, achte ich auf gute Zutaten und Nachhaltigkeit. Einen eigenen Garten zu pachten, lag auf der Hand. Dinge zu nutzen, die wir zur Verfügung haben und eigenes Obst und Gemüse anzubauen, war mir wichtig. So gelangte ich immer mehr zu dem Schluss, eigene, hochwertige Zutaten zu verwenden. Ich schaffte mir unter anderem Bienenvölker an, pflanzte verschiedene Obstbäume, backte eigenes Brot, stellte Käse her und gewann meinen ersten eigenen Honig von meinen Bienen. Ich liebe es, mich in dieser Richtung auszuprobieren. Und es ist auch nicht immer wichtig, ob alles Einzug in meine Speisekarte hält. Mir geht es vielmehr ums Tun. Ich stelle eigene Liköre her, setze Wein an und kreiere eigene Limonaden. In dieser Zeit hat man eigentlich erst einmal die Möglichkeit, Dinge auszuprobieren und sich neu zu definieren. Ohnehin wird vieles im Umbruch sein. In anderen Zeiten wäre ich morgens aufgestanden, hätte meinen Alltag gelebt und wäre gar nicht auf die Idee gekommen, Neues umzusetzen.

Natürlich ist eine Pandemie für alle Gastgeber gleichermaßen schwierig. Aber es liegt an uns selbst, wie wir damit umgehen. Viel Entspannung bietet mir die Natur. Wenn ich im Garten arbeite, kann ich alles andere um mich her vergessen. Jetzt im Februar freue ich mich gerade an meinen vielen neugezogenen Pflänzchen, die ich hege und pflege, um sie später in unserem Garten anzupflanzen.

Aus dem Restaurierungsatelier von Tina Walter in Döbeln ist zunächst Tinas Straßen-Café und später ein behagliches kleines Szene-Café entstanden. Die Betreiberin (gegenüber in ihrem Garten) backt ihre Kuchen und Torten selbst und legt Wert auf natürliche, gesunde Zutaten.

www.facebook.com/tinascafe14

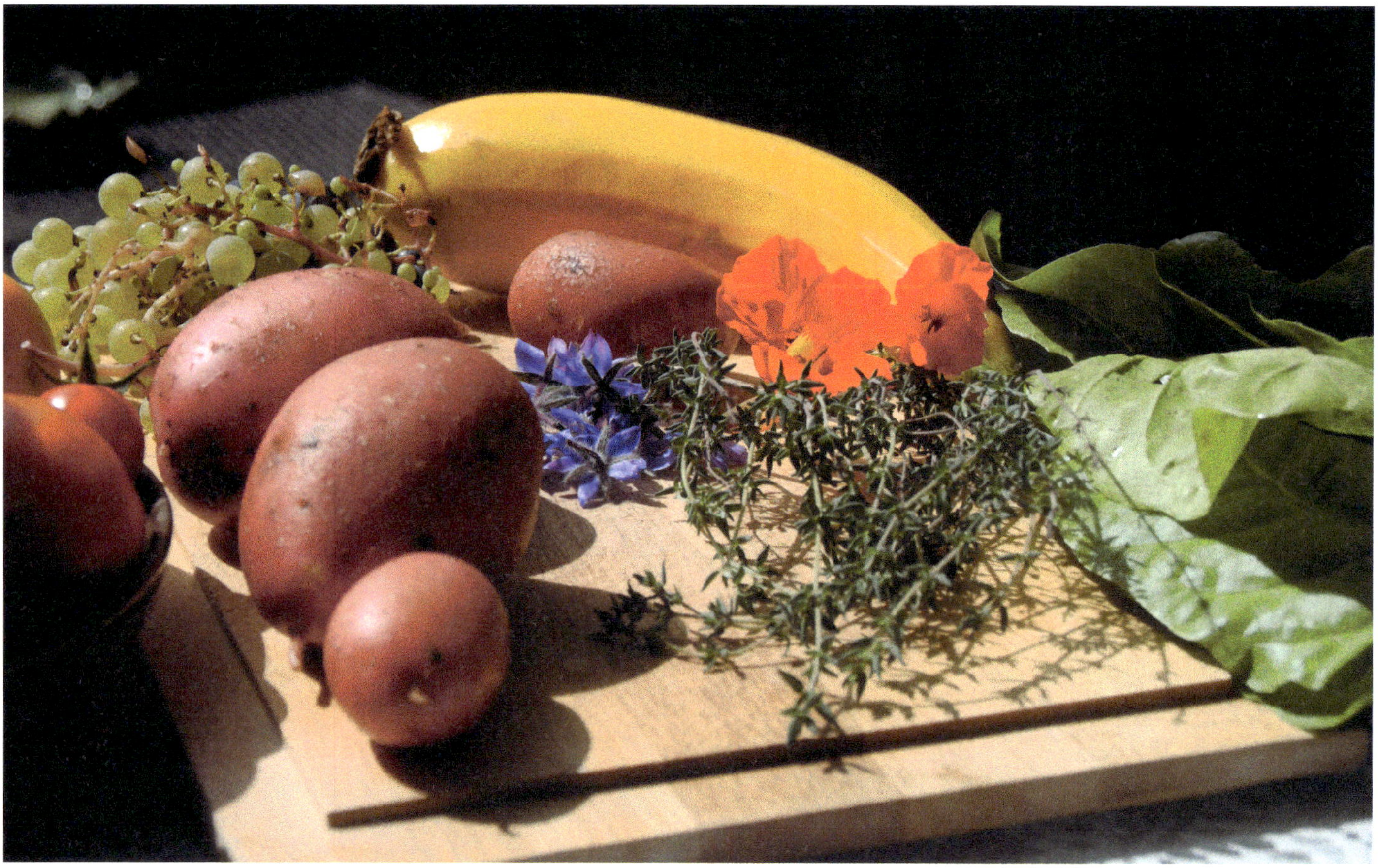
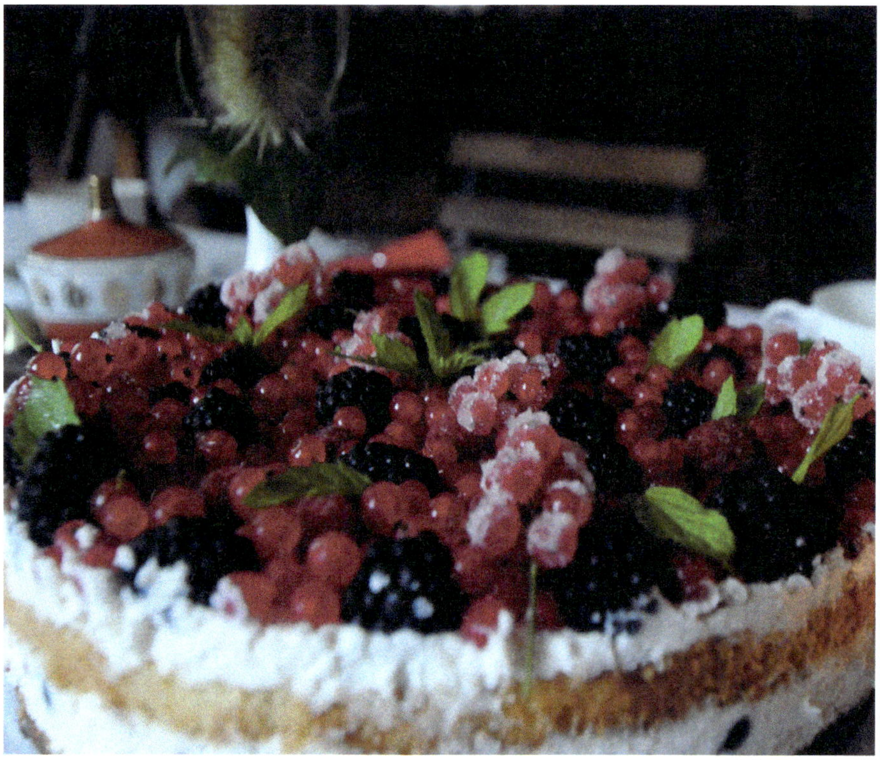
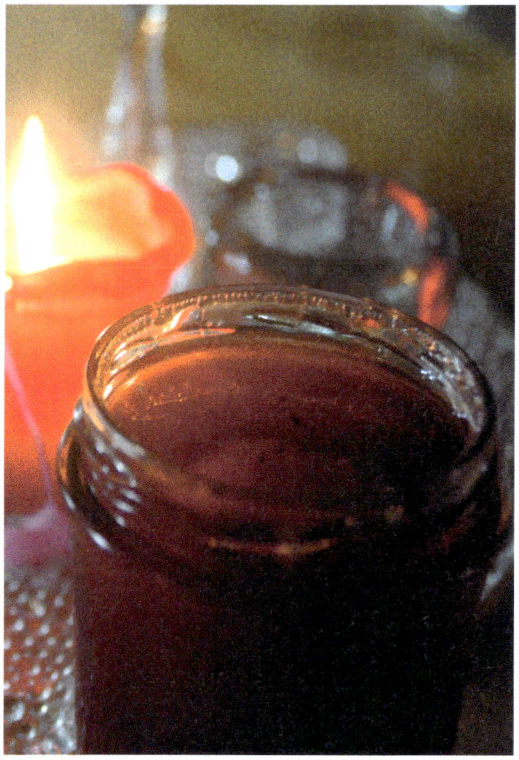

Mit natürlichen Ingredienzen etwas zu zaubern, das ist erklärtes Ziel von Tinas Café. Inhaltsstoffe von Suppen und Kuchen sind natürlich und kommen nach Möglichkeit ohne Zusatzstoffe aus. Zudem sind Speisen mit Aromen aus der Natur schmackhafter. Wenn Kräuter im Spiel sind, muss weniger gesalzen oder gezuckert werden. Und natürlich eignen sich frische Blüten auch hervorragend als Dekoration.

Eine mehrstöckige Torte aus Tinas Café kurz vor ihrem Transport zum Kaffeetisch der Auftraggeberin. Die Beschenkte tanzt leidenschaftlich gern. So ist thematisch auch das entsprechende Motto umgesetzt worden. Eine Schokoladentänzerin thront auf der obersten Torte. Die dazu passenden Schokoladensplitter sind mit kleinen Noten verziert worden.

Gegenüber ist die ambitionierte Cafébetreiberin beim Imkern in ihrem Garten zu sehen. Schon das erste Bienenjahr bescherte Tina Walter eine kleine, feine Ausbeute eigenen Honigs.

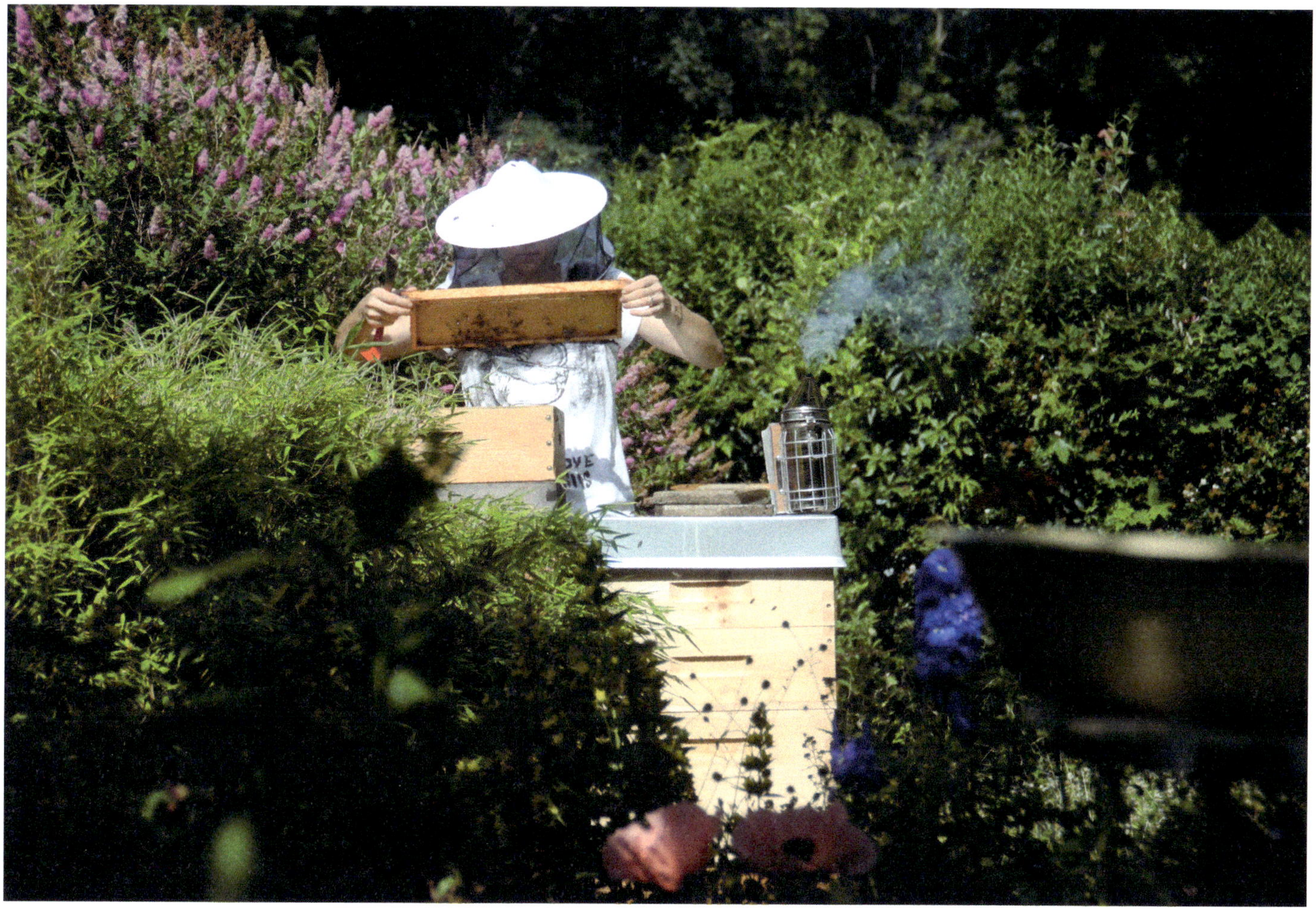
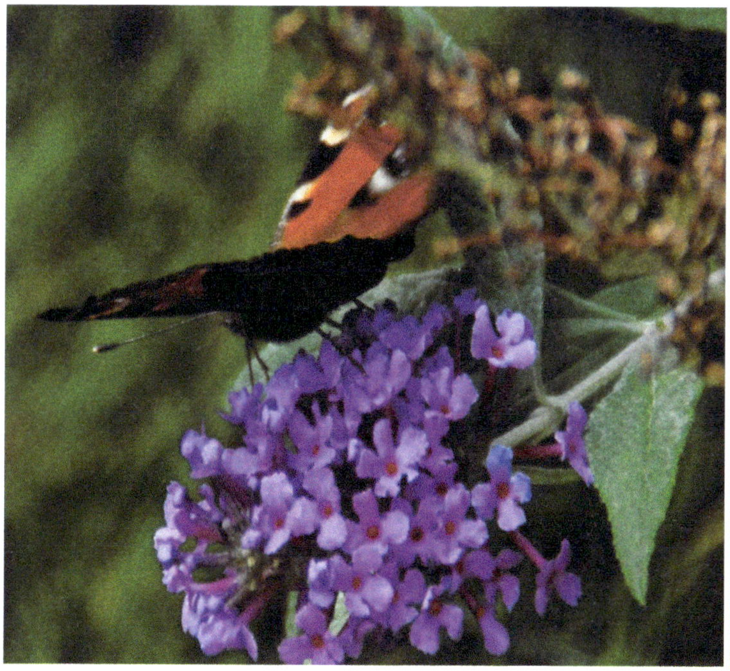
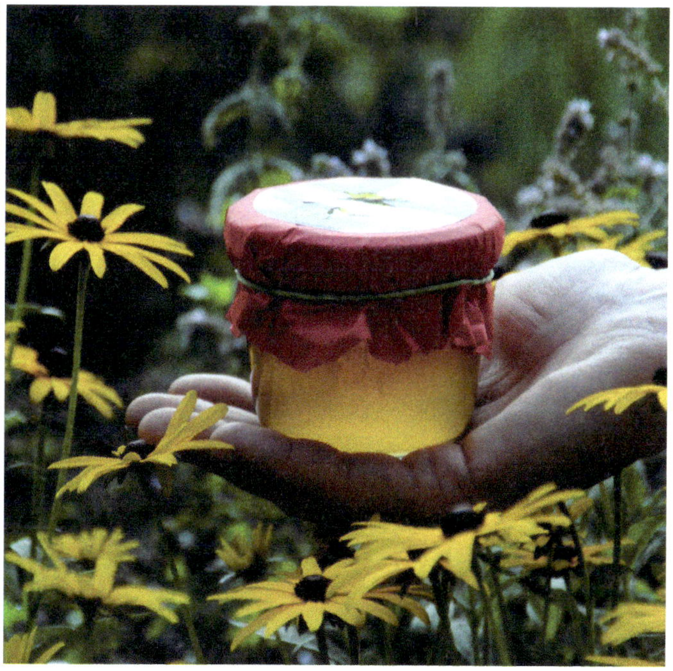

Im Rahmen ihres Projektes „blue swollow" stellt Tina Walter aus ausgedienten, alten Stücken neue funktionelle und originelle Möbel und Lampen her.

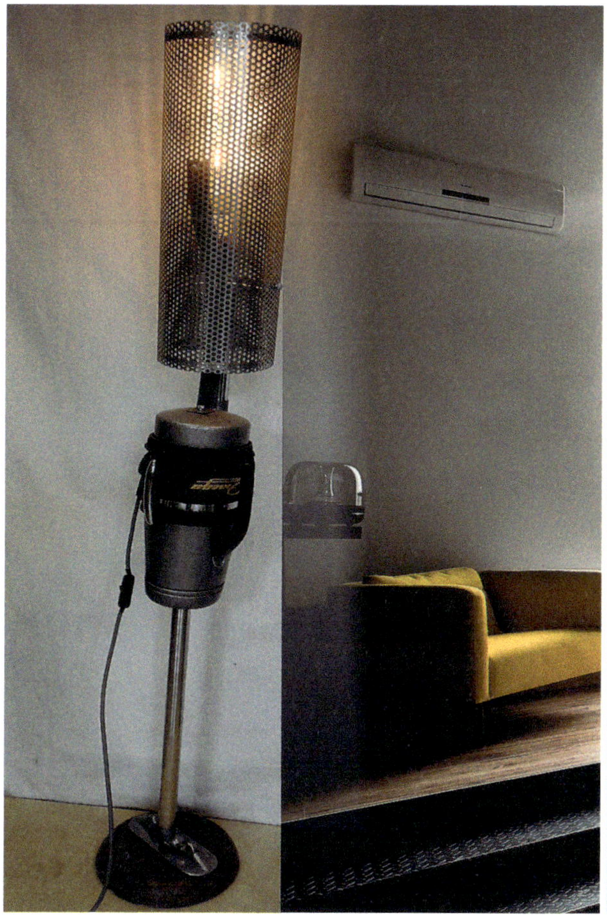
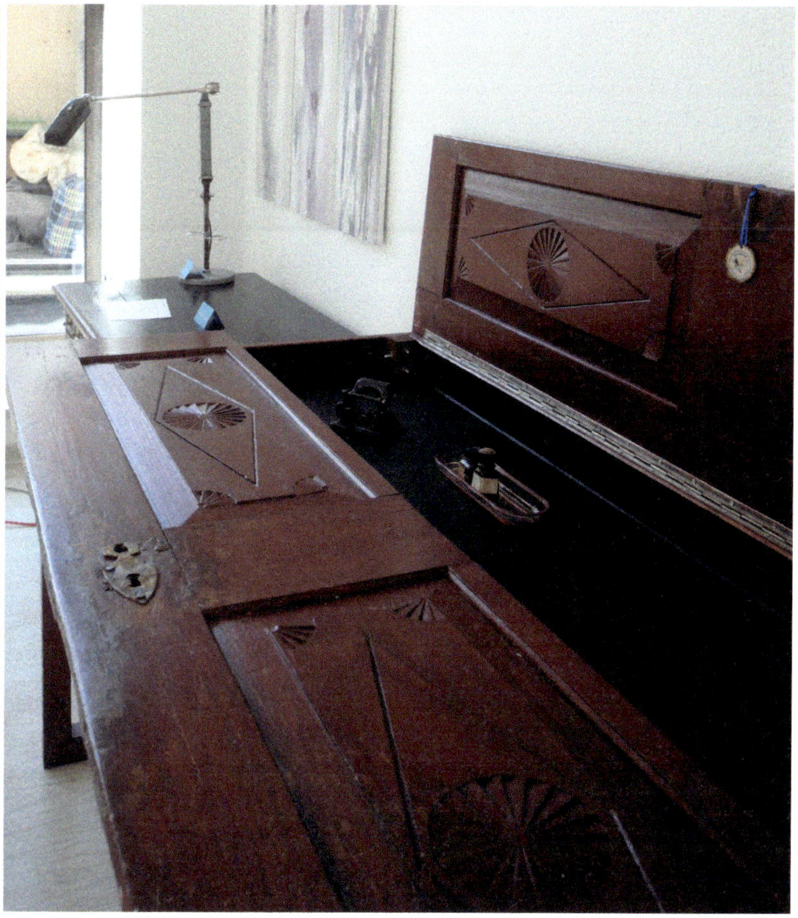
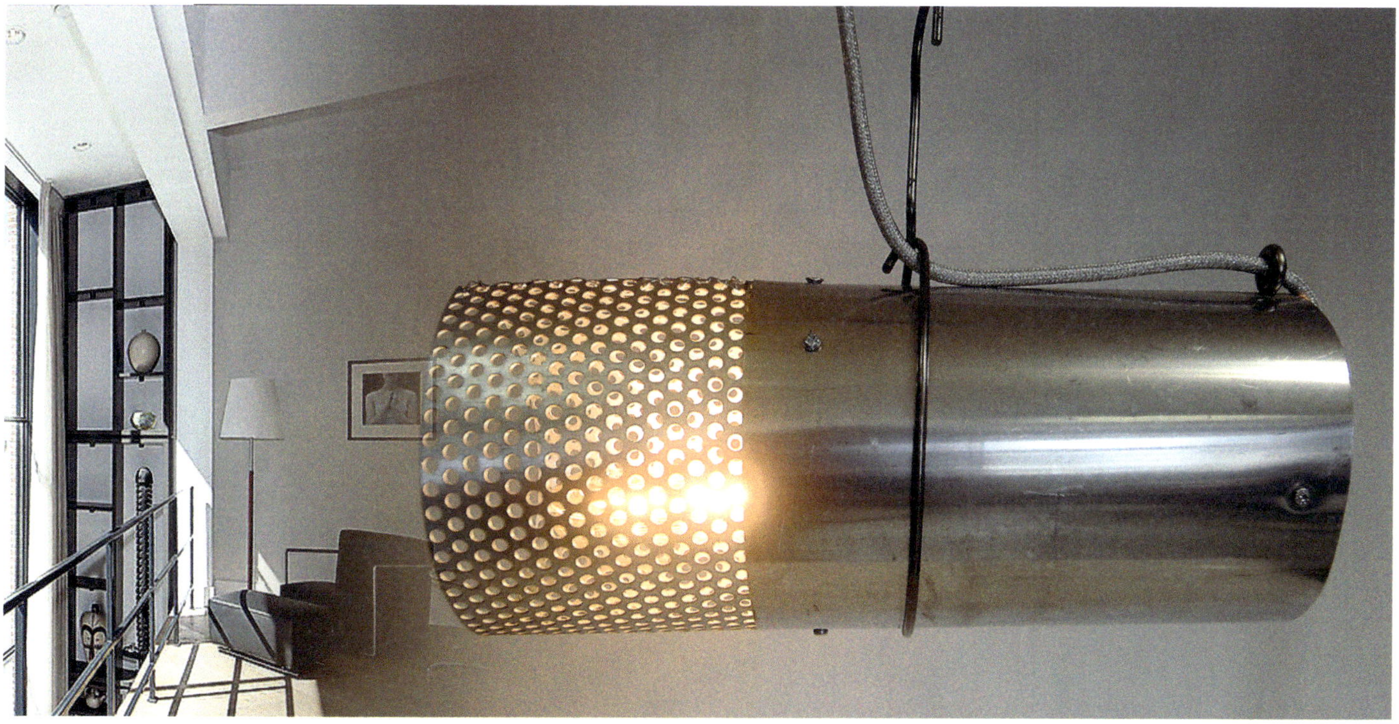

LISBETH PARKER

(Lisa Schmidt)
Bühnendarstellerin
& Sängerin sowie DJane
aus Döbeln

Jahrgang 1988

Mein Weg ist das Ziel

Musik hat mich schon immer begeistert und ohne sie kann ich mir mein Leben nicht vorstellen. Mit Musik und Schauspiel bin ich bereits in Schule und Kindergarten in Berührung gekommen. Als Kind probierte ich mich am Klavier aus und erlernte das Gitarrenspiel. Als Jugendliche war ich dann ein Fan der Back Street Boys. Deren Art, Musik zu machen und die Massen zu begeistern, hat in mir eine Initialzündung ausgelöst. Meine erste Band hieß „Absence of mind". Wir haben damals unter anderem viel auf Stadtfesten gespielt.

Ich beschloss, allein den Jakobsweg zu gehen, eine Entscheidung, die ich nie bereut habe

So lange ich denken kann, bin ich neugierig auf alles, will immer dazulernen. Und ich möchte meinem Herzen folgen, wenn ich etwas mache. Meine Wege haben mich jedoch erst einmal kreuz und quer durchs Leben geführt, bis ich merkte, was ich tatsächlich machen möchte. Nach meinem Fachabitur habe ich ein Studium in der Fachrichtung International Business begonnen. Nach einem Jahr wusste ich jedoch, dass das nichts für mich ist. Parallel habe ich weiter Musik gemacht und mich zunehmend fürs Thema Musical begeistert. So lag es für mich letztlich auf der Hand, dass ich nach dem abgebrochenen Studium endlich meiner Berufung folgte und mich an einer Hamburger Schule für Musik und Schauspiel bewarb. Und tatsächlich bestand ich die Aufnahmeprüfung und wurde angenommen. Ich war glücklich und legte mich ins Zeug. Zwei Jahre lang habe ich für die Ausbildung zur Bühnendarstellerin Unterricht in Gesang, Schauspiel und Tanz genommen. Die Schule legte sehr viel Wert auf den Tanz. So trainierte ich hart und brach mir dabei den Fuß. Das war erst einmal das Aus für meine weiteren Pläne. So kehrte ich nach zwei Jahren von Hamburg nach Hause zurück und beschloss, in Dresden Privatunterricht zu nehmen. Um mir das leisten zu können, kellnerte ich nebenbei und spielte parallel m St. Pauli Theater in kleinen Stücken mit. Zudem beschloss ich, einen Brotjob zu erlernen. Mein Weg führte mich dann nach Warnemünde, wo ich eine Ausbildung zur Hotelfachfrau begann. Und wieder war der Drang stärker, etwas zu machen, das tatsächlich etwas mit mir, mit meinen Wünschen und Zielen zu tun hat. Ich begann innerlich zu zweifeln, brach die Lehre ab und beschloss in diesem absoluten Tief, ganz allein den Jakobsweg zu gehen.

Eine Entscheidung, die ich nie bereut habe. Denn da, auf dem Weg durch Frankreich, durch Wälder und Felder und in einer atemberaubend schönen Landschaft, wurde mir so richtig bewusst, wie stark meine Sehnsucht ist, mich künstlerisch auszudrücken und meinen Neigungen zu folgen. Ich startete in Mulhouse im Osten Frankreichs und lief mit vielen einzelnen Stationen 500 Kilometer nach Le Puy-en-Velay. Unterwegs traf ich viele tolle Menschen, einige schenkten mir etwas oder boten mir kostenlose Unterkunft an. In einem Kloster hatte ich ein wundervolles Gespräch mit einer Nonne, die mir klar machte, warum das alles so gekommen ist und dass es richtig ist, seinem eigenen Weg zu folgen. Im Kloster Taizé habe ich viele andere junge Leute getroffen, die da aus aller Welt zusammenkamen. Wir haben gebetet und viel meditiert und gemeinsam tolle Eindrücke gesammelt. Eigentlich wollte ich mir mit der Gitarre meinen Lebensunterhalt verdienen und unterwegs in den Orten Musik machen. So schleppte ich sie ein ganzes Stück weit mit. Doch auf Dauer erwies sie sich für die anstrengende Tour als zu schwer. So schickte ich sie nach Hause und machte mich etwas leichter geworden erneut auf den Weg. Heute weiß ich, wie wichtig es ist, sich nicht zu verbiegen und auf die innere Stimme zu hören.

Ich habe nicht nur in Sachen Schauspiel, Gesang und Tanz weitergemacht und viel dazugelernt. Ich habe auch beschlossen, künftig meinen Lebensunterhalt als Künstlerin, als Sängerin und Schauspielerin zu bestreiten. Kein leichter Weg, zumal die Corona-Pandemie meine vielen Pläne und Projektideen erst einmal ins Stocken brachte. Doch aufgegeben habe ich nicht. Insbesondere interessiert mich das Musical. Ich habe begonnen, Songs zu schreiben und kann mir auch vorstellen, ein eigenes Musical zu Papier zu bringen. Ich habe ein eigenes Coverprojekt „Inside of me", schreibe und komponiere als Lisbeth Parker eigene Titel und habe im Theater Döbeln als Sängerin und Schauspielerin an zwei Stücken mitgewirkt. Eine wunderbare Zeit, in der ich zusammen mit anderen menschlich und fachlich viele wertvolle Erfahrungen sammeln konnte. Ich habe zudem damit begonnen, eigene Events zu veranstalten und als DJane aufzulegen. Außerdem nehme ich mit einer Leipziger Pianistin Podcasts auf und versuche, mit unseren Titeln und Botschaften möglichst viel Schwung und gute Laune in das eigene Dasein und in das Leben anderer zu bringen. Auch bin ich dabei, mich spirituell weiterzubilden und werde parallel auch in Sachen Beratung und Coaching tätig werden.

Musik ist ihr Leben. Lisbeth Parker (Lisa Schmidt) hat auf ihren Umwegen durchs Leben immer wieder aufs Neue erfahren, dass sie ohne ihr künstlerisches Tun nicht leben mag. So ging sie 500 Kilometer durch den Osten Frankreichs und erlebte dabei, wie wichtig es ist, sich selbst und den eigenen Zielen näherzukommen.

www.lisbeth-parker.de

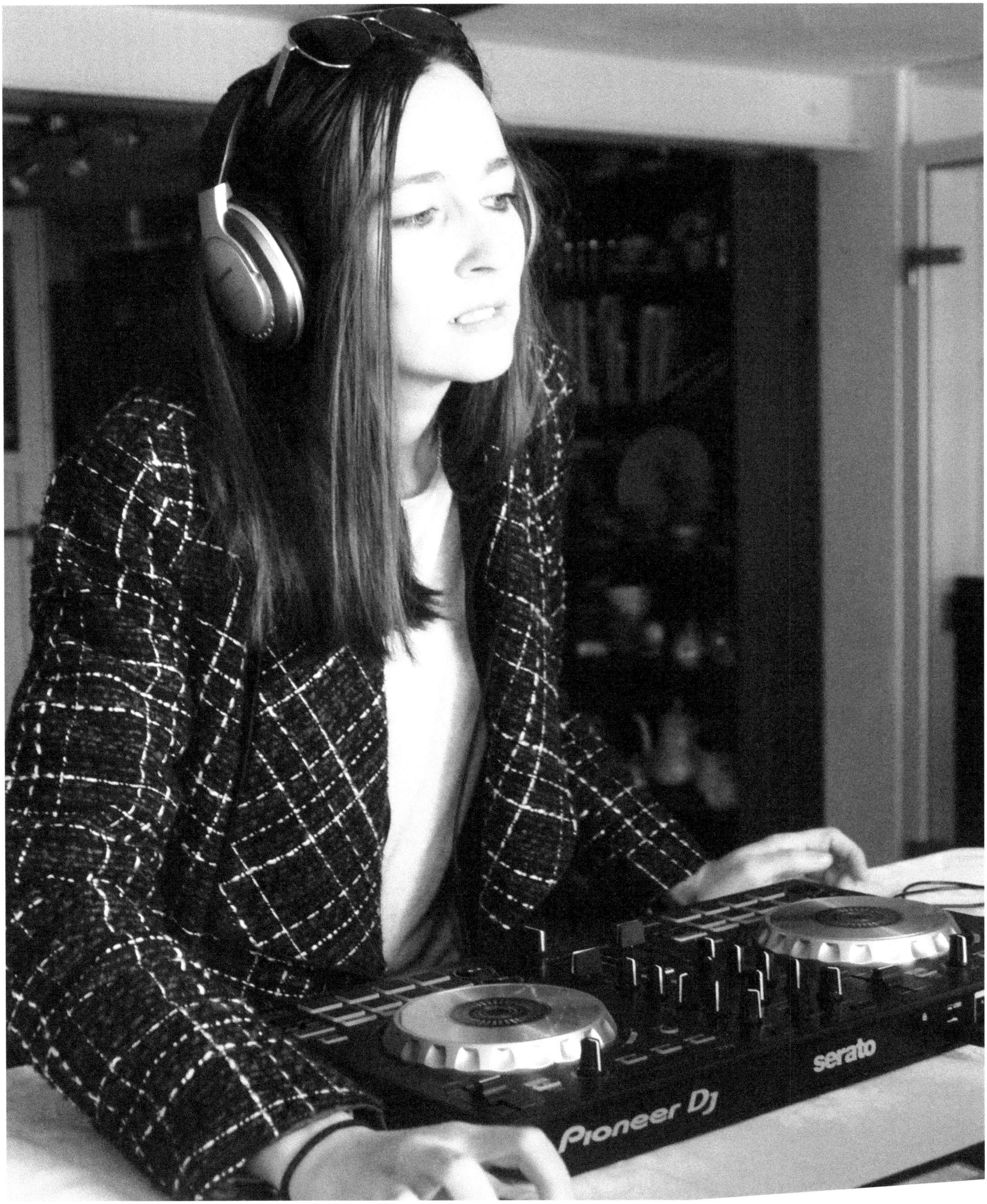
serato
Pioneer DJ

Gegenüber und unten: Lisa als DJane bei einer privaten Houseparty in Döbeln. In Pandemiezeiten, so ist sie sicher, muss man ein Zeichen setzen und für gute Laune sorgen. Oben ist sie mit ihrer Gitarre in der Stadt und unten an einzelnen Stationen bei ihrem Pilgerweg durch Frankreich zu sehen.

ANTJE BLEI

Mitarbeiterin der Firma
DIE BAUPROFIS® in Brandis

Jahrgang 1969

Erfolg hat man, wenn man selbst daran glaubt

Ich habe schon immer im Bau gearbeitet. Egal ob im Laden-, Industrie- oder Häuserbau – weiterentwickeln musst du dich ständig. Immer wieder ist es wichtig, flexibel zu sein, etwas dazuzulernen, nicht bei dem stehenzubleiben, was du schon weißt. Ich bin nicht verwöhnt. Als meine Tochter vier wurde, war ich alleinerziehend. Ich habe in den schweren Jahren gelernt, mich durchzusetzen und auf eigenen Füßen zu stehen. Erfolg hat man vor allem, wenn man selbst daran glaubt. Kraft und Inspirationen hole ich mir vom Bewegen, vom Unterwegssein. Mittlerweile habe ich viele Länder der Welt bereist. Das inspiriert mich und gibt mir wiederum den Ansporn zu neuen Stilen und Unternehmungen.

*Meine Großmutter
war mein Vorbild*

Ich habe eine Tätigkeit, die mich ausfüllt und die mir Spaß macht. Ich arbeite gerne, schaue dabei nicht auf die Zeit und ähnle darin wahrscheinlich meiner Großmutter, die bis 76 beruflich noch aktiv unterwegs war und mich auf ihre Dienstreisen teilweise auch mitgenommen hat. Sie war ein Vorbild für mich, so agil und unternehmungslustig, wie sie war. Auch ich bin viel unterwegs, verändere mich auch gern im privaten Umfeld. Wir bauen und verkaufen Häuser. Das Besondere daran: Mittlerweile habe ich mein eigenes Zuhause schon mehrfach weiterverkauft, es nach der Begehung durch andere sozusagen dann auch letztlich in deren Hände übergeben.

*Oft sind es Bauchentscheidungen,
die einen schnell weiterbringen*

Um glücklich zu sein und zu bleiben, ist es wichtig, das zu tun, was gerade angesagt ist im Leben, nicht allzu lange zu warten, wenn sich Gelegenheiten auftun. Wie die mit meinem neuen Grundstück. Auf der Suche danach hatte ich in unserem Heimatort Brandis sofort Glück. Es war eine ziemlich verrückte Geschichte: Ich traf meine Entscheidung, als ich mein altes Zuhause schon an andere weiterverkauft hatte und eigentlich noch nicht wusste, wo und wann ich ein neues Areal bekommen würde. Es war sozusagen eine Bauchentscheidung, die ich nicht bereut habe. Manchmal muss es so sein, dass sich Dinge schnell verändern und dass es keine Sicherheit gibt. Das lässt einen schnell und kreativ handeln.

*Nicht immer müssen es weite
und teure Unternehmungen sein*

Abwechslung ist wichtig: Nicht immer müssen es teure und weite Unternehmungen sein, die Freude machen. Immer wieder unternehmen wir, mein Partner und ich, spontane Kurztrips, die beispielsweise nur wenige Kilometer weiter in einem Hotel in Leipzig enden. Wir könnten abends mühelos wieder nach Hause fahren, verbringen unser Wochenende aber dann als Touristen in der Stadt, schauen uns Sehenswürdigkeiten an, gehen ins Theater, ins Konzert oder ins Museum (wer geht schon in seiner Heimatstadt ins Museum), ganz so, als ob wir gemeinsam eine weite Reise unternommen hätten. Der Effekt ist letztlich derselbe. Wir amüsieren uns und kehren glücklich wieder nach Hause zurück.

*Meine Träume versuche ich
Realität werden zu lassen*

Die nächsten Ziele: Ich wünsche mir, dass wir gesund bleiben und damit unsere neuen Projekte auch erfolgreich durchziehen können. Ein neues Wohngebiet der Firma entsteht gerade an der Jahnhöhe in Brandis. Auf 26 Grundstücken bauen wir neue Häuser. Der Bedarf nach hochwertigen Wohnungen ist derzeit so immens, dass die Anfrage derzeit schon dreimal so groß ist wie die vorhandenen Kapazitäten.

Unerfüllte Träume, die ich unbedingt noch anstreben möchte, gibt es derzeit eigentlich nicht, weil ich immer zeitnah versuche, meine Ziele und Träume auch in der Realität wahr werden zu lassen.

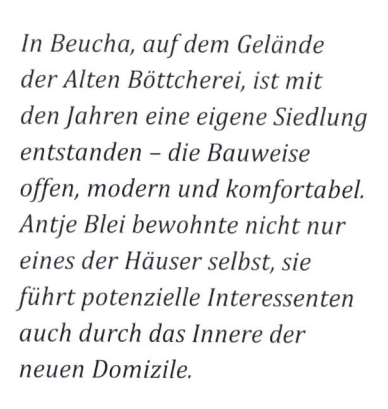

In Beucha, auf dem Gelände der Alten Böttcherei, ist mit den Jahren eine eigene Siedlung entstanden – die Bauweise offen, modern und komfortabel. Antje Blei bewohnte nicht nur eines der Häuser selbst, sie führt potenzielle Interessenten auch durch das Innere der neuen Domizile.

www.die-bauprofis.de

Das neue Haus von Antje Blei ist licht und hell und wurde auf einem ehemaligen Gartengrundstück erbaut. Für die Bewohnerin war vor allem wichtig, ein wenig näher an der Natur zu sein. Unten ist eine Sammlung afrikanischer Skulpturen zu sehen, die von einer Reise aus Afrika stammt.

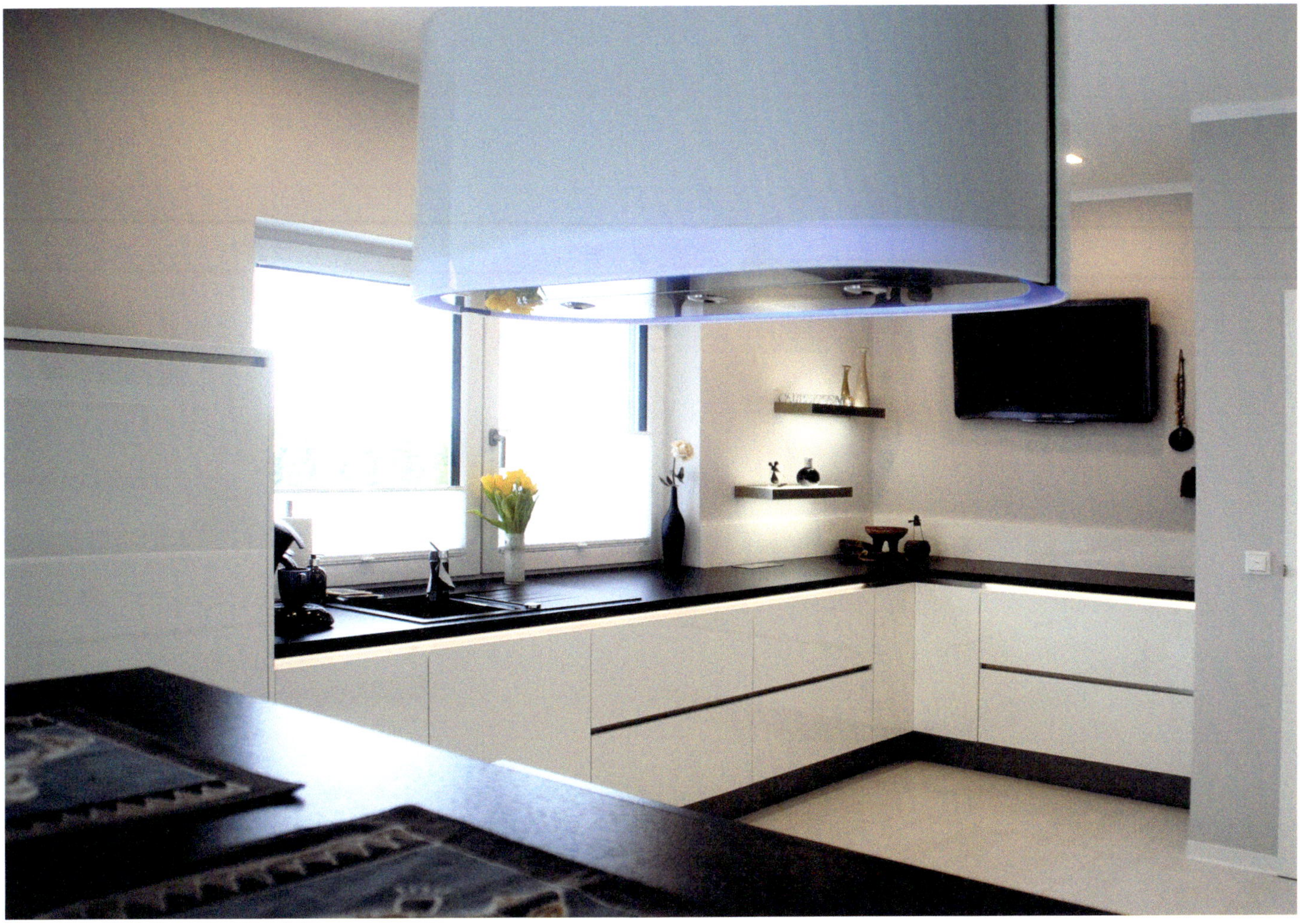

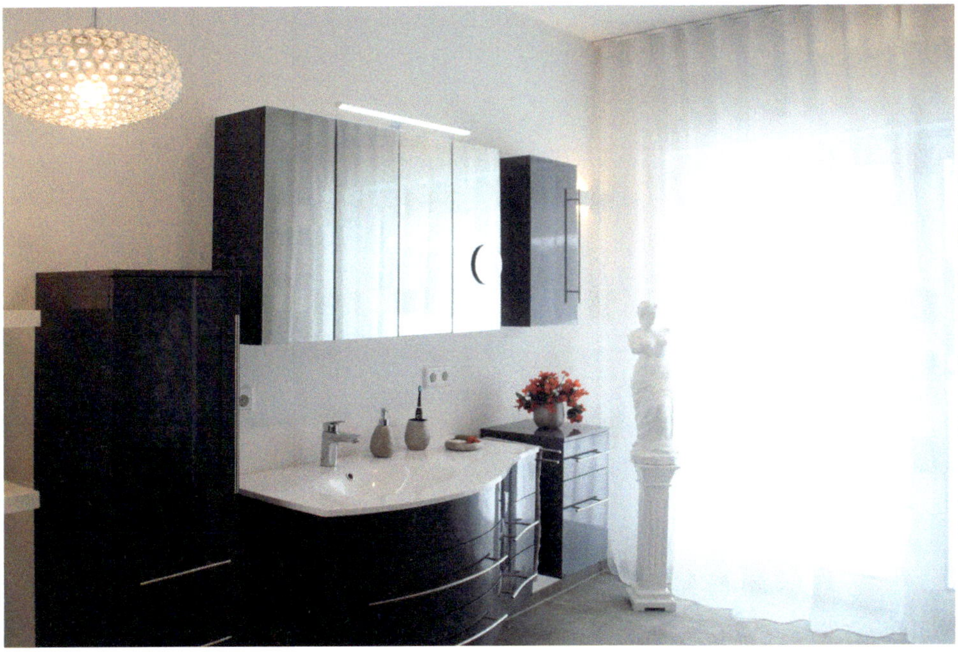

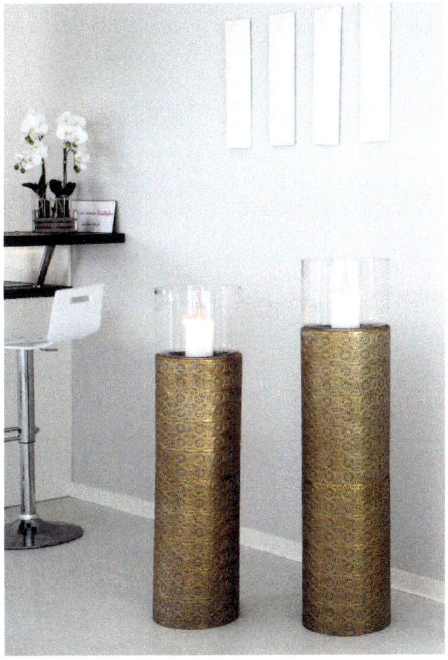

Wintermärchen in Beucha und Brandis. Die romantische Winterlandschaft draußen lässt die großzügigen Innenräume in einem wundervollen, hellen Licht erstrahlen. Da die Siedlung schon eine ganze Weile besteht, können sich die Bewohner zudem an einem gewachsenen Baumbestand erfreuen.

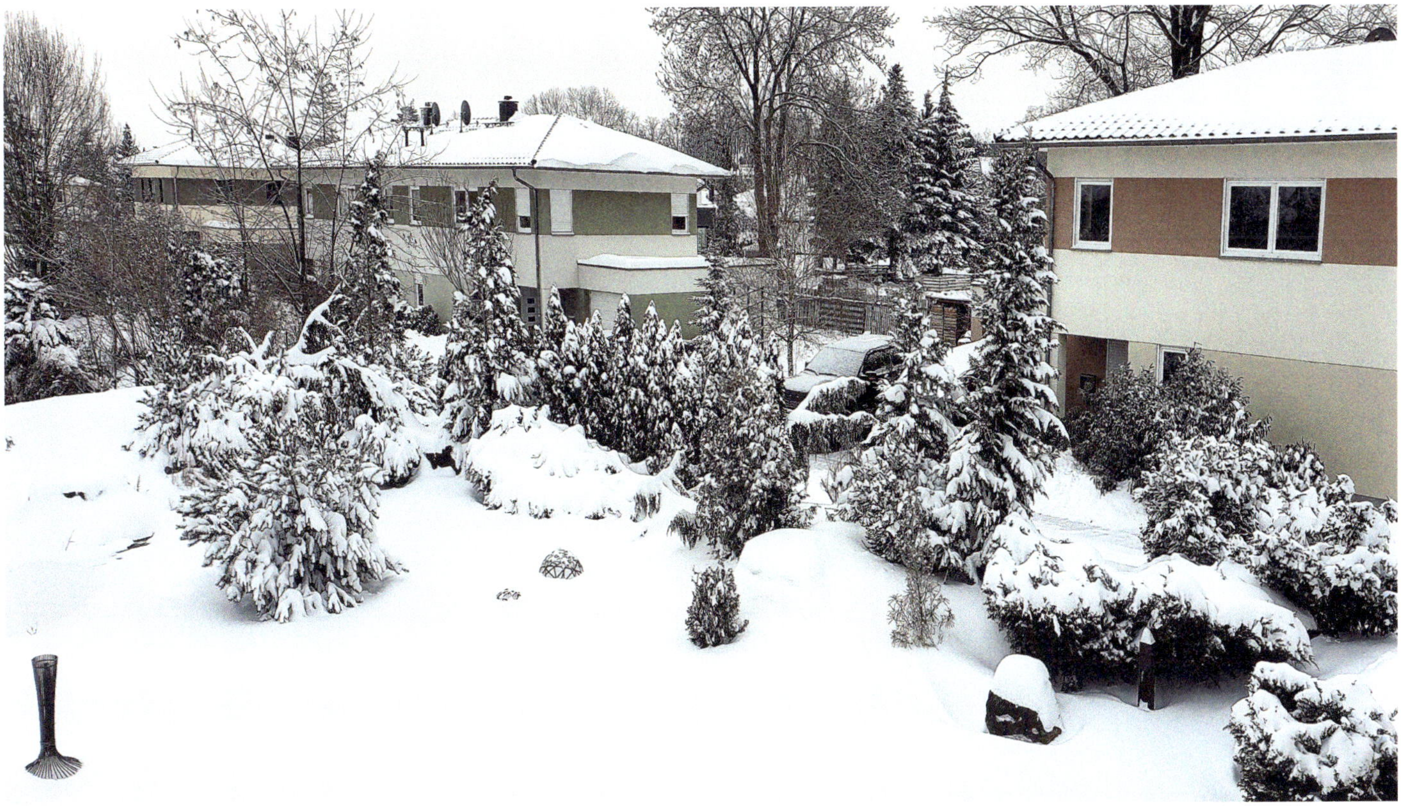

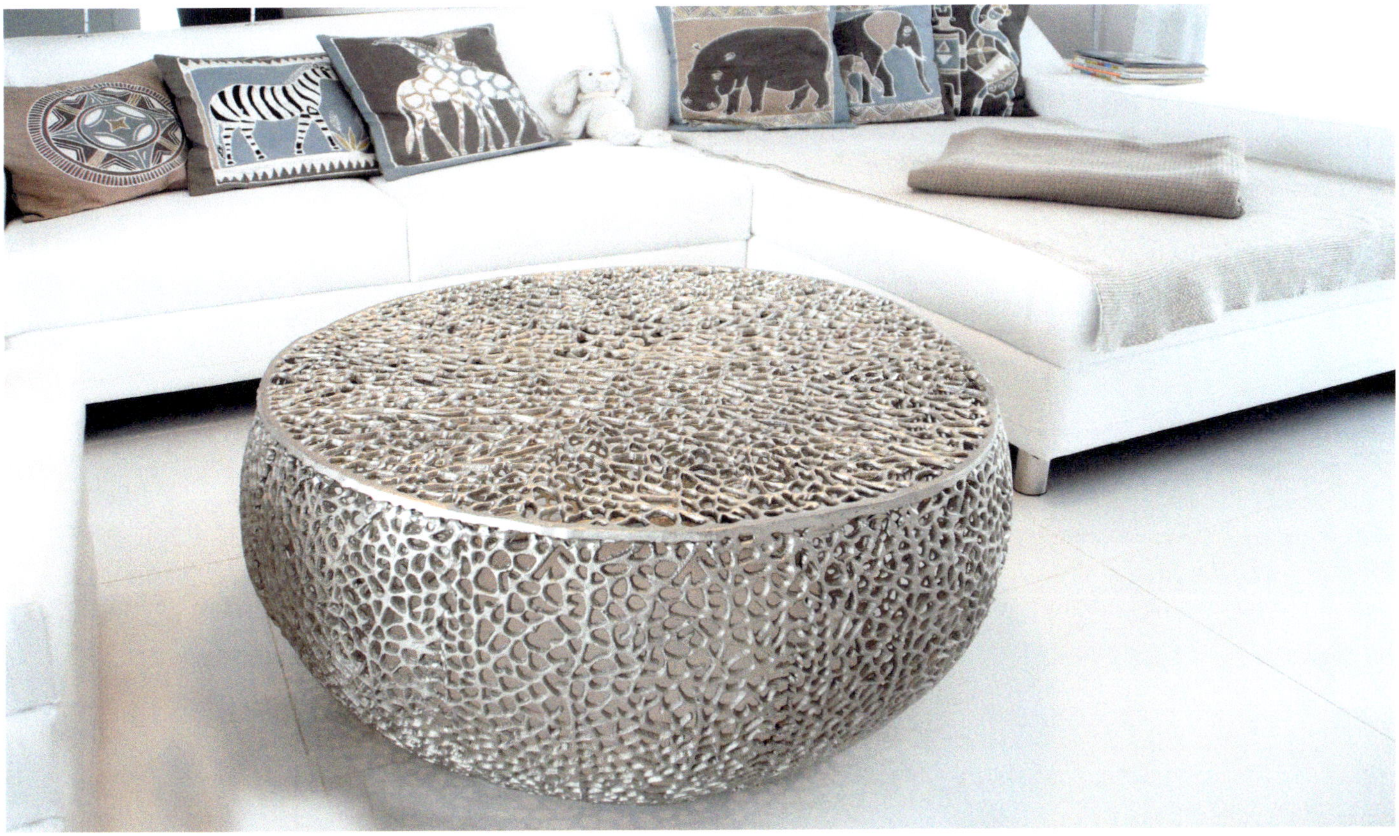

BEATE WOLTERS

Chemotechnikerin
Landwirtin & Jägerin
sowie Mitglied im Ortschaftsrat
in Mochau bei Döbeln
Jahrgang 1957

Da ist jemand, der Ahnung hat, zudem eine Frau ...

Ich habe eine Leidenschaft für die Jägerei und bin deshalb seit zehn Jahren in der Jäger-Prüfungskommission. Das ist ein Amt, das eher zufällig zu mir gekommen ist. Ich hatte unweit ein Waldklassenzimmer initiiert, man hatte uns ein Privatgrundstück dafür zur Verfügung gestellt. Natürlich haben die Zeitungen darüber berichtet und man war auf mein Tun aufmerksam geworden. Insbesondere hat das ja mit Wildbiologie zu tun. Sie haben wohl gedacht: Da ist jemand, der Ahnung hat, und zudem noch eine Frau. Und ich habe die Aufgabe angenommen, weil sie mich interessiert hat. Nicht zuletzt gehe ich ja selbst leidenschaftlich gern auf die Jagd und hole mir von den wunderbaren Erlebnissen in der Natur auch Ruhe, Kraft und Erholung.

*Ich bin Landwirtin,
aber keine Bauersfrau*

Als Jägerin musst du viel wissen, letztlich hast du Verantwortung für die Natur, die Tiere und gehst ja auch mit der Waffe um. Die Jägerei ist nicht zuletzt auch ein Handwerk, das man kennen und fachgerecht ausüben sollte. Spannend ist die Prüfung allemal, zumal es recht wenige Frauen unter den Jägerinnen gibt. Es mag wohl auch daran liegen, dass hierzulande die Jagd und auch der Waffenbesitz in der Vergangenheit eher ein Privileg waren. In den alten Ländern sind die Kinder meist automatisch mit in das Tun der Eltern einbezogen worden. So sind auch oftmals Töchter von Jägern wiederum in die Jagd eingestiegen. Ein Umstand, der uns Frauen in diesem Bereich eine höhere Quote beschert hat.

Als Landwirtin bin ich keine Bauersfrau, ich habe vielmehr eine Art Haus- und Hofmanagement übernommen. Der Betrieb, die Familie haben viele Jahre lang alle Aufmerksamkeit von mir gefordert. Zudem war und bin ich für den „Kornkäfer" zuständig, unser Hofcafé und die Fremdenzimmer, die wir hier für Gäste eingerichtet haben. Als mitarbeitende Ehefrau und Mutter habe ich immer Wert daraufgelegt, anstehende Aufgaben möglichst intern zu handhaben. Ich habe die Lohnabrechnung und zusammen mit meinem Mann auch steuerliche Belange selbst übernommen, so hat man immer einen guten Überblick über die eigenen Zahlen und kann flexibel reagieren, wenn neue Entscheidungen im Unternehmen anstehen.

*Auf dem Hochsitz warten,
bis die Vögel verstummen*

Haus und Hof zu haben, das war schon immer unser Traum. Und dass er hier in Sachsen in Erfüllung gegangen ist, hat natürlich auch mit den Möglichkeiten zu tun, die sich mit der politischen Wende eröffneten. Mein Mann hat Landwirtschaft studiert und träumte davon, ein eigenes Unternehmen zu gründen. Bevor wir uns hier auf dem Land niederließen, waren wir beruflich viel unterwegs, meine drei Kinder sind deswegen an drei verschiedenen Orten geboren. Hier anzukommen war dann eine Herzensangelegenheit. Zunächst haben wir recht bescheiden und provisorisch gewohnt, dann Haus und Hof Stück für Stück um- und ausgebaut. Für mich als Frau war es ein Abenteuer, das Abenteuer Osten, für das wir die Ärmel hochkrempeln und loslegen wollten. Die Leidenschaft fürs Jagen ist dann durch meinen Mann gekommen, der bereits Jäger war. Und auch ich hatte in der Zeit bereits einige interessante Bücher auf dem Nachtschrank liegen. So hat mich mein Mann ohne mein Wissen für die Jägerprüfung angemeldet. Fortan waren für mich Feld und Wald Orte, an denen ich mich sehr gern aufhielt und aus denen ich Kraft und Erholung zog, auch wenn ich mitunter abends bereits todmüde war. Auf dem Hochsitz zu warten, bis die Vögel verstummen und die ersten Tiere sich zeigen, während hinter dir der Bachlauf plätschert, das war und ist für mich tatsächlich die schönste Art der Entspannung.

Als Frau in verschiedenen Ämtern – ich bin im Ortschaftsrat und habe mich bei den Kommunalwahlen für die FDP aufstellen lassen – fühle ich mich wertgeschätzt. Ich denke, dass Frau gelernt haben muss, dass sie sich einbringen und Verantwortung übernehmen kann, um es dann später auch umzusetzen. Die recht freiheitliche Erziehung im Elternhaus hat mir in meinen Erwachsenenjahren immer sehr geholfen, mich zu verwirklichen. Genau diesen Anspruch versuche ich auch, an meine Kinder weiterzugeben. Dass sie sich einbringen und ausprobieren und natürlich auch, dass sie dabei sich selbst nicht vergessen. Ich habe zwei erwachsene Töchter und einen Sohn. Mittlerweile gibt es fünf Enkelkinder. Dass die Familie auch weiterhin zusammenhält und zusammenkommt, ist ebenfalls ein wichtiges Anliegen. Ich habe schon immer Familien bewundert, bei denen das vermeintlich reibungslos klappt, wo alle unter einem Dach leben und voneinander profitieren.

Mit Beate Wolters beim Gespräch in ihrem Café (Foto). „Meine persönlichen Ziele haben eher etwas mit Ruhe und Entspannung zu tun. Zum 60. Geburtstag habe ich unter anderem einen Strand- und einen Picknickkorb geschenkt bekommen" (lacht). „Wahrscheinlich dachte die Familie, dass ich nun auch mal an mich selbst denken und mir etwas mehr Zeit nehmen sollte. Verreisen möchte ich gern, es müssen keine teuren Auslandsreisen sein. Andererseits wäre Frankreich mein Traumland, die Schlösser an der Loire wären dann favorisierte Urlaubsziele."

www.kornkaefer-kleinmockritz.de, https://de-de.facebook.com/kornkaeferkleinmockritz

Beate Wolters hat zusammen mit ihrer Familie behagliche Plätze zum Feiern und Zusammensein erschaffen. Der Bauernhof in Kleinmockritz bietet genügend Platz, um ihn nicht nur für Familie und Freunde, sondern auch für Gäste und Ausflügler zu öffnen. Das stilvoll eingerichtete Café (Fotos) sowie die Veranstaltungsräume über dem benachbarten Reitstall werden für Treffen und Feste genutzt. Zudem gibt es im Haus Pensionsbetten für Übernachtungsgäste.

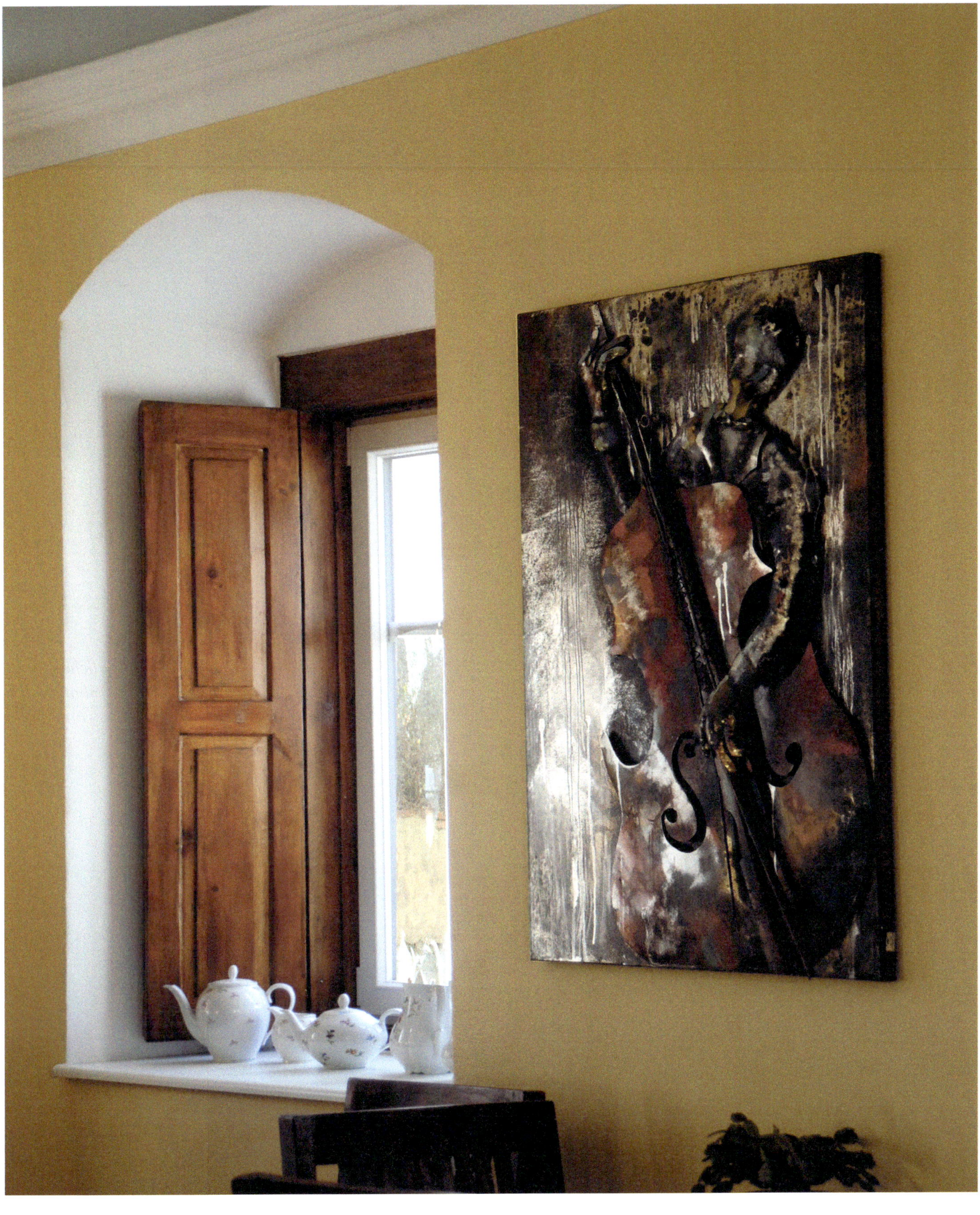

KATRIN LIBERUM

MA International Business
Inhaberin der
Zigarren Manufaktur Dresden

Jahrgang 1983

Die eigenen Ziele nicht aus den Augen verlieren

Ich tanze gern. So habe ich meinen Mann Lazaro in einer Bar kennengelernt. Er tanzt wunderbar. Schon bald war klar, dass wir auch privat und beruflich zusammenpassen. So kam die Idee mit der Zigarrenmanufaktur. Von Rechts wegen braucht man dafür einen festen Standort. So haben wir unseren kleinen Laden in Dresdens Innenstadt eröffnet.

Lazaro ist gelernter Zigarrendreher. Das ist in Kuba ein anerkannter Beruf, für den bis zu zwei Jahre Ausbildung zu absolvieren sind. Bis man soweit ist, diese Bezeichnung tragen zu dürfen, muss man lange trainieren. In Nicaragua haben wir uns vor Ort den besten Tabak ausgesucht. Durch eine lange Fermentation und Reifung erhält er sein besonderes Aroma. Inspirierend ist das Drehen von Zigarren besonders an Festen und Feiertagen, zu Events, wo sich Leute nicht nur für die Machart interessieren, sondern natürlich auch eine echte Dresdner Zigarre rauchen möchten. Dabei werden wir oft zu besonderen Anlässen gebucht. In unserem Laden kann jeder lernen, wie man Zigarren dreht, Workshops besuchen und unsere Zigarren zusammen mit Rum genießen. Derzeit studiere ich zusätzlich in der Fachrichtung Wirtschaftsingenieurwesen und möchte – wenn ich fertig bin – in der Produktionsplanung eines großen Herstellers tätig werden. Ich arbeite mich gerade wieder in Mathe und Physik ein – eine Herausforderung, denn das Abitur ist ja schon eine Weile her. Unsere Manufaktur geht parallel weiter. Ich denke, dass du nie zum Stillstand kommen und immer an deiner eigenen Entwicklung, an deinem Vorwärtskommen arbeiten solltest. Du hast es in der Hand, glücklich zu sein und dein Potenzial zu entfalten. Familie und FreundInnen meinen oft, dass ich mir zu viel auf einmal vornehme. Das mag stimmen aber es erfüllt mich, ein buntes, lebendiges und vielfältiges Leben zu führen. Ich bin ein Zahlenmensch und ordne bzw. organisiere gern. Das hat mir in meinem vorangegangenen Studium auch schon geholfen. Privat sind wir mit derzeit vier Kindern eine für unsere gesellschaftlichen Verhältnisse kinderreiche Familie. Aber das ist schön und gut so. Wir genießen einander und unsere Kinder. Lazaros Sohn aus einer früheren Beziehung haben wir von Kuba nach Deutschland geholt. Hier – so sind wir sicher – hat er ganz andere Perspektiven, sich weiterzuentwickeln.

Kein leichter Schritt, denn natürlich musste er sich hier erst einmal eingewöhnen. Männer und Jungen sind auf Kuba anders sozialisiert, Frauen sorgen hauptsächlich für den Haushalt und die Familie. Da musste ich erst einmal erklären, dass wir hier anders ticken, jedes Kind im Haushalt nach Möglichkeit mithilft und selbstständig agiert. Genauso bin ich auch aufgewachsen. Gleichberechtigt und in die Familie integriert. Ich denke, es ist wichtig, dass alle auf gleicher Augenhöhe sind. Das hat mir auch das Selbstbewusstsein gegeben, mich im Geschäft durchzusetzen. Obwohl wir einen guten Businessplan hatten, gab es Probleme mit den Banken, die einem Paar, dessen eine Hälfte aus Kuba stammt, keinen Kredit ausreichen wollten. So haben wir alles aus eigenen Kräften heraus und selbst gestemmt. Umso glücklicher macht es mich jetzt, dass wir das gemeinsam geschafft haben.

Katrin Liberum hat International Business studiert und sah das Zigarrendrehen zu Events als Marktnische. So gründete sie mit ihrem Mann Lazaro die Zigarren Manufaktur Dresden. Kein leichter Schritt, weil sie keinen Kredit bekamen und ihr Unternehmen aus eigener Kraft aufbauen mussten.

Auf Kuba ist der Beruf des Zigarrendrehers nicht nur Kult, er wird als solcher auch anerkannt. In Deutschland gilt Lazaro mit seinem besonderen Handwerk als Exot. In der Dresdner Zigarren Manufaktur in der Maxstraße kann man ihm zusehen, wie er aus Tabakblättern feinste Zigarren dreht.

www.zigarren-dresden.de

ELKE BÖRNER

Dipl.-Sozialpädagogin & Freie Journalistin
sowie Autorin & Verlegerin
Inhaberin des Lebensart Verlags Döbeln

Jahrgang 1960

Erfahrungen und Wissen sind ein wertvoller Schatz

Geboren wurde ich in Leipzig. Zu dieser Stadt habe ich noch heute eine enge Verbindung. Wenn ich mein Leben betrachte, dann ist mir meine persönliche Freiheit schon immer das Wichtigste gewesen. Und das ist insbesondere dann deutlich geworden, wenn diese empfindlich eingeschränkt wurde. Als junge Frau habe ich noch versucht, nach dem Wertesystem von Eltern und Großeltern zu leben. Insbesondere mein Großvater vermittelte mir die Botschaft: Sei ein guter Mensch und sei für andere da, ohne etwas zurückzuerwarten. Dann wird alles Gute, was du ausgesendet hast, automatisch zu dir zurückkommen. Zu diesem Thema habe ich als Frau im Laufe meines Lebens allerdings recht ambivalente Erfahrungen gemacht. Mein Großvater, bei dem ich Jahre meiner Kindheit verbrachte, war es auch, der mir mit vier oder fünf Jahren das Lesen beibrachte. Da er über eine große eigene Bibliothek verfügte, gehörten Bücher von Kind an zu meinen Weggefährten. Ich gewöhnte es mir sehr zeitig an, in andere Welten einzutauchen. Noch heute kann ich – umgeben von lautem Trubel – völlig abschalten, wenn ich ein gutes Buch lese. Nach dem Abitur erschien es mir vor allem wichtig, eine eigene Familie zu haben, zu der ich gehöre. Eine schwere Erkrankung meines Vaters hatte meine Kindheit und Jugend überschattet. So wurde ich mit neunzehn bereits selbst zum ersten Mal Mutter, heiratete und schob das Thema Ausbildung und Studium erst einmal beiseite. Ich schlug mich als Bürokraft durch und erlebte die ehemalige DDR als Facharbeiterin und Sekretärin. Eine schwierige, aber aufschlussreiche Zeit für mich. Obwohl die Gleichberechtigung als Frau nach außen hin einen vergleichsweise hohen Stellenwert einnahm, wurde der Alltag in Volkseigenen Betrieben überwiegend von Männern und deren Wertesystem bestimmt. Ein Umstand, der umso mehr zutage trat, wenn man das System wie ich eher „von unten" und ohne angemessene Ausbildung erlebte.

Wir dürfen unsere Entwicklung von keinem System und von keinem anderen Menschen abhängig machen

Studiert habe ich dann erst kurz nach der politischen Wende. Parallel machte ich meinen Traum wahr, verließ den ungeliebten Arbeitsplatz und begann damit, als freie Journalistin für Wochenblätter und Tageszeitungen zu arbeiten. Das war auch damals vor dreißig Jahren schon ein interessanter, aber schwieriger Markt. Man musste sehr clever, fleißig und umtriebig sein, um sich durchzusetzen und Erfolg zu haben. Ich arbeitete oft nächtelang, um Termine halten und Aufträge erledigen zu können.

Aber es glückte, ich war teilweise für mehrere Medien tätig, bekam für ein sächsisches Wirtschaftsblatt auch eine Stelle in meiner Geburtsstadt Leipzig und machte mir mit der Zeit einen Namen. Da die Verhältnisse zunehmend unruhiger und unüberschaubarer wurden, immer mehr freie und aus festen Arbeitsverhältnissen entlassene Journalisten auf den ersten Arbeitsmarkt drängten, wurde mir klar, dass ich irgendwann etwas Eigenes machen wollte, das von den äußeren Bedingungen weitestgehend unabhängig sein würde. Eine befreundete Buchhändlerin brachte mir eines Tages ein Buch mit Homestorys mit und ich versank sofort in diesen schön fotografierten Welten. So etwas müsste man im Heimatland ausprobieren, dachte ich – unsere Menschen mit ihren tollen Projekten bekanntmachen. Gesagt, getan. Mein erstes Buch zum Thema „Häuser und Leute" entstand vor fünfzehn Jahren und verkaufte sich auf Anhieb gut. So beschloss ich, sofort nachzulegen und produzierte fortan jedes Jahr einen großen Bildband mit fünfzig, sechzig Hausgeschichten. Das Fotografieren hatte ich als freie Journalistin erlernt, den Blick für besondere Sujets unter anderem auch durch meine künstlerische Tätigkeit erworben. Zeitweise hatte ich von meinen eigenen Malereien gelebt und an Ausstellungen teilgenommen. Obwohl ich mein Leben selbst teilweise als eher unstet und recht abenteuerlich empfand, bin ich meiner Leidenschaft fürs Reisen, Schreiben und Fotografieren doch seit dreißig Jahren treu geblieben. Es hält und trägt mich und scheint mir bisweilen die einzig feste Konstante zu sein, wenn sich wieder einmal alles um mich herum aufzulösen scheint. Nach meiner Ehescheidung mit Mitte fünfzig strandete ich mit Tonnen von Büchern und Bildern wieder in der Stadt, in der ich vor Jahrzehnten mein Abitur machte.

Zunächst wusste ich gar nicht, ob ich dableiben und als Verlegerin und Autorin ohne eigenes Zuhause noch einmal erfolgreich durchstarten konnte. Doch fügte sich letztlich alles zum Guten. Heute „wohnen" Bücher und Bilder unweit des eigenen Zuhauses in meinem Atelier in einer Gründerzeitwohnung und ich selbst lebe in einer neuen Partnerschaft in einem kleinen, romantischen Handwerkerhäuschen. Mein wohl klügster und wichtigster Lebens-Entschluss: Ich bin mir selbst, meinen Fähigkeiten und beruflichen Leidenschaften treu geblieben. Sie haben mich durch gute und weniger gute Jahre getragen und mir ein authentisches und interessantes Leben und meine persönliche Unabhängigkeit ermöglicht. Mein Fazit: Wir Frauen müssen vor allem lernen, gut für uns selbst und unsere persönliche Entwicklung zu sorgen. Wir dürfen unser Leben und unser Tun von keinem anderen Menschen, von keinem politischen System und auch nicht von bestehenden familiären Strukturen abhängig machen. Unser erworbenes Wissen, unsere Fertigkeiten und Erfahrungen, so habe ich erkannt, kann uns keiner wegnehmen. Sie sind eine feste Größe in unserem Leben und ein wertvoller Schatz.

Fünfzehn Bildbände mit Haus- und Lebensgeschichten sind in den vergangenen Jahren unter anderem im Lebensart Verlag erschienen. Dem Printmedium treu zu bleiben, das war eine ganz bewusste Entscheidung, die ich nie bereut habe. Denn Bücher, so mein Fazit, sind etwas für die Seele und für die Ewigkeit. Sie sind noch da, wenn wir längst nicht mehr hier sind. Sie erreichen zwar auf Anhieb nicht Hunderttausende oder gar Millionen von Menschen wie heutige soziale Medien im Netz, sind aber vergleichsweise nachhaltiger und nehmen auf ihre solide, ruhige und unaufgeregte Art ihren ganz eigenen Weg.

www.landleben-creativ.de, www.facebook.com/Lebensart-Verlag

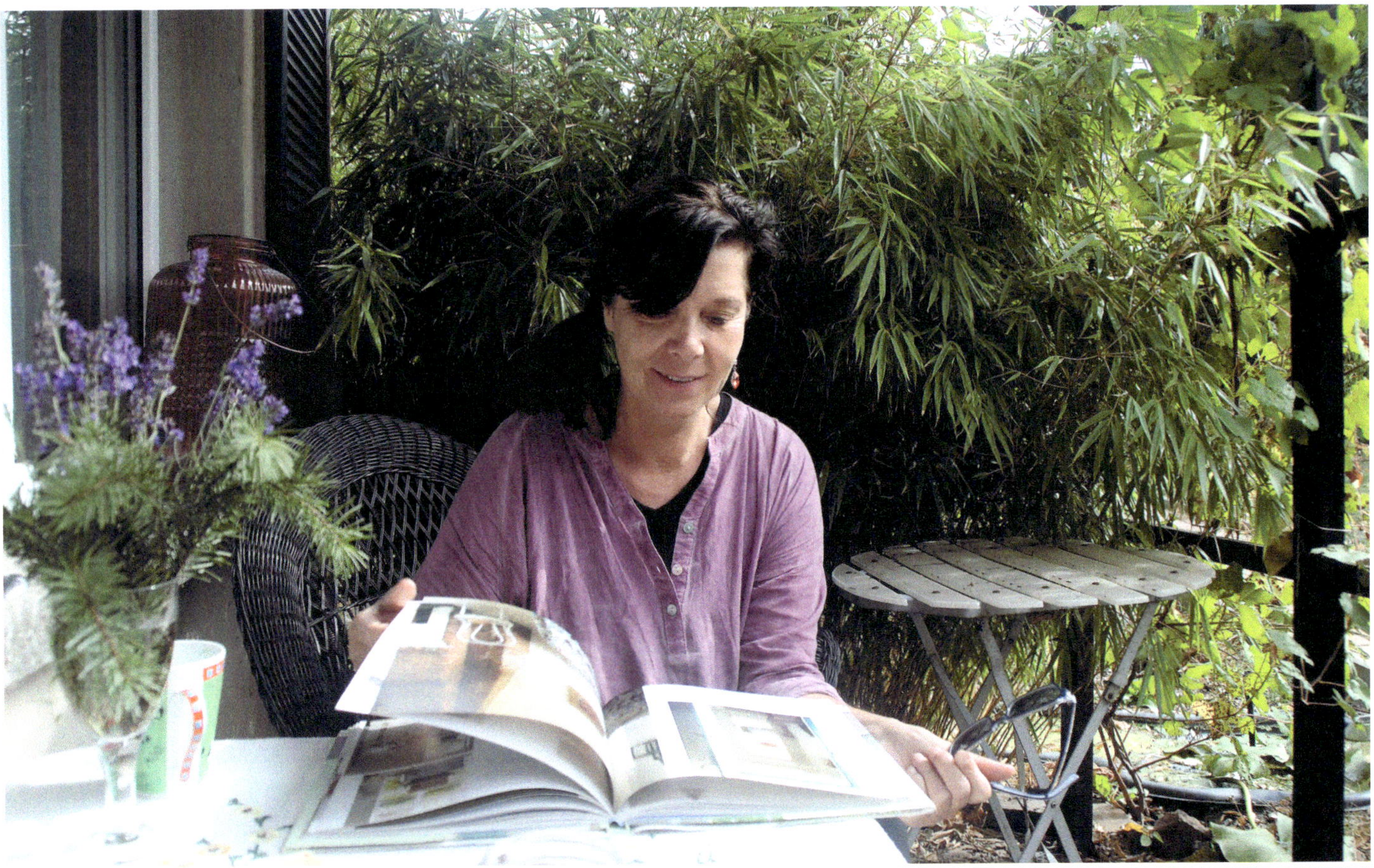
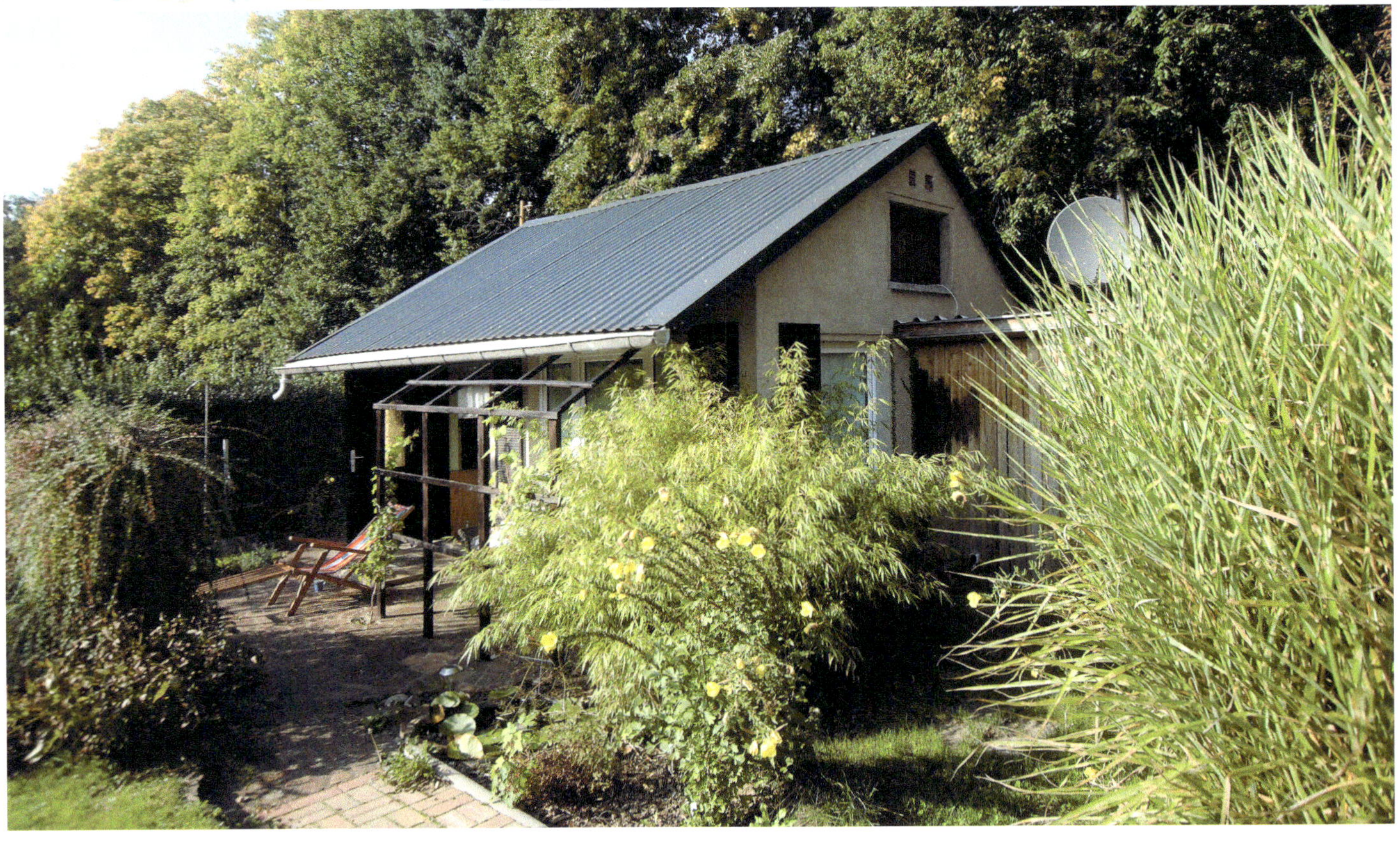

Sehnsuchtsorte gibt es für mich vor allem draußen in der Natur. Haus und Garten sind so eingerichtet, dass man darin nicht nur super entspannen, sondern auch lange und konzentriert arbeiten und dabei wahlweise auch die Perspektiven wechseln kann. Für einen freien Kopf und gute Ideen habe ich geeignete Schreib- und Mal-Plätze im Garten, mitten im Grünen oder auf der Dachterrasse unseres Hauses.

Dank

Mein herzliches Dankeschön geht an alle Protagonistinnen, die ein Entstehen und Herauskommen des Bildbandes erst möglich gemacht haben. Ohne deren Offenheit, Entgegenkommen und Zeit, ohne die sorgfältige und vertrauensvolle Zusammenarbeit könnte ein solch umfassendes Werk nicht entstehen. Besonders dankbar bin ich auch, dass ich in einer Zeit, in der die Corona-Pandemie vieles schwierig gestaltet hat, offene Türen und Gesprächsbereitschaft vorgefunden habe. Ein weiteres Dankeschön geht an Dr. Sylva Sternkopf aus Flöha, meiner Lektorin für dieses Buch, die mir mit sorgfältigen Korrekturen, wertvollen Tipps und Anregungen bei der Buchproduktion zur Seite stand. Weiterhin bedanke ich mich bei Familie, Partnerin und Freunden dafür, dass sie an mich und das Projekt geglaubt haben, mich unterstützten und sich mit mir immer dann zum Thema austauschten, wenn ich Rat und Hilfe brauchte.

Bildnachweise

Seiten 10–11: Anett Pötschke, www.die-sehfahrer.de, Seiten 12–13: Malina Ebert, www.malinaebert.com, Seite 14: Ostthüringer Zeitung, Seiten 24–27: Anka Unger, UDI-Dämmsysteme Chemnitz, Seiten 28–29: Tobias Schultz, www.die-echoloten.de, Seiten 32–37: Henriette Braun, www.henriette-braun.de, Seiten 42–45: Carolin Lätsch, www.melluna.de, Seiten 46–47: www.der-look.de, Leipzig, Seiten 48–49: Christin Städte, www.mediatorin-leipzig.de, Seiten 50–53: Claudia Zimmer, Leipzig, Seite 56: Andreas Stein, Seiten 58–61: Thomas Kretschel, Carina Sonntag, Seiten 62–65: Andreas Stein, www.allianz-dathe-stein.de, Seiten 70–73: Grit Sellack, www.heidemuehle.de, Seiten 74, 76–79: Nadja Eckart-Vogel, www.wolkenhell.de, Seiten 80–81: www.studioline.de, Leipzig, Seiten 82–83: Juliane Helbig, www.maedelzwerbung-leipzig.de, Seiten 84, 86–89: Photostudio Sarah Schüler, www.photostudiosarahschueler.de, Conny Graul, www.cg-dessin.de, Seiten 90–93: Tine Jurtz Fotografie, www.tinejurtz.de, Seiten 94–97: Sophie Federbusch, Sophie Hopf, Martin Pätzug, Robert Michalek, Seiten 98–101: Cordula Maria Grahl, www.grahlfoto.de, Auli Virkkunen, Seite 106: Steffi Kujawski, www.kaffeefee-sachsen.de, Seiten 108–109: Marco Müller Marcografie, www.marcografie.de, Seite 112: Heike König, Plauen, Seiten 116–119: Jakoba Kracht, Dresden, Seiten 120–123: Simone Vierkant, Lehmhaus am Anger, Seiten 114, 126–127: www.francesco-siegel-photography.com, Seiten 130–131: Maryna Talalayeva, www.fremdsprachenschule-foreveryone.de, Seiten 132–133: Ralph Lobstädt, www.ralph-lobstaedt-fotografie.com, Seiten 134–135: Susanne Meyer-Götz, Seiten 136–137: Anika Jankowski, www.oh-my-music.de, Seiten 140–141: Mandy Brandt, www.fotografie-brandt.de, Seiten 142–145: Antje Stumpe, MuseKind® GmbH Leipzig, Seiten 146–147: Seiten 148–149: Ursula Rudolph, Götz Schlosser, www.goetz-schlosser.de, Fa. Optivac AB, www.optivac.com, Seiten 156–161: Sandra Schwarzburg, www.quippini.de, Seiten 162–167: Fa. Raumausstattung Schwarzmeier, www.schwarzmeier.com, Seiten 170–171: Julia Bartelt, www.juliabartelt.de, Seiten 172–175: Sylva Sternkopf, www.sternkopf-media.de, Seiten 178–179: Suse Eckart, www.objektivbetrachtet.com, Seiten 180–181: Studioline Photography, Seiten 188–189: Ulrike Stolze, https://www.ulsto.de, Seiten 182, 192–197: Eva Schalling Seiffen, www.foto-schalling.de, 360grad-team.de, Seite 199: Lisa Paul, Seiten 214–215: Rob Weltin & Katja Hanitzsch, get-shot.de Dresden, Seiten 228–229: Katrin Liberum, www.zigarren-dresden.de, http://pykado.de

Roman vom Leben in einem Dorf in Sachsen

Kinderbuch mit vielen liebevollen Illustrationen

Ein junger Mann aus den alten Bundesländern erfährt vom Tod seiner Großmutter im Osten Deutschlands und davon, dass sie ihm ihr Haus auf dem Land vererbt hat. Er war noch nie da und beschließt hinzufahren. Aus dem geplanten Kurzbesuch wird ein langer Aufenthalt, bei dem er sich verliebt, viele interessante Menschen trifft und in deren Leben eintaucht. Ein Roman, der sich in dörfliche Strukturen und Lebensverhältnisse einfühlt und erzählt, wie es Menschen im ländlichen Sachsen vor und nach der politischen Wende privat und beruflich ergangen ist.

200 Seiten, stabile Hardcoverausgabe mit Fadenheftung, Bücher sind einzeln eingeschweißt.

ISBN: 978-3-00-030927-4
Preis inkl. MwSt 12,90 €

Mit drei liebevoll illustrierten und kindgerecht geschriebenen Geschichten lässt die Autorin kleine und große Leser in die Nacht eintauchen und erzählt davon, was draußen im Dunkeln passiert, wenn Kinder schlafen. Die zweite Geschichte vom roten Regenschirm lässt ein kleines Froschkind nach dem roten Regenschirm der Großmutter suchen und dabei entdecken, dass auch alte Dinge wertvoll sein können. Mit Frederick, dem blauen Frosch, lernen Kinder, warum es gar nicht so schlecht ist, anders und ganz besonders zu sein.

100 Seiten, kleine, stabile Hardcoverausgabe mit Fadenheftung, Bücher sind einzeln eingeschweißt.

ISBN: 978-3-942773-02-7
Preis inkl. MwSt 9,90 €

Bildband zur Kunst des Gastgebens

Beherbergen, Bewirten, Verwöhnen

Kreative Ideen für Gastgeber & Genießer

ELKE BÖRNER

Qualität und Umfang: 240 Seiten, 150g starkes, hochwertiges Fotopapier im Innenteil mit hunderten farbigen Abbildungen, Einband mit zusätzlichem Schutzumschlag, stabile Hardcoverausgabe mit Fadenheftung, matt beschichtet, Bildbände sind jeweils einzeln eingeschweißt.

ISBN: 978-3-942773-13-3
Preis inkl. MwSt 32,90 €

Ein Bildband, in dem es nicht nur darum geht, Hotels, Pensionen und Restaurants zu zeigen. Es wird anhand von fünfzig Hausgeschichten auch erzählt, welches Lebensgefühl entsteht, wenn man sein Haus für andere öffnet und selbst zum Gastgeber wird. Das Buch liefert viele wertvolle Anregungen für kulinarische Genüsse und zauberhafte Orte, ist aber auch ein Ideengeber für ambitionierte Gastgeber, die selbst Gäste einladen, beherbergen, bewirten und verwöhnen möchten.

Bildband mit Domizilen aus Deutschland und Frankreich

Qualität und Umfang: 240 Seiten, 150g starkes, hochwertiges Fotopapier im Innenteil mit hunderten farbigen Abbildungen, Einband im stabilen Hardcover mit Fadenheftung, matt beschichtet, Bildbände sind jeweils einzeln eingeschweißt.

ISBN: 978-3-942773-04-1
Preis inkl. MwSt 29,90 €

Welche Gemeinsamkeiten und Unterschiede gibt es zum Nachbarland Frankreich? Einer Fülle deutscher Hausgeschichten werden einige französische gegenübergestellt. Insbesondere taucht neben der Herausgeberin und Autorin Elke Börner die französisch-deutsche Co-Autorin Dagmar Lesurtel in das noble Ambiente herrschaftlicher Schlösser ein und spricht mit den Eigentümern. Anregend ist der Bildband für jene, die Inspirationen für das eigene Zuhause suchen aber auch gern in andere, zauberhafte und teils exotische Lebenswelten eintauchen möchten.

Bildband zum Ideenholen, Eintauchen und Entspannen

Qualität und Umfang: 240 Seiten, 150g starkes, hochwertiges Fotopapier im Innenteil mit hunderten farbigen Abbildungen, Einband mit zusätzlichem Schutzumschlag, stabile Hardcover-Ausgabe mit Fadenheftung, matt beschichtet, Bildbände sind jeweils einzeln eingeschweißt.

ISBN: 978-3-942773-08-9
Preis inkl. MwSt 32,90 €

Wie das Titelbild bereits erahnen lässt, geht es in diesem Bildband um schöne, interessante und inspirierende Häuser, Ateliers, Hotels und Pensionen mit ihren kunstvoll gestalteten Gärten und Parks. Über fünfzig Eigentümer und Betreiber laden dazu ein, sich im Innenbereich und draußen in den schön gestalteten Anlagen umzuschauen, sich anregen und verzaubern zu lassen. Entsprechend ist auch der Titel gewählt worden: „Orte, die verzaubern"..

Bildband mit vielen kreativen Interviewpartnern

Qualität und Umfang: 210 Seiten, 150g starkes, hochwertiges Fotopapier im Innenteil mit hunderten farbigen Abbildungen, stabile Hardcover- Ausgabe mit Fadenheftung, matt beschichtet, Bildbände sind jeweils einzeln eingeschweißt.

ISBN: 978-3-00-032493-2
Preis inkl. MwSt 29,90 €

Künstlerhäuser und deren Eigentümer und Betreiber sind zum Hauptthema dieses Buches geworden, das recht viele kreative und originelle ProtagonistInnen mit ihren Gestaltungs- und Einrichtungsideen im Chemnitzer Raum vorstellt. Wie in den anderen Projekten auch ist die Autorin von Haus zu Haus weitergeschickt worden. Auf diese Art ist eine ansehnliche Sammlung anregender Hausgeschichten und Kunstobjekte beschrieben und abgebildet worden.